王沛 主编

邬勖 执行主编

出土文献与法律史研究

第十三辑

上海古籍出版社

图书在版编目(CIP)数据

出土文献与法律史研究. 第十三辑 / 王沛主编;邬
勖执行主编. —上海:上海古籍出版社,2023.6
ISBN 978-7-5732-0722-7

Ⅰ.①出… Ⅱ.①王… ②邬… Ⅲ.①出土文物—文
献—研究—中国②法制史—研究—中国—古代 Ⅳ.
①K877.04②D929.2

中国国家版本馆 CIP 数据核字(2023)第 088923 号

出土文献与法律史研究(第十三辑)
王 沛 主编
邬 勖 执行主编
上海古籍出版社出版发行
(上海市闵行区号景路 159 弄 1-5 号 A 座 5F 邮政编码 201101)
(1)网址:www.guji.com.cn
(2)E-mail:guji1@guji.com.cn
(3)易文网网址:www.ewen.co
启东市人民印刷有限公司印刷
开本 890×1240 1/32 印张 8.625 插页 4 字数 209,000
2023 年 6 月第 1 版 2023 年 6 月第 1 次印刷
ISBN 978-7-5732-0722-7
K·3384 定价:68.00 元
如有质量问题,请与承印公司联系

本集刊受上海市高水平地方高校（学科）建设项目及国家社科基金重大项目"甲、金、简牍法制史料汇纂通考及数据库建设（20&ZD180）"资助

编辑委员会

目　　录

学　术　前　沿

甲、金、简牍法制史料汇纂通考专题

会 议 综 述

学术前沿

《岳麓书院藏秦简(柒)》校读

陈 伟*

内容摘要： 本文对《岳麓书院藏秦简(柒)》一些释读提出校改意见。简 11"来献"后原释文用句号，今改为顿号。简 26－27 原释文"其皆谒以除亲及它人及并自为除，毋过三人。赀赎不盈万钱以下亦皆许之"，今改作"其皆谒以除亲及它人及并自为除毋过三人、赀赎不盈万钱以下，亦皆许之"。简 35"次"原以为"编次"，今读为"恣"。简 44 原释文在"鬎骚"后用句号，今改与下文连读。简 71 原释"左"之字，今改释为"厷(肱)"。简 112 原释"交"字疑是"文"字之讹，"文理"习见于汉简。简 146 原释"节"之字，今改释为"苑"。简 166－167 原释文"徙蜀处不可亡所"之后用句号，今改为逗号。简 180 原释"人"之字，今改释为"一"。

关键词： 岳麓书院藏秦简(柒)　恣　厷(肱)　文理　苑

* 陈伟，武汉大学简帛研究中心教授。本文写作得到国家社会科学基金重大项目"云梦睡虎地 77 号西汉墓出土简牍整理与研究"(16ZDA115)、"古文字与中华文明传承发展工程"规划项目"睡虎地西汉简牍整理与研究"(G1412)支持，曾分两部分在简帛网发表(《〈岳麓书院藏秦简(柒)〉校读》，简帛网，http://www.bsm.org.cn/?qinjian/8746.html，首发时间 2022 年 7 月 14 日；《〈岳麓书院藏秦简(柒)〉校读(续)》，简帛网，http://www.bsm.org.cn/?qinjian/8752.html，首发时间 2022 年 7 月 17 日)。本次发表时有修订。

　　《岳麓书院藏秦简（柒）》（上海辞书出版社 2022 年）出版，为岳麓秦简的首次整理画上句号。虽然计划中的工作相当紧张，仍禁不住暂时搁置，而捧读此书。谨以研习中的一些想法条疏如次，望同好不吝指正。

一

　　·郡守、尉节（即）献贺，共遣一【吏使】来献、上书言事，必使其郡人。毋（无）人，乃使家去咸阳三百里（011/0364）外者。① 县属郡者使吏来献、上书言事，如郡。守、尉使者己上谒，二日壹候，五日壹念，当（012/0333）候不候，当念不念，念、候赀各二甲。　　·四（013/0343）

[校释]

（1）吏使，简文为一重合文，字迹残泐，原释文未释。简 12 称之为"守、尉使者"，又说"县属郡者使吏来献、上书言事，如郡"，由此可逆推该字为"使（吏使）"之合文。②

（2）简 11"来献"下原释文用句号，简 12"来献"下原释文用顿号。"来献"与"上书言事"系并列二事，简 12 处理为是。

二

　　自今以来，吏及黔首有赀赎万钱以下而诣解爵一级以除，及当为疫死、死事者后诣毋受爵以除（025/0378）赀赎，皆许之；其

---

① 去，原释文作"却"，王博凯先生改释。见所撰《读〈岳麓书院藏秦简（柒）〉校读札记六则》，简帛网，http://www.bsm.org.cn/?qinjian/8744.html，首发时间 2022 年 7 月 14 日。

② 小文草成后，看到简帛网新刊陈安然先生文已有"吏使"合文的主张。见所撰《读〈岳麓书院藏秦简（柒）〉札记》，简帛网，http://www.bsm.org.cn/?qinjian/8744.html，首发时间 2022 年 7 月 14 日。博士生陈书豪同学认为是"使"字重文，读作"共遣一【使使】来献、上书言事"。

所【除】赀赎过万钱而谒益解爵、毋受爵者,亦许之,一级除赀赎
毋过万钱;其(026/0581)皆谒以除亲及它人及并自为除毋过
三人、赀赎不盈万钱以下,亦皆许之。……(027/J21)

[校释]

(1) 简026-027"其皆"一段文字,原释文读作:"其皆谒以除亲
及它人及并自为除,毋过三人。赀赎不盈万钱以下亦皆许之。"颇不
顺,恐当改读如上。令文"自今以来"至"亦皆许之"一共说三种情
况,第二、三层均以"其"开头,三层文句皆以"许之"结尾(第二种情
形之后"一级除赀赎毋过万钱"是对前文的补充)。第三种情况是同
时请求解除亲属、他人和本人,但总共不超过三人,并且赀赎总额不
超过万钱。

(2) 两处分号及"亦许之"之下,原释文皆用句号,亦无不可。为
了突出三层文意,今分别改用分号和逗号。

三

·廿年五月己巳尉言:有赀赎欲解爵以除,许之,当次
(恣)所解爵如令。御史请许。　·五(035/0571)

[校释]

(1) 次,原注释:"编次。"疑当读为"恣",是说解爵者可以按照
令条所规定的各种情形(如简025-027所示)自主决定。《二年律
令》简359-362叙"为后"顺序时说"若次其父所以"。伊强据《新
书·立后义》指出"次"当读为"恣",听凭义。① 可参看。

(2) "御史请"下,原释文加冒号。荆州松柏1号墓出土的《令丙

① 伊强:《张家山汉简〈二年律令·傅律〉一处律文的释读》,《简帛研究二〇一五》(春夏卷),广西师范大学出版社2015年版。

第九》主体部分是"丞相言"，然后牍文作："御史奏，请许。制曰：可。"①可见制诏的完整形态中，"请许"指御史上奏请求准许，在皇帝"制曰可"之前，当连读。

四

·十九年八月辛丑，丞相请：恒以傅时识（试）疇司御、医、鼓人、执癘（剂）、鬄骚医之新傅。不中识（试）者，夺（044/0402）【疇】令戍新地三岁，日备，勿令复疇。……（045/0919）

[校释]

（1）"鬄骚"下，原释文用句号。这样，后面的处分仅针对"医"而言，恐未确。鬄，《说文》："鬀发也。"段注："《庄子·马蹄》'烧之剔之'，'剔'皆'鬄'之省也。"睡虎地秦简《法律答问》简179："当者（诸）候（侯）不治骚马，骚马虫皆丽衡厄（轭）鞅鞧辕靷，是以炎之。"②"鬄骚医"应连读，指兽医或特指马医。

（2）简045首字残去，原释文未拟释。看文意，很可能是"疇"，"夺疇"与上文"试疇""之新傅"、下文"勿令复疇"对应。

五

·当罚□战瘕厷（肱）□殊斩毋赖故徼……（071/0447）

[校释]

（1）"瘕"下一字，原释文作"左"，应是"厷"（"肱"），即手臂。

---

① 图版见荆州博物馆：《荆州重要考古发现》，文物出版社2009年版，第211页；释文见彭浩：《读松柏出土的西汉木牍（一）》，简帛网，http://www.bsm.org.cn/?hanjian/5211.html，首发时间2009年3月31日。
② 睡虎地秦墓竹简整理小组：《睡虎地秦墓竹简》，文物出版社1990年版，释文注释第135页。

六

·新黔首未习事，吏治或 泰 严，恒事殹（也）而恶与言及詈
蓐〈辱〉之，长吏弗智（知）及弗智（知）及弗督论，新【黔首】
（111/1042）皆笞〈苦〉勮（剧）之，多以其故，难有言于吏，甚不
善，其令吏善以交〈文〉理律 令 □ （112/0879）□□謨（谋）詾詈
新黔首，赀一甲；殹〈殴〉笞，赀二甲；丞、令弗得，坐之，减焉 □
（113/2028）

[校释]

（1）"及弗智"，衍文。

（2）简111最后二字，据文意和断简空间推定。

（3）原释文"交"如字读，其下用逗号。颇疑是"文"字之讹，应
与下文连读。"文理"大略指礼仪、道理。《荀子·礼论》："文理繁，
情用省，是礼之隆也。文理省，情用繁，是礼之杀也。"汉简屡见要求
以文理对待兵卒、民众，如居延汉简10.40"谨以文理遇士卒"，[1]居延
新简E.P.T54：5"谨以文理遇百姓"。[2] 如推测不误，可知汉人这一
官方用语承自秦人。

七

以书言，后上之，恒会四月、八月、十二月朔日，亦上薄（簿）
及数丞相、御史，以为恒。   ·十四（132/0370）

[校释]

（1）后半部分文字，原释文读作："亦上薄（簿）及数，丞相、御史

---

[1]   简牍整理小组：《居延汉简》（壹），"中研院"历史语言研究所2014年版，第39页。

[2]   甘肃省文物考古研究所等：《居延新简·甲渠候官》（上），中华书局1994年版，第
132页。

以为恒。"应改标点,丞相、御史是"簿及数"上呈的对象。

八

·诸榦官徒有亡者,作所官移其告闑谍(牒)作所县,县听其官印论之。苑吏徒有论县,县(146/1687)□问其作所官,作所官遣识者及具事以报县。县已论,亟传诣作所官告榦官(147/1080)其论,作所官亦具辟往来书,各上其廷。　·二(148/1636+C7.1−9−4)

[校释]

(1)闑,疑是"关"字讹写。张家山汉简《二年律令》简214−215:"县道官之计,各关属所二千石官。其受恒秩气禀,及求财用年输,郡关其守,中关内史。"整理小组注释:"关,报告。《史记·佞幸传》'公卿皆因关说'注:'关,通也。'"①岳麓秦简柒188号有"勿关廷"。

(2)苑,原释文作"节"。此字开裂,墨迹亦有脱落。以其残形与同组"苑"(简152)、"节"(简156、231等)相比,更接近前者。

苑 152	苑/节 146	节 231

(3)简147头端残去,原释文使用"□"。与前后简相比,很可能只残一字。简148要求"作所官亦具辟往来书",简149"县辟作所官",简247更云"执法官以上及御史有闻及见殹(也),而辟问县官

---

①　张家山二四七号汉墓竹简整理小组:《张家山汉墓竹简(二四七号墓)》,文物出版社2001年版,第161−162页。所引《史记》注出司马贞《索隐》,原本作"关训通也"。

者"。比照之下，这里的残字很可能是"辟"。参看下文校释（6）。

（4）作所官，"官"下简面残坏，看文意应有合文符，今拟补。

（5）"其论"，原释文于其前用逗号。恐不应断开，二字连上读。

（6）辟，原注释："居延汉简中见'推辟'，表示追究查问。如《居延汉简》简482.29：'□推辟界中，候史行□。'作所官亦具辟往来书，意思是徒吏劳作的主管机构将详备且查明清楚的往来文书交给上级机构。"与令文类似的"辟"在秦汉简牍中已多次出现，应是调查一类含义。① "辟往来书"是有关司法调查的往来文书。

九

中官令史弗为入数，节（即）訑（诈）不自占，以劳次为令史，弗主纪数之，其官私（155/1075－1）

[校释]

（1）訑，原释文作"觍"。初看本简此字，以为是因字迹有些残泐而整理者另作释写，但随后多个"訑"字（简211两见，简213、219各一见）皆如此，遂疑是造字或者印刷环节出错而导致的技术性故障。

十

·自今以来，诸有罪输蜀及前令有罪 输 蜀 者，令居县毋得为算， 徒 （166/1055）蜀处不可亡所，及其收妻、子、奴婢输材官者，皆毋得去处、轮〈输〉所，敢有擅去（167/1082）出处所及输官在所、作所县界者，皆黥为城旦舂。……（168/1138）

[校释]

（1）原释文在"徒蜀处不可亡所"之后用句号。这条令文所讲的

① 参见陈伟：《秦简牍校读及所见制度考察》，武汉大学出版社2017年版，第263－265页。

对象有二:一是有罪输蜀者,徙蜀处不可亡所;一是连坐被收的妻、子、奴婢输材官者。后文说的"毋得去处、输所",以及"敢有擅去出处所及输官在所、作所县界者",均系分别针对二者而言。原释文中的句号,未能恰当地体现前后关联。原释文"皆毋得去处输所"连读,中间未着顿号,并无不可。为了凸现对两者的不同表述,加上顿号比较好。

十一

·廷岁以郡狱计㝡(最)人数 率瀫 (谳)及奏移廷者人 数 课,移多者为殿, 取 殿 一 (180/1625)

[校释]

(1)原释文在两处"人数"下用逗号,"课"字属下读。令文大概是说用郡狱计的合计人数除该郡谳奏移送廷尉的人数所得的商进行考课,因而改读。

(2)最后一字,原释文作"人",文意费解。看图版,该字呈一左高右低的斜书横画,与其他"一"字(如简 207、215 所见)相似。在红外图版中可见,其左端起笔保存完好,并无"人"字左笔脱落的痕迹。岳麓秦简伍 048 - 051 是一条内容类似的令文:"·监御史下劾郡守。县官已论,言夬(决)郡守,郡守谨案致之。不具者,辄却,道近易具,具者,郡守辄移御史以齍(赍)使及有事咸阳者。御史掾平之如令,有不具、不平者,御史却郡,而岁〈郡〉课郡所移并筭,而以夬(决)具到御史者狱数衕(率)之,婴筭,多者为殿。十郡取殿一郡,奇不盈十到六亦取一郡。【郡】亦各课县。御史课中县官,取殿数如郡。……"①如同"十郡取殿一郡""奇不盈十到六亦取一郡""取殿数如郡"所显示的,"取

---

① 释文参见陈伟:《〈岳麓书院藏秦简(伍)〉校读》,简帛网,http://www.bsm.org.cn/?qinjian/7735.html,首发时间 2018 年 3 月 9 日。

殿"后接的是数词,这可印证对"人"字的改释。

十二

　　□□道非(诽)谕〈谤〉诅詈者,獄 已 断 为 间 曰:某坐某物某罪云。某置县官 即 (194/2022)入者云。令可无(无)智(知)殴(也)。　　·廿四(195/1148－1+1148－2)

[校释]

　　(1)"道"上一字原释文作"魅"。所从似为"鬼"形,然释"魅"似难断定。

　　(2)"某坐"之后一段文字,原释文作:"某坐某物,其罪云某。置县官即入者云……""罪"上一字左侧残泐,但大致写法与前后两个"某"字类似。其中被看作"其"字下部撇画者,为垂直竖笔,与"某"字所从"木"旁的竖笔相当,应也是"某"字。"云"有语末助词的用法。有学者指出:"句尾用'云',句意常含据说的口气,可能与动词说义或代词如此义有关。"①简文中前一个"云"字,也应与后一个"云"字一样,用作句末助词。两个"云"字,似乎都带有据说的语气。

　　(3)无,原释文作"先",费解。该字上面一道横笔平直,与岳麓简《为吏治官及黔首》中的几处"无"字略同,②而与同组中的"先"字(见于简218、243)上部作"之"形明显有异。这里"无知"即无闻、无视的意思,即对这类"间"(侦伺)言不予置理。岳麓秦简伍简033－034:"·诸有辠当霉(迁)输蜀、巴及恒霉(迁)所者,罪已决,当传而欲有告及行有告,县官皆勿听而亟传诣霉(迁)轮〈输〉所,勿留。"属于类似的处理。

---

① 解惠全、崔永琳、郑天一:《古书虚词通解》,中华书局2008年版,第1070页。
② 陈松长、李洪财、刘欣欣等:《岳麓书院藏秦简(壹—叁)文字编》,上海辞书出版社2017年版,第350(先)、457(无)页。

五一简所见与"君教"相关的
三种文书形式

李均明[*]

内容摘要：五一简所见与主管首长批示相关的文书形式有三种：按载体划分包括"君教"木牍、"君教"竹简及"君教"两行。前二者用语与程序类同，是同一机构的内部文件，可相互参照；后者是对外来文件的批阅，与前二者适用范围有区别，但数量最多。三者皆为研究东汉文书行政的珍贵史料。

关键词：五一简 君教 如曹

"君教"指主管长吏的指示、批示。《吕氏春秋·贵公》"愿仲父之教寡人也"，高注："教，犹告也。"[①]见于公文者具有强制性。《淮南子·主术》"而行不言之教"，高诱注："教，令也。"[②]五一简所见通常指临湘县令的批示，大多与司法相关。此类批示常见于三种不同的文书形式，彼此有共同的用语特征，却有不同的载体形式；三者是独立的，分

---

[*] 李均明，清华大学出土文献研究与保护中心研究员。本文为"古文字与中华文明传承发展工程"《五一广场简牍整理与研究》（G2433）项目阶段成果之一。

[①] 陈奇猷校释：《吕氏春秋校释》，学林出版社 1984 年版，第 45、50 页。

[②] 刘文典撰，冯逸、乔华点校：《淮南鸿烈集解》，中华书局 1989 年版，第 323 页。

属于不同的行政过程,但彼此亦有因果或承袭关系,试解析如下。

一、"君教"木牍

此类文书皆书于能写四至六行字的宽木牍上,通常一牍能容下一篇完整的内容,如:

> 左贼史式,兼史顺、详白：前　部左部贼捕掾葛等考实
>
> 南乡丈田史黄宫、趣租史　　李宗殴男子邓官状。今
>
> 君教若　葛等书言解如牒。又官复诣　　曹诊,右足上有
>
> 殴创一所,
>
> 广、袤五寸,不与解相应。守　丞护、掾普议：解散略,请
>
> 却,实核。白草。(《五一简(二)》429+430)①

今见"君教"木牍通常分三栏。此例文字内容完整,"君教若"书于木牍上端,占一栏位置。"若"为后书字,通"诺",同意的意思。二、三栏所见为文书的具体内容,一般分两大段：前段是曹史(或加助史等)二至三人所撰关于事件的概述。后段是县丞(或守丞)和曹掾的审查意见。

曹史关于事件的概述仅写起因及结果,未列详情。牍文"前部"之"部"指部署、安排。即左贼史笃是根据县廷的安排调查南乡丈田史黄宫、趣租史李宗殴打男子邓官的案件。报告为"如牒"所云。"如牒"指如附件所见(详下)。同时,贼曹也接受了被害人邓官关于诊断伤情的要求,结果是左脚上有一处长、宽各五寸的伤口,显然与贼捕掾笃的报告不符。

基于上述原因,守丞护、掾普的审查意见是退回贼捕掾笃关于此

① 长沙市文物考古研究所、清华大学出土文献研究与保护中心、中国文化遗产研究院、湖南大学岳麓书院：《长沙五一广场东汉简牍》(贰),中西书局 2018 年版。

案的报告，责令当事人重新进行认真的调查并再上报。"散略"指不完备。《后汉书·曹褒传》："此制散略，多不合经，今宜依礼条正，使可施行。"李贤注："散略，犹疏略也。"①"守丞护"之"护""掾普"之"普"皆为后书文字，是审查人的签名或代签，表示对文书内容的认可。

关于上述事件的具体内容亦见于同出的两行简，如：

> 下。宫、宗苛问男子何等人。二男子曰：本连道，姓王，名英。一男子、邓官等八人闻是闓……（《五一简（二）》431）

> 官各十余下，无痕痏。宫、宗从，英、官、请、弩不脱田租、受周、长、高等钱金，自言以便去，

> 不诣考所。又长、高等家皆在阳马亭部，离散辟远，未得。
> 讯问盛春宫□□（《五一简（二）》432）

以上两行简紧接在"君教"木牍之后，当为"如牒"所云贼捕掾笃的报告本文，涉及的人物比木牍所见多得多。简文虽不完整，但从简文所见"官各十余下，无痕痏"，知报告确实认为邓官曾被殴打，但未见伤痕（即"无痕痏"），此结论显然与邓官到贼曹后做的法医鉴定结果不相符，故"君教"牍云"不与解相应"。

贼捕掾笃关于此案报告的前半部分亦见于《五一简（七）》2628、2629、2630两行简中，②首简"元兴二年正月八日左部贼捕掾笃"的记载表明事件发生在元兴二年正月八日之前，而上述木牍撰写在此事件之后。元兴二年，时当公元106年。

1983年，四川凉山州昭觉县好谷乡出土东汉石表、石阙等，今将石表中与"君教"木牍相类似的部分录如下：

---

① （宋）范晔撰，（唐）李贤等注：《后汉书》，中华书局1965年版，第1203、1204页。
② 待刊。

　　领方右户曹史张湛白：前换苏示有秩冯佑转为安斯有秩。
庚子诏书听转示部为安斯乡有秩，如书。与五官掾（第一行）

　　司马蔫议：请属功曹，定入应书、时簿。下督邮李仁、邛都
奉行，言到日。具草。○行丞事常如掾○主簿司马追省。（第
二行）

　　府君教诺。○正月十二日乙巳，书佐会延主。○光和四年
正月甲午朔十三日丙午，越巂太守张勃、行丞事大□守（第三行）

　　使者益州治所下。三年十一月六日庚子，○长常叩头死罪
敢言之：（第四行）

　　诏书，听郡所上诸、安斯二乡复除□齐□乡及安斯有秩，诏
书即日□下中部劝农督邮书掾李仁、邛都奉行。（第五行）

　　……①

　　石表文"正月十二日乙巳，书佐会延主"前文字当录自同一文件。
据下文，或为光和四年正月十二日成稿。"三年十一月六日庚子"以
下文字，或为对过往行政的复述。"三年"乃指光和三年。石表文书
用语与行政程序与"君教"木牍同，只是机构层面不同。石表所见乃
太守府机构所为，级别更高。其中有关程序与人事，对识别《五一简》
之"君教"竹简颇具启发意义。

二、"君教"两行

　　批示语"君教"亦多见单独写在一枚木两行者，其前当有书写具
体内容的文书简与其相连，举例如下：

　　兼左部贼捕掾勤叩头死罪白：案故事：横溪深内匨〈匿〉，

---

① 凉山彝族自治州博物馆、昭觉县文管所：《四川凉山州昭觉县好谷乡发现的东汉石
表》，《四川文物》2007 年第 5 期。释文亦汲取张驰博士意见。

常恐有小发,置例亭长禁奸。从闲以来,省罢。方今民输租时闲,溇阳乡民多解止横溪,入县输

十一月六日开(A)

租,或夜出县,归主人。恐奸猾昏夜为非法,奸情难知。愿置例亭长一人,禁绝奸人,益为便。唯廷。勤愚戆职事无状,惶恐叩头死罪死罪。　　　　　　·十一月五日甲申白(B)(《五一简(五)》1792)①

君教:诺。(《五一简(五)》1794)

此类文书单写在一枚两行简上的"君教"载体,出版的书上皆称之为"木牍",其实都是木两行,只是文字较少,仅书一行文字而已。考察与其相联的载体即可明之,如此例所见与木两行报告系联在一起的"君教"批示简,两者之长度与宽度皆相近。

值得特别注意的是这两枚木两行不仅出土位置邻近,其上编绳处皆还留有残存的编绳,难得一见,且从绕绳的形态上可以看出两枚木两行原先是系联在一起的,由此为我们确定众多"君教"木两行的归属提供了依据。

此例正文写在木两行的正背面,是兼左部贼捕掾写给临湘县廷的建议报告,内容涉及必要时在横溪等水陆交通要道上设置检查岗的建议。文件是"十一月五日"发出的,第二天收到开启。据下文竹简所见时为东汉和帝元兴元年十一月。

批示件"君教诺"之"诺"乃后书签名,当为审阅正文后写上的。由此可知,今见单写"君教诺"的木两行,都是县令等对来文的审阅结果,对应着诸多木两行构成的简册,故数量众多。

"君教"两行的批示语除"诺""若(通"诺")"之外,尚见其他文字,如:

君教诺　已发(《五一简(五)》2143)

"已发"之"发"当指对来文的启封审阅。

君教诺　已属(《五一简(一)》368)[1]

"已属"指已嘱托、安排。属,嘱托,"君教"木牍常用语,《五一简(三)》1110"丞优、行驿掾隗议:请属功曹选兼贼曹掾、史各一人诣发所"。

君教诺　送第十七连道　字(?)(《五一简(一)》310)
君教诺　即日遣守史胡喜　召(《五一简(二)》718)

以上二简除批示允诺同意外,尚指定具体措施或执行人。

君教信真臧非(《五一简(二)》601)

此仅为原则性批示。信,信任、任用。臧,抑制。《文选·马融〈长笛赋〉》"按窣挼臧",李善注:"臧,犹抑也。"[2]

君迁(《五一简(一)》99)

迁,此处指因职务调动而不在本机构。

君追杀人贼黄□长赖亭部(《五一简(一)》335)
君追贼磨亭部(《五一简(一)》351)
□令丹追杀人贼靡亭部(《五一简(二)》492)
君追贼逢门亭部(《五一简(五)》1776)

---

[1]　长沙市文物考古研究所、清华大学出土文献研究与保护中心、中国文化遗产研究院、湖南大学岳麓书院:《长沙五一广场东汉简牍》(壹),中西书局 2018 年版。
[2]　(梁)萧统编,(唐)李善注:《文选》,中华书局 1977 年版,第 252 页。

君追却（劫）人贼广乐亭部（《五一简（五）》1846）

以上六例皆因负责批示的主管首长不在现场而署明其去向，说明对来文的阅批是首长的职责，是必备程序，如不能及时执行则必须说明。

类似上述所举传来的文书，往往是县廷制定下一步规划的基础，例如：

☐贼捕掾勤言：所部横溪道前有例亭长，闲（《五一简（五）》1800）

☐猾（？）为（？）非，愿置例亭长一人禁绝。案：往（《五一简（五）》1796）

时横溪奸匿，有小发。前置例亭，并循行冢间，防过未（《五一简（五）》1798）

然。如勤言，可复请属功曹：选亭长一人以傅（？）例（《五一简（五）》1801）

元兴元年十一月八日丁亥白（《五一简（五）》1797）

左贼掾　　……（《五一简（五）》1804）

……　　如掾（《五一简（五）》1803）

以上文字皆书于竹简，内容大体与上述兼左部贼捕掾写给临湘县廷的建议报告相同，有缺简。1797 简"元兴元年十一月八日丁亥白"之"十一"二字，原释文作"二"字，张驰博士释"十一"说是。简文所见输租时当在秋收后，不可能是二月时。"八"字，字迹模糊，原释文作"三"。据陈垣《二十史朔闰表》，①元兴元年十一月庚戌朔，则丁亥当为八日，故此字释"八"为宜。从形式而言，此简册当为与"君教"两行相应的"君教"竹简，后者是在收到前者后第三天撰写的。

---

① 陈垣：《二十史朔闰表》，中华书局 1962 年版。

三、"君教"竹简

　　左贼史脩白：中部督邮掾留事：召北部贼捕掾黄茖、游

（《五一简（二）》737）

　　徼文旷、亭长王固□□□崇等，当以事问。茖、旷等曰：

（《五一简（二）》739）

　　☑□□一人赍檄召茖等。到，当还（《五一简（二）》745）

　　诣□复（？）白。白草（《五一简（二）》744）

　　左贼掾□　异如曹（《五一简（二）》743）

　　丞　　显如掾（《五一简（二）》741）

　　君教……临湘……永初三年六月……起（《五一简（二）》727）

　　以上为左贼史脩白事文书本文，有缺简，参照"君教"木牍所反映的行政过程排序。以下为与之有关者，或为附件，或为另一份文书的草稿。

　　府　　告北部贼捕掾茖、游徼旷、廉 亭长 固（《五一简（二）》725）

　　贼捕掾黄茖、游徼文旷、亭长王固（《五一简（二）》729）

　　长沙大守中部督邮书掾□留事（《五一简（二）》734）

　　□□　　临湘丞、掾牒上吏民当以事问。留事到，亟□（《五一简（二）》730）

　　以上四简当为长沙大守中部督邮书掾□留事本文的抄本，或作为"君教"竹简附件的可能性最大。730简云"留事到，亟□"表明左贼史脩的白事文书是其后续行政过程。

　　上引简文见"永初三年"，时当公元109年。又《五一简（四）》1687简与左贼史脩有关的简文见"延平元年"年，时当公元106年；又《五一简（三）》1276见"永初元年三月"，时当公元107年。知公元

107 年 3 月前"脩"尚为兼职,则将《五一简(二)》727 简归入上述"君教"竹简册是可行的。延平年间尚可见其参与草拟的关于执行"留事"的"君教"木牍,如:

> 左贼史迁、兼史脩、助史详白:府赵卒史留事:召男子
> 张阳、刘次、次舍客任惠,将诣在所。
> 君教若　教今白。丞优诣府对。掾隗议:请勑庚亭长伦巫召次等
> 将诣廷,到,复白。
> 延平元年十二月一日甲辰白(A)
> 十二月二日付证(B)(《五一简(一)》331)

此"君教"木牍的内容虽然与上引"君教"竹简无关,但年代相近,又左贼史脩都参与过这两份文件的起草过程,所以不能完全排除"君教"竹简是"君教"木牍草稿的可能。

种种迹象表明"君教"木牍与"君教"竹简的起草人与它们所反映的行政流程相类,所以我们有条件从诸多残断竹简中筛选出相关内容,借以更深入了解"君教"竹简的形式。

1. 文首:

> 左户曹史麟白:民自言,辞如牒。请记告安民☐(《五一简(一)》54)
> 功曹史竟白:谨案☐文书前☐(《五一简(二)》513)
> ☐☐白:民自言辞如牒……与☐☐等☐(《五一简(二)》610)
> 左贼史贵白:府……亭长☐议☐议属功(《五一简(二)》684)
> ☐助史☐白:广☐☐(《五一简(二)》777)
> 左贼史昭、助史穆白:左尉书言:追伤人者☐真未能得。小武亭部罗(《五一简(四)》1298)

左贼史阳兼史脩白：前□□□（《五一简（四）》1394）①

□白：前却部中部邮□□（《五一简（四）》1437）

左贼史胜、兼史勤白：民自言，辞如牒。谨移□（《五一简（四）》1676）

左贼史脩白：前部兼左部贼□（《五一简（五）》1757）

□□助史茂白：庚亭长□□□（《五一简（五）》1985）

兼左贼右贼史□□白前□（《五一简（五）》1997）

□□白：三门亭长　昭檄言今□（《五一简（五）》2030）

左贼史脩白：中□（《五一简（五）》2120）

兼左贼史胜（?）、助史京白：前以府□（《五一简（六）》2243）

□兼史豫白：□□□（《五一简（六）》2376）

□兼史昭白（?）□（《五一简（六）》2468）

一般而言，往外发出的公文必须由各层机构之主管为责任人。以上所见由佐史为责任人者多为内部文件之请示文，有待主管审批，故大多当与"君教"相关。上奏语称"白"，禀报。《广雅·释诂一》："白，语也。"②其下当为报告的具体内容，如上引《五一简（二）》737、739、745 所见。此类简文当多于首简数倍，但由于残断过甚，不易一一归纳列出，还有待深入探索。

2. 文末：

永初元年正月十四日丙戌白（《五一简（二）》496）

□兼左贼史纯、助史汉白草□（《五一简（二）》698）

□□□、左贼史式白草□（《五一简（四）》1232）

元兴元年二月三日丁亥白（《五一简（五）》1797）

---

① 长沙市文物考古研究所、清华大学出土文献研究与保护中心、中国文化遗产研究院、湖南大学岳麓书院：《长沙五一广场东汉简牍》（肆），中西书局 2019 年版。

② （清）王念孙撰：《广雅疏证》，上海古籍出版社 1983 年版，卷 1 第 14 页。

　　　　☑□日庚戌白　　　　☑（《五一简（五）》1999）

　　"君教"竹简的文末语，主要是提交报告的日期。又据《石表》所见，以下简文亦当属此类简的文末语。

　　　　永初元年正月十四壬午白　主簿襄省☑（《五一简（三）》1091）①

　　　　☑　兼左贼史彭白草　主簿☑（《五一简（四）》1368）

　　　　☑元十六年六月五日壬辰白　　主簿□省　☑（《五一简（五）》1780）

　　　　永初二年五月十七日壬午白　主簿　省□（《五一简（六）》2209）②

　　　　☑□白　主簿　□省☑（《五一简（六）》2450）

　　此类简文中，主簿是以监督者的身份出现。主簿乃县廷门下属吏，凡需主簿监督的公文撰写，或与县廷事务直接相关。

　　3. 掾、丞意见：

　　　　☑□□议请□□□□□□□（《五一简（四）》1210）

　　　　掾隗议：请还符，遣书佐由辅赍檄召错、熊等白对比刺。（《五一简（四）》1284）

　　　　☑□议请□□☑（《五一简（五）》2041）

　　　　☑兼掾章议：请假统章□☑（《五一简（六）》2197）

　　以上为丞、掾单独或共同对曹史拟出的文件提出具体意见，与"君教"木牍的合议程序同。

---

① 长沙市文物考古研究所、清华大学出土文献研究与保护中心、中国文化遗产研究院、湖南大学岳麓书院：《长沙五一广场东汉简牍》（叁），中西书局 2019 年版。
② 长沙市文物考古研究所、清华大学出土文献研究与保护中心、中国文化遗产研究院、湖南大学岳麓书院：《长沙五一广场东汉简牍》（陆），中西书局 2020 年版。

左贼掾　　□如曹(《五一简(二)》606)

左贼掾　　□如曹☑(《五一简(三)》943)

左贼掾□　副如曹☑(《五一简(三)》1055)

兼左贼掾　香如曹(《五一简(四)》1306)

左贼掾　雄如曹　　☑(《五一简(五)》1809)

左贼掾　□如曹☑(《五一简(五)》2060)

左贼掾　副如曹☑(《五一简(五)》2135)

如,如同,《说文》段玉裁注:"凡相似曰如。""如曹"指与本曹的意见相同。《五一简(六)》2571见"卿教如曹议","如曹"即"如曹议"的省略。我在华东政法大学第十一届"出土文献与法律史研究"国际学术研讨会上发表的《关于五一简"左贼"及相关问题的考证》一文中曾认为"如曹"是入曹的意思,误也,当以今观点为是。

丞　　显如掾(《五一简(二)》705)

守丞　　□如掾☑(《五一简(三)》951)

丞　　优如掾☑(《五一简(三)》994)

丞　　显如掾　　属(《五一简(四)》1307)

守丞　　梁如掾(《五一简(五)》1816)

守丞　　如掾☑(《五一简(五)》2095)

"如掾"指与曹掾的意见相同。凡是"掾某如曹""丞某如掾"的简文皆单书一简。行文中职官与人名之间皆空二三字位置。由《五一简(五)》2095未署人名的情形看,此类简是预先写好的。从用语特征可以看出其行政程序:"掾某如曹"表明先由曹掾审查曹史提交的文稿,如同意,便署"如曹",有具体意见则另写;"丞某如掾"表明曹掾有了意见后,县丞才表态,所以才能说和曹掾的意见相同,明确二者顺序不可颠倒。这两个程序是必备的,如果不能做到,则必须说

明原因,如:

　　　　☑ 丞缺 ☑(《五一简(五)》1835)

　　　　☑ 丞缺 ☑(《五一简(五)》1965)

　4. 县令意见:

　　　　君教　临湘丞印 ☑(《五一简(二)》719)

　　　　君教临湘……永初三年六月……起(《五一简(二)》727)

　　　　教白如萌言。请属廷掾副除平,适□ ☑(《五一简(三)》944)

　　以上以"君教"批示具体意见,未公布之竹简亦见批示"君教诺"者。

　　总之,五一简所见"君教"的三种形式中,"君教"木牍与竹简皆为某一机构的内部文件,用语与行政程序类同,后者与前者的关系有两种可能:一种相互独立;另一种后者是前者的草稿。"君教"两行则是对外来文件的批阅,其中有许多是"君教"木牍与竹简形成的前提,数量最多。形式与前二者有较大区别。

从"发征"的性质看睡虎地秦简
《秦律十八种》简115的归属问题

［日］小林文治*

内容摘要： 本文对睡虎地秦简《秦律十八种》简115进行重新释读，并探讨简115的归属问题。研究重新确认，简115并不是徭律的首简，而是兴律。此结论则可说明《秦律十八种》亦包含兴律，这也是我们首次确认战国时期存在兴律，意义重大。笔者认为本文的结论对"从秦律至汉律"这一课题有不少的贡献。

关键词： 发征　徭律　兴律

导言

睡虎地秦简《秦律十八种》徭律简115提到：

> 御中发征，乏弗行，赀二甲。失期三日到五日，谇；六日到旬，赀一盾；过旬，赀一甲。其得殹（也），及诣。水雨，除兴。①

本简为《秦律十八种》徭律的首简，根据通行理解，此简旨在规定

---

* 小林文治，南开大学历史学院副教授。

① 武汉大学简帛研究中心、湖北省博物馆、湖北省文物考古研究所编，陈伟主编：《秦简牍合集》（壹），武汉大学出版社2014年版，第112－113页。

被征发前往中央服徭役者,在未按照指定日期到达劳动场所时("失期"),应给予失期者相应惩罚。但如《秦简牍合集》《睡虎地秦简译注》等既已指出,王伟先生(以下"王文")主张本简并非徭律而是兴律的一部分。① 王文的主要观点如下:(1)简文结尾的"兴"字为简115的最后一字,而次简(简116)的简首亦有"兴"字。一般来说,律文中同一字在连续书写时会使用重文符号,但本简并非如此。(2)《秦律十八种》中几乎所有律文的结尾均著有律名,若(1)的解释成立,则简115结尾的"兴"字自然也应是律名,而本简也应被视为"兴律"的条文。

王文虽极有启发,但不无问题;如《秦律十八种》各律中,律文的结尾通常与律名之间隔有较大空间,但简115中律文结尾部分的"除"字与"兴"字间空间极小;因而此"兴"字是否律名,也就是说简115究竟是"徭律"还是"兴律"实际仍存在疑问。如李力先生(以下"李文")就曾对此说提出过批判性意见。②

为了解决上述问题,笔者在另文讨论了"发征"一词,③因为笔者看来,细致阐明"御中发征"的意涵自然有助于解决简115的归属问题。本文拟在拙文结论的基础上重新释读简115并探讨其归属问题。

---

① 武汉大学简帛研究中心、湖北省博物馆、湖北省文物考古研究所编,陈伟主编:《秦简牍合集》(壹),武汉大学出版社2014年版,第114页;[日]工藤元男编:《睡虎地秦简译注:秦律十八种·效律·秦律杂抄》,汲古书院2018年版,第173页;王伟:《〈秦律十八种·徭律〉应析出一条〈兴律〉说》,《文物》2005年第10期。曹旅宁先生亦支持王伟说。曹旅宁:《陈胜吴广起义原因"失期"辨析》,简帛网,http://www.bsm.org.cn/show_article.php? id=582,首发时间2007年6月17日。

② 李力:《〈秦律十八种〉115简的再解读:兼及睡虎地秦简〈徭律〉的编联问题》,收入张德芳主编:《甘肃省第三届简牍学国际学术研讨会论文集》,上海辞书出版社2017年版,第434－451页;初刊为李力:《〈秦律十八种·徭律〉析出〈兴律〉说质疑》,《中国文字》新33期,艺文出版社2007年版。

③ [日]小林文治:《出土文献所见"发征"再考》,未刊。

一、"发征"再考

本节拟简单概要一下另文结论。除上述《秦律十八种》的注释外，以往尝试解释"发征"一词的研究尚有岳麓书院藏秦简《为吏治官及黔首》整理小组注释，①齐继伟《秦〈发征律〉蠡测——兼论秦汉"律篇二级分类说"》(以下"齐文")，②以及京都大学"秦代出土文字史料研究班"(以下"京大班")的译注。③《为吏治官及黔首》注释将"发征"解释为"征收、征求"。齐文则将《发征律》视为"其核心内容是关于人员及物资的调动管理"的法律，并指出"狭义上，《发征律》的内容包含徭、戍及物资调拨等与调发征行相关的事务；广义上，还涉及'徙属''宿直'过程中人员调动问题的处理"，④"故狭义而言，凡调发征行之事皆属'发征'的范围"，"'发征'既包括人员的调发还包括物资的调动"，⑤因而"'发征'的范围显然要大于'徭'和'戍'"。⑥京大班将"发征"解释为"征求人员或物资(人や物資を取り立てること)"及"因'征发'到特定机关去(徴発により出頭すること)"。⑦笔者以为，《为吏治官及黔首》整理小组注释的解释与京

---

① 朱汉民、陈松长编：《岳麓书院藏秦简》(壹)，上海辞书出版社 2010 年版，第 118 页。

② 齐继伟：《秦〈发征律〉蠡测——兼论秦汉"律篇二级分类说"》，《中国史研究》2021 年第 1 期。

③ ［日］"秦代出土文字史料の研究"班：《岳麓书院藏简〈秦律令(壹)〉译注稿その(三)》，《东方学报》第 95 册，2020 年。

④ 齐继伟：《秦〈发征律〉蠡测——兼论秦汉"律篇二级分类说"》，《中国史研究》2021 年第 1 期。

⑤ 齐继伟：《秦〈发征律〉蠡测——兼论秦汉"律篇二级分类说"》，《中国史研究》2021 年第 1 期。

⑥ 齐继伟：《秦〈发征律〉蠡测——兼论秦汉"律篇二级分类说"》，《中国史研究》2021 年第 1 期。

⑦ 齐继伟：《秦〈发征律〉蠡测——兼论秦汉"律篇二级分类说"》，《中国史研究》2021 年第 1 期；［日］"秦代出土文字史料の研究"班：《岳麓书院藏简〈秦律令(壹)〉译注稿その(三)》，《东方学报》第 95 册，2020 年。

大班接近，只是对京大班第二个解释进行更具体的说明。

上述三者均认为"发征"与人员及物资的调动有关，只是齐文提出的"发征"范围较其余两者更大，可见三者对"发征"的理解仍有一定差距，这也为我们在前人研究的基础上继续考察留有余地。细致斟酌三者的见解，可知齐文将"发征"的性质，直接理解为岳麓秦简《发征律》中所记载的内容；也就是说，齐文将《发征律》所见物资运输及官员调动的记载原封不动地理解为"发征"的内涵。

另文已指出，目前难以从"某某律"的内容确定"发征"的定义。① 再者，从秦律的特性来看，我们似乎也不应仅从"某某律"的内容入手推测某个术语的词义。就是说，律名就是根据书写者注重律文规定的特定侧面而决定的。因此就笔者看来，我们通过"某某律"的律令内容尝试考察"某某"一词涵义的做法较为危险。

细致分析以上研究，我们或可从以下方法寻求突破：将作为律令名称的"发征"与作为动词的"发征"分别开来，重新探讨既有文献中"发征"的用例。另文作为动词的"发征"的特征归纳如下：

1. 诸例中并未看到发征实际包含徭役、兵役的明确证据。

2. 发征主要以人为对象。

3. 现有诸例中尚未发现发征包含物资征调的证据。②

另文指出，从笔者相继考察的出土文献中的发征用例看，我们与其将发征解释为人与物资的征收，倒不如将其解释为客体仅限于人的"征发"。③ 就笔者看来，发征的第一要义是针对人的"征发"。此说与京大班相同。所谓《发征律》及《留乏发征律》中提到的官员与

① ［日］小林文治：《出土文献所见"发征"再考》，未刊。
② ［日］小林文治：《出土文献所见"发征"再考》，未刊。
③ ［日］小林文治：《出土文献所见"发征"再考》，未刊。

物资的调动,以及有关戍卒的规定,只是发征事例的一部分。另文探讨的发征意为针对人的召见,要求主动自首,与官方主动找出嫌疑人的"征召"或"征捕"略有不同。只是当嫌疑人不听从官方召见的话,官府自然就会派遣相应的官吏找出嫌疑人,其行为称作"征召""征捕",而派遣的官吏就是"征者"。① 由此来看,发征或许同时包含"征召"及"征捕",也就是主动自首以及不同意召见时官府派遣官吏搜索。

倘若如此,另文的结论提醒我们有必要对睡虎地《秦律十八种》简 115 予以重新探讨。我们就不得不认为将简 115 归于徭律的看法失去了关键性证据,这也要求我们需重新审视王文、李文中有关简 115 归属问题的论断。

二、再读《秦律十八种》简 115

如上所述,"发征"一词与徭役无关,作为动词的"发征"意为因出现不法行为或因有关公务的某种事由,而将嫌疑人召见或逮捕;其中亦包含嫌疑人不同意召见时的官吏派遣。若以上结论大致无误,则《秦律十八种》简 115 就未必应归属于徭律;也就是笔者支持王文的结论。王文对《秦律十八种》简 115 的释读为:

> 御中发征,乏弗行,赀二甲;失期三日到五日,谇;六日到旬,赀一盾;过旬,赀一甲;其得殹(也)及诣水雨。除。　兴②

此释读与整理本不同。不过,王文仍然将"发征"视为徭役征发,似有重新探讨的必要。接下来,笔者将在前论的基础上重新释读简 115。

首先来看"御中"。目前,尽管我们的确难以确定"御中"的词

---

① ［日］小林文治:《出土文献所见"发征"再考》,未刊。
② 王伟:《〈秦律十八种·徭律〉应析出一条〈兴律〉说》,《文物》2005 年第 10 期。

义，但彭浩先生的看法值得参考。① 彭文认为"御中发征"是"中央政府征发的徭役，诸如御史大夫以及其行政机构发送征用文书（所见的"御史书"）"。② 另文指出，"发征"的主体为县、道的丞等官员。③ 有鉴于此，我们或可推测"御中"除可解释为中央政府之外，亦有解释为具体官职的可能。

其次是"其得殹及诣水雨"。如果将"御中发征"仅视为中央徭役的话，"其得殹及诣水雨"一句则变得殊为难解。"得"与"诣"究竟各自指代什么，均不清晰明了。王文认为"'得'可依整理者意见释为征发人数已足，也可释为捕获或察觉，三种解释都有若是若非之感，何者为是，不敢断言"，并认为"诣水雨"与睡虎地《日书甲种》《日书乙种》所见的"诣风雨"同义，释为"遇到'风雨''水雨'之类的恶劣自然环境"，④但有鉴于前文的结论，笔者或许可对此简做出以下不同于王文的释读。

首先，"得"可以解释为官方抓获的发征对象者。"及"，王文将其改释为"急"，但我们在秦汉律中未见到相同的用例，此说可疑。⑤ 假如我们将"及"理解为连接词的话，那么"其得殹"与"诣"之间就成为并列关系。如以下史料二，就显示秦律中有"……殹（也）、及……"表示并列关系的例子。这样看来，"其得殹（也）及诣"一句，构成条件文，亦可以理解为并列关系的文句。其意为"抓获发征的对象者，以及将其带至机关的时刻"。

---

① 彭浩：《睡虎地秦墓竹简〈徭律〉补说》，《简帛》第 5 辑，上海古籍出版社 2010 年版，第 1－9 页。

② 彭浩：《睡虎地秦墓竹简〈徭律〉补说》，《简帛》第 5 辑，上海古籍出版社 2010 年版，第 2 页。

③ ［日］小林文治：《出土文献所见"发征"再考》，未刊。

④ 《日书甲种》："数诣风雨（简 79 正壹，《日书乙种》第简 107 亦同）。"王伟：《〈秦律十八种·徭律〉应析出一条〈兴律〉说》，《文物》2005 年第 10 期。

⑤ 此处由宫宅洁先生所提示。谨此致谢。

关于因恶劣天气导致所用日程超过约定日程的规定,可参考如下:

[史料一]

⬚守及县官各以其事难易〈易〉、道里远近,善为期。有失期及窃去其事者,自一日以到七日,赀二甲;过七日,赎耐;过三月,耐为隶臣 ⌐,其病及遇水雨不行者,自言到居所县,县令狱史诊病者令、丞 ⬚,⬚病有瘳自言 瘳所县,县移其诊牒及病、有瘳、雨留日数,告其县官,县官以从事诊之,不病,故 ☒

（《秦律令(贰)》第三组 323/1182,324/1177+
C10+3‑10,325/1155)①

此条律文规定,当官方有差旅时,郡守与县官务必考虑任务的难度与距离的远近来安排适当的日程,如有"失期"或玩忽职守,则按照推迟的日数课以惩罚。后文还会提到有关差旅中生病以及天气恶劣时的规定。因简 325/1155 下部缺损,难以把握简文全意,但仅就现有遗文,似能看出将因生病或天气恶劣而推迟的日数汇报给县官时,貌似有减免惩罚的措施。

综上所考,"其得殹及诣"与"水雨"之间可以断开,应读作"其得殹(也)及诣,水雨,除",意为"(将发征的对象者)抓获以及带来时,如遇到恶劣天气,则可减免因逾期所带来的惩处"。

三、简 115 是否应归入兴律?

最后,笔者拟在本节中探讨简 115 究竟是否应归于兴律。目前,岳麓秦简、张家山二四七号墓汉简、张家山三三六号墓汉简、睡虎地 M77 汉墓竹简以及胡家草场汉简中均可见到兴律;其中岳麓秦简、张

---

① 陈松长主编:《岳麓书院藏秦简》(伍),上海辞书出版社 2017 年版,第 206 页。

家山二四七号墓汉简、张家山三三六号墓汉简以及胡家草场汉简中的兴律亦可见到相互参照的内容。一般认为,兴律的内容与徭役、戍役及"奔命"等兵役相关,①但从岳麓秦简可见,兴律实际上不仅涉及徭役、戍役,亦涉及求盗、文书送达、"无害"认定等,相关内容十分庞杂。② 这样看来,对于兴律的性质,我们显然仍有进一步探讨的余地。只是目前可供我们相互参照的简文较少,对于兴律特征的归纳也务必应秉持慎重的态度,且针对此问题的探讨也脱离于本文主旨,难以详细展开论证;因而笔者以下拟暂就简115是否应归于兴律的问题略做考察。

(一) 兴律有"发征"相关规定

目前可见与《秦律十八种》简115内容类似的简文共有三例。值得注意的是,这些简文规定均属于兴律:

[史料二]

·兴律曰:发征及有传送殹(也),及诸有期会而失期,事乏者,赀二甲,废。其非乏事【殹(也),及书已具】☑留弗行,盈五日,赀一盾;五日到十日,赀一甲;过十日到廿日,赀二甲。后有盈十日,辄驾(加)一甲。(《秦律令(壹)》第二组238/0992,239/0792)③

[史料三]

发征及有传送,若诸有期会而失期,乏事,罚金二两。非乏事也,及书已具,留弗行,行书而留过旬,皆……(《二年律令·行

---

① 彭浩、陈伟、[日] 工藤元男主编:《二年律令与奏谳书:张家山二四七号汉墓出土法律文献释读》,上海古籍出版社2007年版,第242页。
② 《秦律令(肆)》第三组:"兴律曰:县以卒数为视毋害者,令里相推以其资材□冣毋害者……(1387)。"此简为《秦律令(壹)》第二组漏简。陈松长主编:《岳麓书院藏秦简(柒)》,上海辞书出版社2022年版,第183页。
③ 陈松长主编:《岳麓书院藏秦简》(肆),上海辞书出版社2015年版,第147页。

书律》简 269）①

[史料四]

发征及有传送、若诸有期会而失期，乏事，罚金二两。非乏事殹（也），及书已具留弗行，行书而留过旬，皆罚金一两。（胡家草场汉简《兴律》简 1250,1114）②

此条律文规定执行发征、"传送"以及其他有截止日期的任务，出现延迟以及职务上障碍时应受到的惩罚。③ [史料三]开头的"发征"，《张家山汉墓竹简（二四七号墓）》2001 年版释作"发致"，④《二年律令与奏谳书》将其改作"发征"。⑤《张家山汉墓竹简（二四七号墓）》2001 年版及《二年律令与奏谳书》认为简 269 与简 270 连缀；但对其缀合，若江贤三、畑野吉则两位已提出疑义，并主张应该将它排在兴律当中。⑥ 既然[史料二][史料四]均为兴律，则[史料三]无疑也应归于兴律。

以上三例与《秦律十八种》简 115 的共同点就在于它们均提到有关延迟行为的阶段性惩罚规定；但其间亦有差异，也就是简 115 尽管明记"发征"主体以及天气恶劣时的措施，但未见对文书送达迟误的

① 彭浩、陈伟、[日]工藤元男主编：《二年律令与奏谳书：张家山二四七号汉墓出土法律文献释读》，上海古籍出版社 2007 年版，第 202 页。

② 荆州博物馆、武汉大学简帛研究中心编：《荆州胡家草场西汉简牍选粹》，文物出版社2021 年版，第 44 页。

③ "乏事"的解释参见[日]冨谷至编：《江陵张家山二四七号墓出土汉律令の研究・译注编》所见对《二年律令》简 269 - 270 的译注。[日]冨谷至编：《江陵张家山二四七号墓出土汉律令の研究・译注编》，朋友书店 2006 年版，第 182 页。

④ 张家山二四七号汉墓竹简整理小组：《张家山汉墓竹简（二四七号墓）》，文物出版社2001 年版，第 170 页。

⑤ 彭浩、陈伟、[日]工藤元男主编：《二年律令与奏谳书：张家山二四七号汉墓出土法律文献释读》，上海古籍出版社 2007 年版，第 202 页。

⑥ [日]冨谷至编：《江陵张家山二四七号墓出土汉律令の研究・译注编》，朋友书店2006 年版，第 182 - 183 页；[日]专修大学"二年律令"研究会：《张家山汉简"二年律令"译注（六）：田律・□市律・行书律》，《专修史学》2006 年第 40 期，第 90 页；[日]若江贤三、畑野吉则：《张家山汉墓竹简"二年律令"の接续と配列について—三七四・三八一及び二六九简について—》，《人文学论丛》2010 年第 12 期。

惩罚。因此我们不能断言简 115 与以上三例有直接的继承关系。可是从"发征"的相关规定均属于兴律这一点来看，笔者认为简 115 归于兴律，并无矛盾。

（二）细看检核兴律，可知其中收录有官吏或被征发者逃亡乃至放弃职务的规定

目前可参照的兴律中多为有关"乏""逋"的规定。其中"乏"，亦有"乏事""乏徭""乏军兴"等词，而"逋"在律令中则有"逋亡"一词。

　　　　［史料五］

　　　·兴律曰：当为求盗，典已戒而逋不会阅及已阅而逋若盗去亭一宿以上，赀二甲。（《秦律令（壹）》240/1228）①

里耶秦简中有戍卒承担求盗的事例。② 只是目前尚不清楚当时的求盗应由戍卒承担，还是此例只是特例；但从承担巡逻任务等看，戍卒与求盗应有共通性质。

　　　　［史料六］

　　　当戍、已受令而逋不行盈七日，若戍盗去署及亡过一日到七日，赎耐；过七日，耐为隶臣；过三月，完为城旦。（《二年律令·兴律》简 398）③

　　　　［史料七］

　　　当奔命而逋不行，完为城旦。（同简 399）④

---

① 陈松长主编：《岳麓书院藏秦简》（肆），上海辞书出版社 2015 年版，第 147 页。
② 《□□年四月丁酉发弩守苍簿（10 - 1160）》"冗戍四人（A Ⅰ）""□人求盗（A Ⅱ）"。
③ 彭浩、陈伟、［日］工藤元男主编：《二年律令与奏谳书：张家山二四七号汉墓出土法律文献释读》，上海古籍出版社 2007 年版，第 243 页。
④ 彭浩、陈伟、［日］工藤元男主编：《二年律令与奏谳书：张家山二四七号汉墓出土法律文献释读》，上海古籍出版社 2007 年版，第 243 页。

［史料八］

乏繇(徭)及车牛当繇(徭)而乏之,皆赀日廿二钱,有(又)赏(偿)乏繇(徭)日,车☐(同简 401)①

如上可见,兴律有对求盗、戍卒、奔命以及徭役征发中车牛等"乏""逋"的相关规定。由此来看,简 115 属于兴律,并无矛盾。

综上所论,笔者认为《秦律十八种》简 115 很有可能属于兴律。

余论

战国时期的秦律中是否有兴律这一问题一直以来是秦汉法制史的重要问题,如若本文结论没有问题,则可说明《秦律十八种》亦包含兴律,这也是我们首次确认战国时期存在兴律,意义重大。从最近发现的睡虎地 M77 汉墓竹简、胡家草场汉简以及益阳兔子山 J7 律名木牍等可知,至少在西汉文帝时期,汉律就已然实现相当程度的体系化。当时的律令中"狱律"与"旁律"有别,兴律属于"狱律"等,②学界已有不少新认识。今后,"从秦律至汉律"(律的体系化)无疑应成为秦汉史研究的重要课题。笔者认为本文的结论对"从秦律至汉律"这一课题有不少贡献。

附记:本文承蒙日本京都大学博士生魏星同学的中文审校,特此致谢。本文曾提交第 33 届日本秦汉史学会大会(2021 年 11 月 21 日,日本东京)、第 12 届"出土文献与法律史研究"国际研讨会(2022 年 8 月 25 日,上海),得到与会学者的指正,特此致谢。

---

① 彭浩、陈伟、[日] 工藤元男主编:《二年律令与奏谳书:张家山二四七号汉墓出土法律文献释读》,上海古籍出版社 2007 年版,第 244 页。
② 参见张忠炜、张春龙:《汉律体系新论——以益阳兔子山遗址所出汉律律名木牍为中心》,《历史研究》2020 年第 6 期。

家传的简牍文书

——再论睡虎地秦简法律文书性格

[韩] 琴载元 *

内容摘要：1975 年出土的睡虎地秦简法律文书是学界公认的简牍法律文书的典范，但它在秦汉时期墓葬文化中只不过是个例，包含了非典型的固有特征。睡虎地秦简法律文书的形成年代与墓葬的形成年代不同，到秦帝国时期其文书已在官方领域失效。可以推测随着墓主"喜"职务调动或升职，其不必要的法律文书被传授给了儿子或其他亲戚子弟，在"史"官的家学传统上传承知识。到秦帝国时期，适用于战国时期的睡虎地秦简法律文书已没有用处，因此被选定为随葬品，归还给前往阴间的"喜"。

关键词：睡虎地秦简　法律文书　抄写　传授　随葬

对于所谓简牍法律文书的研究，始于 1975 年湖北省孝感市云梦县睡虎地十一号秦墓出土的大量法律文书的发现，①因此，睡虎地秦简成为了之后出土的所有简牍法律文书的典范。虽然发现最早，但睡虎地秦墓及其秦简在战国、秦汉时期广泛的墓葬文化中，不过是个

---

* 琴载元，庆北大学人文学术院 HK 研究教授。本文原文刊登于韩国《中国古中世史研究》第六十辑，2021 年，本文在其基础上修订。

① 《云梦睡虎地秦墓》编写组：《云梦睡虎地秦墓》，文物出版社 1981 年版，第 12 页。释文的底本参考睡虎地秦墓竹简整理小组编：《睡虎地秦墓竹简》，文物出版社 1990 年版。

别事例。随着龙岗秦简、岳麓秦简、张家山汉简以及睡虎地汉简等比较对象的累积,①一些睡虎地秦简所仅见的特征也逐渐凸显,所以现在已没有必要将之断定为典型资料。以下即对此展开论证。

一、以往研究回顾与问题所在

睡虎地秦墓竹简整理小组对于十一号秦墓墓主和简牍文书性格,认为墓主应是《编年记》中提到的喜,这座墓以大批法律文书随葬,正是墓主生平经历的一种反映。② 对此说法的大体框架到目前基本被公认,但在具体方面何时、如何使用,以及为何被随葬等,还需要进行更深入的考察。

高敏曾经考证过睡虎地秦简法律文书的年代,说:"出土《秦律》虽然是商鞅以后逐步发展、补充和积累而成的,但并不包括秦始皇统一六国后到始皇三十年之前这段时期。换言之,出土《秦律》并不是转写于秦始皇统一六国后的《秦律》。"③睡虎地秦简反映的是战国秦法律,其证据如下:

（1）县、都官、十二郡免除吏及佐、群官属,以十二月朔日免除,尽三月而止之。(157)④

（2）公祠未阕,盗其具,当赀以下耐为隶臣。(25)⑤

① 中国文物研究所、湖北省文物考古研究所编:《龙岗秦简》,中华书局 2001 年版;朱汉民、陈松长主编:《岳麓书院藏秦简》(叁),上海辞书出版社 2013 年版;陈松长主编:《岳麓书院藏秦简》(肆-陆),上海辞书出版社,2015－2020 年;彭浩、陈伟、[日]工藤元男主编:《二年律令与奏谳书》,上海古籍出版社 2007 年版;熊北生、陈伟、蔡丹:《湖北云梦睡虎地 77 号西汉墓出土简牍概述》,《文物》2018 年第 3 期。
② 睡虎地秦墓竹简整理小组编:《睡虎地秦墓竹简》,文物出版社 1978 年版,第 3 页。1990 年本解说与它相同。
③ 高敏:《云梦秦简初探》(增订本),河南人民出版社 1981 年版,第 46 页。
④ 《睡虎地秦墓竹简》,第 56 页。
⑤ 《睡虎地秦墓竹简》,第 99 页。

（3）可（何）谓"盗椒庄"？王室祠，狸（薶）其具，是谓"庄"。（28）①

（4）可（何）谓"甸人"？"甸人"守孝公、灊（献）公冢者殹（也）。（190）②

（5）甲告曰："甲，尉某私吏，（31）与战刑（邢）丘城。今日见丙戏旝，直以剑伐痍丁，夺此首，而捕来诣。"（32）③

（6）四年三月丁未籍——亡五月十日，毋（无）它坐，莫（97）覆问。（98）④

从（1）中所说"县、都官、十二郡"的疆域，与秦帝国三十六郡或其以上的范围有很大的差异。（2）（3）在用语上明确反映战国时期的情况。而且，（4）所载有关法律制定年代应是献公、孝公死后惠文王代。此外，（5）指的是秦昭王四十一年（前266）发生的战役，⑤而（6）的"四年"很可能是秦王政四年。（5）（6）的事例表明，《封诊式》记载的司法行政范例主要以战国时期的情况为基础编辑而成。

但是，对此产生一个疑问。从整个墓葬出土情况来看，墓主喜死亡时间应是《编年记》记载的最后一年，即秦始皇三十年（前217），年龄四十六岁左右。尽管如此，他为何只随葬了战国时期他在青年时集成的法律文书呢？这一点与张家山二四七号汉墓形成和《二年律令》成书年代几乎一致，⑥岳麓秦简法律集成和埋葬时间同在秦帝国时期的那些事实，存在明显的区别。

---

① 《睡虎地秦墓竹简》，第 100 页。
② 《睡虎地秦墓竹简》，第 138 页。
③ 《睡虎地秦墓竹简》，第 153 页。
④ 《睡虎地秦墓竹简》，第 163 页。
⑤ 《睡虎地秦墓竹简》，第 5 页。
⑥ 张家山二四七号汉墓竹简整理小组编著：《张家山汉墓竹简（二四七号墓）》（释文修订本），文物出版社 2006 年版，第 1 页。

对睡虎地秦简法律文书的这种特点,刘海年提出过自己的意见,说:

> 十一号墓中随葬的法律、文书和杂记等,是墓主人生平经历、爱好的反映,应是他按照工作需要抄写和记载的。据此,我们就可以推断,简文书写的年代是在秦始皇执政和称帝期间……抄录人把它抄录下来,应是基于自己的工作需要。从法律颁行的时间和抄录人的经历看,这些法律在秦始皇执政,乃至称帝之后仍在实行,当是无疑的。①

他就认为睡虎地秦简法律文书是秦帝国时期通行的法律令。

张金光对此提出不同想法:

> 睡虎地秦简大部分内容就是喜(11 号秦墓主)这个执政之吏所编选的训吏、学吏教本,抑或是他自己研习吏事的学吏笔记之类的东西。喜这个人也很可能就是《商君书·定分》篇所说的"为置法官,置主法之吏,以为天下师",而在地方上主管法教的官吏。他的政府职务是做过小史、御史、令史等文吏,曾经治过狱,他晓簿书、知律令,是通文吏之事的行家,很可能就是兼做了安陆或鄢等地方主管法律教育和培养吏员的学室负责人的。②

此外,曹旅宁也针对《法律答问》提出过类似的想法"学吏制度的产物,是法律事务教本",③用于学习战国时期的法律知识。

但是,从目前来看,以上说法并不能完全消除相关疑问。岳麓秦

---

①　刘海年:《云梦秦简的发现与秦律研究》,《法学研究》1982 年第 1 期。

②　张金光:《论秦汉的学吏教材——睡虎地秦简为训吏教材说》,《文史哲》2003 年第 6 期。

③　曹旅宁:《睡虎地秦简〈法律答问〉性质探测》,《西安财经学院学报》2013 年第 1 期。

简虽然与睡虎地秦简几乎同一时期被随葬,但那里反映的是适用于秦帝国时期新体制的法律令。① 与此相反,睡虎地秦简里与秦帝国体制不符合的因素过多。因此,睡虎地秦简法律文书在秦帝国时期仍在实行的可能性很小。那么,墓主为什么没有将秦帝国期集成的法律文书放在一起,而选择了睡虎地秦简的呢?

为解决这疑问,需要重新检讨从法律文书最初形成到最后随葬的基础事实。首先,目前看的所有简牍法律文书并非是原本,而是其抄写本或传授本。而且,所有法律都发源于官方,由于某个原因法律传播给私人,并葬在个人墓里的,就是我们今天看的简牍法律文书。这可以分为官方传播的"公共传播"与官方给私人或私人间传播的"私人传播"。通过以下两章分别论证相关问题,并以此为基础重新考察睡虎地秦简法律文书的性格。

二、法律的公共传播：原本的形成及范围

简牍法律文书的原本当然是由中央政府公认、颁布的法律令总和,在史籍中可以找出对此指称"三尺法"或"三尺律令"之例。② 据此可知,中央和地方都共享了同一原本的"三尺律令"。在这一公共传播的领域中,不可能发生法律原本内容的变形和歪曲。

与中央的"三尺律令"相比,郡、县,以及乡或官等下属机构收藏哪种规格的律令呢? 王国维曾经提出过,简牍文化中存在按简牍大

---

① 比如,陈松长主编:《岳麓书院藏秦简》(肆),上海辞书出版社 2015 年版,"廿年后九月戊戌以来"、"廿五年五月戊戌以来"(第 53 页)、"十四年七月辛丑以来"(第 60 页)、"十三年六月辛丑以来"(第 194 页)、"昭襄王命曰"(第 209 页)等,很多包括战国时期制定或追溯的律令条文。但是,通过"泰上皇"(第 202、204 页)、"黔首"等用语可知,律令全体确实适用于秦帝国期。

② 《史记》卷一二二《酷吏列传》,《集解》汉书音义曰"以三尺竹简书法律也",又"三尺安出哉? 前主所是著为律,后主所是疏为令"。《汉书》卷八三《薛宣朱博传》:"如太守汉吏,奉三尺律令以从事耳。"

小区分等级的传统。①

那么,秩级较低的地方官署收藏律令规格是否比中央拥有的"三尺"更减损的形态呢？如果没有发现各级地方官署所藏法律文书原件,无法知道其真相。只是,最近整理的里耶秦简中有可以参考的资料,如 8－775＋8－805＋8－884＋9－615＋9－2302:

> 上造、上造妻以上有罪,其当刑及当城旦舂,耐以为鬼薪白粲。其当【耐罪各】以其耐致耐之。其有赎罪各以其赎读论之。②

本文关注的不是这一文书的内容,而是其文书规格:

表 8－775＋8－805＋8－884＋9－615＋9－2302 号木牍复原

	I		II
	(1)9－615 上造、上造妻以		(4)8－884 以其耐致耐之。其有赎罪各以
	*长度:约5.9厘米 *宽度:约1.1厘米 *左侧断面字迹与(4)"以其耐致"右侧连接。		
	(2)9－2302 上有罪,其当刑及当		*长度:约20.1厘米 *宽度:1厘米 *下侧断面与(5)上侧连接。
	*长度:13.9厘米 *宽度:1.1厘米 *"其"和最下"当"字等左侧断面字迹,与(4)"有""以"字连接。		

① 王国维云:"则以策之大小为书之尊卑,其来远矣。"参见王国维著,胡平生、马月华校注:《简牍检署考校注》,上海古籍出版社2004年版,第14页。
② 陈伟主编,何有祖、鲁家亮、凡国栋撰著:《里耶秦简牍校释》(第二卷),武汉大学出版社2018年版,第164页。

续表

I		II	
	(3)8 - 805 城旦舂,耐以为鬼薪白粲。其 当【耐罪各】		(5)8 - 775 其赎渎论之。
	*长度: 23.3 厘米 *宽度: 1 厘米 *下侧 4 - 5 厘米左右残缺。		*长度: 27.9 厘米 *宽度: (上)1 厘米,(下)1.2 厘米 *右下侧 5 厘米左右断面上的 字迹,与(3)下侧残缺部分 连接。

该木牍有几个特别事项。首先,木牍为了作成简的形态,纵向剪成了一半。如果在废弃过程中受损,就应该发现残简特有的非定型性,但该木牍却并非如此。截断面为避开书写面被整齐地截断,说明这是经过加工的产物。而且,I 上部 20 厘米左右在 1 号井更深的第 9 层里被发现,I 的其余部分在上层的第 8 层出土。与此相反,II 类均在第八层。由此可见,木牍 I 和 II 在废弃前已经左右断裂,被丢弃后分散到不同的层位。另外,木牍的整体长度也值得关注。8 - 775 号和 8 - 884 号的总长度达到 48 厘米。即使考虑到接合面的减损,长度就会超过 2 尺,即 46.2 厘米。

长度超过 2 尺,并书写一个完整的法律条文的木牍用途是什么呢? 明确的事实是,这是与我们一般看到的 1 尺(23.1 厘米)乃至 1 尺 2 寸(27.7 厘米)的随葬法律文书规格截然不同的法律文书。而且,与 1 尺以上规格的文书在个人墓中出土不同,2 尺以上规格的文书是在大量废弃行政文书的井中一起发现的。虽然还不能断定,但可以优先考虑相关文书是根据明确指定为公务用途的规格制作的可能性。

为了制作郡县法律,不可避免从"三尺律令"原本"抄写"的工作。然后,为了将"抄写"的法律文献或文书赋予与原本同样的权威,官方会进行验证工作。里耶秦简中关于"雠律令"的行政文书,就是与此相关的例子:

　　□年四月□□朔己卯,迁陵守丞敦狐告船官□:令史廆雠律令沅陵,其假船二梭,勿留。(6-4)

　　卅一年六月壬午朔庚戌,库武敢言之:廷书曰令史操律令诣廷雠,署书到、吏起时。有追。·今以庚戌遣佐处雠。敢言之。七月壬子日中,佐处以来。/端发。处手。(8-173)①

综合这些内容可以推测,郡县级法律原本制作程序是,首先由县廷令史指挥律令校勘,然后各官吏员聚集到县廷一起校勘。与此同时,通过从其他县派遣过来的令史的校勘,完成了县本律令。进而推测,在县校勘律令前,事先在其上级的郡,经过"雠律令"完成郡本律令,并传给属县。而且,县属下官级机构也会参与对县本律令的校勘后,以此为根据更新官本律令。就这样,郡-县-官共享同一原本的律令。

主导县级单位法律原本制作的是县廷令史,而佐、史不亚于令史,其职务与法律文书密切相关。睡虎地秦简法律文书随葬者十一号墓主"喜",历任安陆、鄢县史或令史的期间,可能一直参与律令校勘工作。为律令的校勘必须要提前学习有关知识,所以墓主"喜"需要抄写或参考律令。睡虎地秦简法律文书就是其产物,而在这一点上,法律的公共传播就转变为私人传播领域。

三、法律的私人传播:抄写本的使用、传授、随葬

以私人用途摘录的法律"抄写本",应该与在公共领域"雠律令"

---

① 《里耶秦简牍校释》(第一卷),第19、104页。

的"原本"区分。私自传播的法律文书使用价值,随着具有公信力的
"原本"更新或使用者的经历变化会有所不同。

通过《编年记》可以判断"喜"的经历变化及其法律使用与否。

(A)(秦王政)三年,卷军。八月,喜揄史。(10 贰)

(B)【四年】,□军。十一月,喜除安陆□史。(11 贰)

(C)六年,四月,为安陆令史。(13 贰)

(D)七年,正月甲寅,鄢令史。(14 贰)

(E)十二年,四月癸丑,喜治狱鄢。(19 贰)

(F)廿一年,韩王死。昌平君居其处,有死□属。
(28 贰)①

对此整理如下:"喜"(A)在秦王政三年十九岁时入官为史;
(B)二十岁被任命为乡史或邸史;(C)到二十二岁晋升为安陆令
史;(D)次年调到鄢;(E)二十八岁成为鄢狱史;(F)到三十七岁晋
升为郡属。这种基准点与第一部分中分析的资料(1)(2)(3)(4)
(5)(6)进行比较,可以更详细界定对文书使用的可能范畴。

据(1)的记录,《秦律十八种》的抄写时期可以限制在十二郡的
疆域范围,即置三川郡(庄襄王元年,前 249 年)至置东郡(秦王政五
年,前 242 年)前。那么,这期间中"喜"任命之前(前 244 年)抄写,
还是之后抄写?从整个情况来看,《秦律十八种》可能是他从某人那
受到传授的,而不是他任命之后抄写。"喜"在秦王政元年才"傅
籍",成为了成年人,到秦王政三年八月初任前,他不具有操作法律原
本的地位。而且,"县、都官、十二郡"的疆域已在秦王政三年时开始
发生变化,(A)中所见"三年,卷军",意味着对魏国发动战争,后来成
为东郡的一部分疆域已开始属于秦领土。因此,"喜"任期内的秦王

---

① 陈伟主编:《秦简牍合集》(壹)上,武汉大学出版社 2014 年版,第 10-11 页。

政三年八月到四年的时候,不太必要抄写并参考与"十二郡"相关的法律。

收录(2)(3)(4)等初期规定的《法律答问》,制作时期可能比《秦律十八种》更早。与此不同,《封诊式》中确实有特定时间的(6)记录,应是"喜"入官后抄写的。《效律》和《秦律杂抄》也是"喜"在职期间被抄写的可能性更大。《效律》与《秦律杂抄》的笔迹相同,①并包含多项军事有关规定,而"喜"于秦王政十三年和十五年两次经历过从军。如果没有进行另外改订,《效律》和《秦律杂抄》是此时仍然给"喜"有用的文书。

在"喜"职务相关程度上,文书使用也会出现不同的时差。特别是,(E)可以成为"喜"宦历中的重要转折,从此开始睡虎地秦简法律文书对"喜"的用途发生很大的变化。狱史有参与治狱的权限,由此"喜"开始脱离现有县级单位内的文书行政,与上级单位郡进行交流的必要性大幅增加。在这一方面,《法律答问》也对于达到(E)(F)阶段的老吏员"喜"不再是有用的教材。《封诊式》反映的是(A)至(D)阶段的乡、县单位属下吏员所需要的司法手续,进入(E)(F)阶段的"喜"不适合参考其文书。此时的"喜"更需要像张家山汉简《奏谳书》以及岳麓秦简《为狱等状四种》类,县向郡报告未决案例并求咨询的"谳书",或者由中央及郡主导的"覆狱""乞鞫"案例文书。

对"喜"不必要的法律文书,可能被传授给了"喜"的子弟。古代中国的"史",主要以家传传统为基础进行继承。《秦律十八种·内史杂》曰:"非史子殹(也),毋敢学学室,犯令者有罪。"②即任用史的原则是家传。而且,《二年律令·史律》曰"史、卜子年十七岁

---

① 《睡虎地秦墓竹简》,第69页。
② 《睡虎地秦墓竹简》,第63页。

学"，①《说文解字》卷15上《叙》也记载了类似的法律，②可见这种规定是秦汉一直以来的传统。

"喜"可能为了将自己儿子培养成史，而家里准备教育环境。特别是，"喜"长子"获"，就在"喜"历任（E）（F）官职期间度过了少年时期，此时"获"应是法律文书传到的最有力对象。另外，如果"喜"儿子们作为"史子"有任史资格，"喜"本人也可能作为"史子"继承了父亲的职务。《秦律十八种》和《法律答问》等看似在"喜"任官前成书，反映出这种"喜"身份的继承性。这些文书应之前被"喜"父亲收藏，然后"喜"作为"史子"传授到了。

最后，对于法律文书随葬，墓主家人考虑到那是墓主曾经抄写或使用文书的事实，或者该文书对墓主有特殊意义，决定随葬。但是，如果排除感性因素，文书随葬一方面也意味着文书的废弃。"废弃"的文书可能是墓主使用过的"原本"，或者也有可能是"抄写本"。其中，后者并不是完全废弃的，而是蕴含着希望死后仍然传授的墓主或其家人的意志。

睡虎地秦简法律文书是"喜"亲自使用的"原本"，还是为了随葬新制作的"抄写本"呢？换句话说，睡虎地秦简法律文书"喜"死后仍然被家人使用或传授吗？从文书内容方面来看，墓主死后传授的可能性较低。"喜"去世的时候不是战国时期，而是秦帝国成立5年后的秦始皇30年左右。从当前需要使用法律的人来看，进入秦帝国时期制作的文件只能更加有用。再加上"喜"自秦王政21年以来一直担任郡属，那么除了随葬文书外，还会收藏了反映最近经历的多数法

---

① 《二年律令与奏谳书》，第123页。

② 参见段玉裁：《说文解字注》，上海古籍出版社1981年版，第758页。相关研究可参见杨振红：《秦汉时期的"尉"、"尉律"与"置吏"、"除吏"》，武汉大学简帛研究中心主办：《简帛》（第八辑），上海古籍出版社2013年版。

律文书。那么,对于继承史职的后一代来说,哪些收藏文书更有用是很明确。应该将反映最近经历的法律文书传授给他们,相反,不再有用处的睡虎地秦简法律文书最终被选为随葬品。

综合以上笔者考证或类推的内容如下,睡虎地秦简法律文书抄写和传授是多层次的。有像《秦律十八种》《法律答问》等在墓主"喜"任官之前被抄写并传授的文书,也有在他任职期间根据业务需求被抄写的文书。这些文书根据"喜"的业务相关度逐渐丧失了使用价值,最后,秦帝国建立的秦始皇 26 年以后,就丧失了所有使用价值。在此期间,"喜"将相关文书传授给家人,作为预备吏员的子弟事前学习工具。在"喜"去世的时候,家人将相关文书随葬在墓。此时"喜"长子"获"到了成年的年龄。有机会从具有狱史和郡属经历的父亲那里学习法律知识的"获",在担任官职后,应该可以自己接触到最新公认的律令。到那时,睡虎地秦简法律文书已经成为了连"喜"家人都没有利用价值的文书。最终,随着"喜"的死亡,文件被随葬,可能是考虑到了对生者没有利用价值的理性思维。但是,对于死者"喜"来说,睡虎地秦简法律文书是从他父亲传授或初任时抄写使用的具有特别意义的文书。因为这种感性的思维被更深入的考虑到了,所以"喜"的家人没有随意扔掉文书,返还给前往阴间的"喜"。

结论

睡虎地秦简作为出土简牍法律文书,既典型又特别。其他出土简牍法律文书的分析也应该优先进行筛选典型性和特殊性的工作。睡虎地秦简法律文书是在某个时期下级吏员为了本人公务需求而抄写或使用相关法律令,从这一点来看,与其他法律文书一样具有典型性。但是,法律的实际使用时期和文书随葬时期之间存在 20 年以上的差异,期间政治体制也从王政转换为帝政,因此法律的实效性在墓主死亡时丧失，即使这样，也要选择相关法律文书随葬。从这一点看，睡虎地秦简法律文书与其他法律文书不同，非常特别。

睡虎地秦简给我们提供了比典型性更具有特殊性的启示。首先，简牍法律文书的形成时期并不一定与墓葬的形成时期相同，暗示需要通过其使用时期和抄写及传授与否等多层次的考虑来测定各自的年代。而且，法律本身受到时宜性的制约，也就是说，如果官方新颁布或修订的法律确保了时宜性，过去的法律必然会丧失实效性。一般情况下墓主会收藏反映时宜性的法律文书，文书形成和墓葬形成之间的时差几乎相同或不大。

因为这样，睡虎地秦简法律文书的特殊性更有价值。"喜"和其家人具有血缘间的继承意识，同时也是能回顾的人。他们的思维是通过家传文书的随葬体现出来的，涵盖秦下级吏员家族学习、传授、更新、废弃法律知识的整个过程。这种睡虎地秦简的突出例子可以评价为具有不可替代的特殊性。

简牍典籍和律令的"序次"

杨 博[*]

内容摘要：秦汉律令体系的研究如律令的编纂、集合与单行、目录与排序等，长久受学界重点关注。由简牍典籍的编纂、分类与目录等问题的讨论，可以发现"序次"是典籍编纂的最重要工序；而简牍律令中的"序次"却是目前所见诸类文献中最为丰富的。将二者系联，似可发现出土战国秦汉简牍典籍与简牍律令的编纂情况，在"单行令"与"单篇别行"、"事类令""挈令"与"以类相从"、"干支令"与"序次目"诸方面多有相通之处。

关键词：简牍典籍 律令 序次

秦汉律令体系的研究成果丰硕且多为经典之作。律令的编纂、集合与单行、目录与排序等，也长久受学界重点关注，其中张忠炜先生曾由刘向校书所得《七略》考察古书由单篇别行向定本转化过程与

---

* 杨博，中国社会科学院古代史研究所、"古文字与中华文明传承发展工程"协同攻关创新平台副研究员，主要研究方向为出土文献与先秦、秦汉史。本文是国家社科基金重大项目"出土简帛文献与古书形成问题研究"（19ZDA250）阶段性成果之一；研究过程得到国家社科基金冷门绝学研究专项学者个人项目"出土文物与文献视野下的六博传统游戏研究"（22VJXG006）的资助。

汉代律学的可能情况,①所论多有启发。笔者近年来关注简牍典籍的编纂、分类与目录等问题,逐渐认识到"序次"是典籍编纂的最重要工序,②而简牍律令中的"序次"却是目前所见诸类文献中最为丰富的,下面拟对简牍典籍与律令的"序次"做些简单的比附,向各位方家求教。

张忠炜先生曾由刘向父子校雠群书的重心(即以篇目固定取代往日之单篇别行),对律令不载于汉《志》提出新的可能解释。③ 实际上,我们看校书的工作程序,刘向的功业更在于删定"诸子"书,"目录"的出现是其最重要的贡献:"刘向司籍,九流以别。爰著目录,略序洪烈。"而《汉书·叙传》将六艺典籍的纂定系于刘向之前,"纂

---

① 参见张忠炜:《秦汉律令法系研究续编》,中西书局 2021 年版,第 77－155 页。张先生提出:

西汉前期(汉律)不同抄本的篇名序次是不固定的,这与西汉中后期以来古书篇目目趋固定的现象不可不谓差异明显,应该能反映出秦及西汉前期律令体系的开放而非封闭的特征……在此过程中,若篇目序次的"异"是一方面的话,则篇目"同"的倾向更值得留意了。……有些篇目应会不约而同的被选定,而且也会不时被强调而愈发重要;不仅如此,对篇章主旨的把握大概也会趋同。

……

郑玄既深受《七略别录》之影响,则注律时,恐潜移默化地会注意以下几点:

第一,面对汉代法律繁冗的事实,基于某标准而进行篇目选择,作注(/律章句);第二,对于选择的若干篇目,除叙述各篇主旨外,会对律令性质及归属有所认知;第三,一如经学传承谱系的构建一样,建构起古代律学的发展谱系;第四,在经由上述一番艰辛努力后,能深切地认知汉法优劣之所在,为今后的变革指明可能的方向。

……

若将它们(以上四点)视为律学家要共同面对的问题,是不是会合理些呢? 实际上,不论是律博士之设立,还是魏晋新律之修订,恐怕都是要面对这些问题的——没有对汉律的彻底审视,应该不会有后来的变革,而这种审视当不始于魏晋;而且,只有量变在汉代达到一定积累的基础上,才会有晋时代律令体系质变之产生。

② 参见杨博:《战国楚竹书史学价值探研》,上海古籍出版社 2019 年版;杨博:《由篇及卷:区位关系、简册形制与出土帛书的史料认知》,《史学月刊》2021 年第 4 期;杨博:《战国秦汉简帛所见的文献校理与典籍文明》,《中国社会科学》2022 年第 9 期。

③ "当时是由单篇律与令共同构成律令法系,不存在由政府统一编纂的律令,理官厘定律令并无实质进展,刘向父子亦难为之,故不载录"。参见张忠炜:《秦汉律令法系研究续编》,中西书局 2021 年版,第 177－179 页。

《书》删《诗》,缀《礼》正《乐》,彖系大《易》,因史立法"。① 如果观察出土简牍中"书""诗"类的"序次"情况,似乎可以说明这一问题。

一般来说,传世的"书"篇是以时代早晚为原则进行编次的,也就是孔颖达《尚书正义》里说的"编书以世先后为次"。② 清华简的"书"类文献的简册形制统一,由此可以确定的是《尹至》与《尹诰》篇原本编联在一起。通过对简背划线以及竹简位置的观察,《尹至》《尹诰》以及《赤鸠之集汤之屋》是按照时间顺序编排的,先《赤鸠之集汤之屋》,次《尹至》,末《尹诰》。③《赤鸠之集汤之屋》讲的是汤初得伊尹的故事,《尹至》是伊尹间夏返商后与汤的盟誓,《尹诰》则是汤伐桀得胜后所作。程浩先生注意到从时代上可以穿插在这三篇之间的就有《汝鸠》《汝方》《夏社》《疑至》《臣扈》《汤誓》《典宝》《汤诰》等篇,故而说明该卷是将有关伊尹的"书"编在了一起。"书"类文献也有以人物为中心的编次原则的存在,④ 即"以类相从"。

同一人物虽然可能"同卷",但是不同篇之间"上、中、下"或"一、二、三"的"序次",战国"书""诗"类典籍中较为稀见,即便是清华简中同题为《傅说之命》的三篇,也仅是互相连属但不分次序。这一时期典籍"序次"的重点可能在李零老师强调的"叶号"上。⑤ 这种在每简的简尾或简背书写简序编号的,其实就是"页码",因此根据简背墨

① (汉)班固:《汉书》卷 100 下《叙传》,中华书局 1962 年版,第 4244 页。
② 《尚书正义》卷 17《蔡仲之命》,阮元校刻:《十三经注疏》(清嘉庆刊本),中华书局 2009 年版,第 483 页。
③ 孙沛阳:《简册背划线初探》,复旦大学出土文献与古文字研究中心编:《出土文献与古文字研究》(第 4 辑),上海古籍出版社 2011 年版,第 449–462 页;肖芸晓:《试论清华竹书伊尹三篇的关联》,武汉大学简帛研究中心办:《简帛》(第 8 辑),上海古籍出版社 2013 年版,第 471–476 页。
④ 程浩:《从出土文献看〈尚书〉的篇名与序次》,《史学集刊》2018 年第 1 期。
⑤ 李零:《视日、日书和叶书——三种简帛文献的区别和定名》,《文物》2008 年第 12 期。

书"厶（四）"，整理者也可以便易地为清华简《封许之命》补上第 4 支简。① 清华简《系年》简背也有 1－137 的墨书序号。安大简《诗经》也是由于"叶号"的存在，证明简本国风的次序是周南 10 篇、召南 14 篇、秦 10 篇、侯 6 篇、鄘 7 篇、魏 10 篇。② 此外，"周南十又一"的类似题记，在阜阳双古堆汉简《诗经》中仍然延续，即"右方某国"。③

海昏西汉简本《诗经》，年代在刘向校书之前。海昏《诗》有相当一部分属于"目录"，出土时呈聚合状态，据朱凤瀚先生介绍，可大致分为四级：

第一级总记《诗》之篇、章、句数："■诗三百五篇，凡千七十六章，七千二百七十四言。"

第二级目录，即《风》《雅》《颂》。《风》按国别分组，《大雅》《小雅》《周颂》各以十篇或十一篇为一组，《鲁颂》《商颂》均不足十篇，合为一组。《风》《雅》《颂》中格式一致，如《颂》有首简记其篇、章、句数，上端亦涂黑方块："■颂卅篇，凡七十章，七百卅四言。"

第三级是《风》《雅》《颂》内部的《秦》《会（桧）》《文王》《云汉》等诸组诗，如"秦十扁（篇），凡廿七章，百七十七言"等。

第四级并不是篇题（篇题在正文中），而是章题，多取每章首句，如相邻的上下两章首句（或前几句）相同，则下一章依次选取第二句，如"清人在彭""有女同行"分别对应今本《郑风》中《清人》的首章首句、《有女同车》的二章一句。

正文每章末注明该章章序与句数。每篇结尾记篇名、章数、每章句数与总句数，如"匪风三章，章四句，凡十二句"。海昏简本结构如

---

① 贾连翔：《〈封许之命〉缀补及相关问题探研》，《出土文献》2020 年第 3 期。

② 安徽大学汉字发展与应用研究中心编，黄德宽、徐在国主编：《安徽大学藏战国竹简》（一），中西书局 2019 年版，前言第 1 页。

③ 胡平生、韩自强：《阜阳汉简诗经研究》，上海古籍出版社 1988 年版，第 95 页。

此严谨,朱先生推断在当时文章主要凭借讲授、记录与辗转传抄于简册等方式流传的情况下,严整的结构是为了避免诗句的散失,①此言切中肯綮。

另值得注意的有两端,其一较为多见,每篇末尾在记章、句数后,以极简短的两个或几个字对通篇诗的主旨做概括,例如《桧风·隰(隰)有长(苌)楚》篇末尾记"说人",《匪风》篇末尾记"刺上",《小雅·黄鸟》篇末尾记"家辞",其二目前仅见几处,在篇名后有《诗序》性质的注解文字,如《宾之初筵》篇名目后简云:"……爵制饰食多是则不敢,传曰:卫武公饮酒而……"《毛诗序》:"《宾之初筵》,卫武公刺时也。幽王荒废,媟近小人,饮酒无度,天下化之,君臣上下沈湎淫液,武公既入,而作是诗也。"②《后汉书·孔融传》注引《韩诗(序)》曰:"《宾之初筵》,卫武公饮酒悔过也。"③由此可见,海昏简本中不仅有"目",还有小序的存在。可进一步理解的是,简本"目录"结构严谨齐整,其实是为我们呈现出刘向校书之前"六艺"经典目录的书写样式。

若将目光移至秦汉时期的实用医学典籍,西汉初年的胡家草场汉简医书,《杂方》的"目"由10枚简组成,每简分栏书写,前5枚简自上而下分为五栏,后5枚简分为四栏,共记录45个方名,每个方名皆有编号。《医方》的"目"由6枚简组成,每简自上而下分为五栏,共记录30个方名,每个方名前亦皆有编号。④ 与之类似,北大汉简的

① 朱凤瀚:《海昏竹书〈诗〉初读》,朱凤瀚主编:《海昏简牍初论》,北京大学出版社2021年版,第71-110页。
② 郑玄笺,孔颖达疏:《毛诗正义》卷14-3《小雅·宾之初筵》,阮元校刻:《十三经注疏》(清嘉庆刊本),中华书局2009年版,第1039页。
③ 《后汉书》卷70《孔融传》,中华书局1965年版,第2269页。
④ 李志芳、蒋鲁敬:《湖北荆州市胡家草场西汉墓M12出土简牍概述》,《考古》2020年第2期。

54　　出土文献与法律史研究（第十三辑）

医方目录也是带有编号的，如"十二·治病心腹坚"等。① 天回汉墓
的《治六十病和齐汤法》与之相类，如"治心暴痛五十八"等。② 将抄
写年代在西汉早期的《治六十病和齐汤法》与西汉初期的马王堆《五
十二病方》相较，二者在病症方药、治疗方法方面类似，③但"目录"简
已呈现由《五十二病方》"多摘首句两字以题篇"的"录"，④向有明确
主题"治某某"并序次"一""二"的"目"演进的情况。由此可见，西
汉早期以降，主题序次的"目"逐渐在医书等类实用书中得到普及，这
与传世文献所谓"条其篇目"也是相合的。带有编号、方名经过有次
序编排的医书目录，显示出"目"形式的成熟。

　　海昏简册中有一种怀疑与"容成阴道"有关的房中书，简文虽多
残泐，仍见有分章符号"·五""·八"等，还存有六枚上下相连带有
目录性质的残简，内容记述诸章主题、次序，笔者曾将其篇章结构试
着做过复原。⑤ 应该承认，海昏房中书的部分章名还是截取首字而
来的，如"容成曰不智八"；但"八益九""充林十"等，确已是全章论说
主题的凝练而非仅取首字。在此意义上讲，海昏房中简所见，不仅有
助于进一步复原本篇的叙述结构，更有助于明确刘向校书之前古书
"目"的特点，即分栏抄写横读、凝练诸章主题、章节内容序次。

　　胡家草场 M12 同墓所出《律典》第二卷《旁律甲》、第三卷《旁律
乙》的自题，《令散甲》中甲、乙、丙、丁、戊诸令的排序，也为前述文献
的系联提供了可能。《旁律甲》《旁律乙》的自题，陈伟先生曾论及：

① 李家浩、杨泽生：《北京大学藏汉代医简简介》，《文物》2011 年第 6 期。
② 中国中医科学院中国医史文献研究所：《四川成都天回汉墓医简的命名与学术源流
　考》，《文物》2017 年第 12 期。
③ 和中浚等：《老官山汉墓〈六十病方〉与马王堆〈五十二病方〉比较研究》，《中医药文
　化》2015 年第 4 期。
④ 陈红梅：《〈五十二病方〉编写体例探讨》，《天津中医药大学学报》2010 年第 1 期。
⑤ 参见杨博：《海昏"房中"书篇章结构的推拟》，中国文化遗产研究院编：《出土文献研
　究》（第 19 辑），中西书局 2020 年版，第 360－366 页。

"胡家草场《旁律》用简数如果达到 672 枚左右,分作两卷应该是适宜的。"分作甲、乙两卷只是一种技术性处理,而没有"律篇"进一步分类的意味。① 而令的种类,有"单行令",有以事类命名的"事类令"、以地区或衙署命名的"挈令",还有以甲、乙、丙命名的"干支令"。② 所谓"干支""事类"及"挈令"等,是学界通行的称谓。其中"干支令"与"挈令"历来是秦汉法律史研究的重点与难点。如甲、乙、丙令的编纂时间、分篇标准、内容类别以及与事类令、挈令的关系,均尚待进一步明确;挈令是产生于相关官署自身的立法、政务活动,还是编录、摘抄于既有的上位法文件,或二者兼而有之,学界亦尚无共识。③

律令未收入《汉志》,至《隋书·经籍志》方于史志中获得一席之位。学界早有主张,将律令类简牍归入书籍并作为独立的门类。④ 笔者在整理海昏《六博》时,也遇到此类问题,处理方式亦与此雷同。⑤ 若以"序次"为核心,将出土战国秦汉简牍典籍与简牍律令的编纂情况,做个不太恰当的类比,笔者认为二者的共通之处起码有以下三点:

第一,"单行令"与"单篇别行"。战国时期流行的典籍文献可暂以成篇时间为据分为"旧有"与"新作"两种。"易""书"等类由商周档案文书改编所得之文献,似为"旧有",如上博简《周易》、清华简

---

① 陈伟:《秦汉简牍所见的律典体系》,《中国社会科学》2021 年第 1 期。
② 张忠炜:《秦汉律令法系研究初编》,社会科学文献出版社 2012 年版,第 108 页。
③ 参见徐世虹:《出土简牍法律文献的定名、性质与类别》,《古代文明》2017 年第 3 期。
④ 将可以归类为书籍的律令类简牍、专门规范、律令注解、案件汇编、司法档案、奏章著述与可以归类为文书的行政、司法文书等公文案牍这些出土法律简牍归为一类,对我们认识特定时期的法制状况不无裨益。而将这些出土法律简牍统称为"出土简牍法律文献"而非"法律文书",更能反映当时法律文献的实际状况。参见徐世虹:《出土简牍法律文献的定名、性质与类别》,《古代文明》2017 年第 3 期。
⑤ 江西省文物考古研究院等:《江西南昌西汉海昏侯刘贺墓出土简牍》,《文物》2018 年第 12 期。

"书"类文献等；而"语"、史书及"诗话""书话"等类当为"新作"，如上博简"语"类、清华简《系年》以及清华简《耆夜》《保训》等。无论是"旧有"还是"新作"，其文本的最小单位均是"篇"。"旧有"文献有单篇流传者，如荆州夏家台所出《吕刑》，而绝大多数"新作"文献更是单篇留存。在多数情况下，一篇即为一卷。但是随着简帛整理、研究的不断深入，也发现初次整理时分篇的可能原本是一卷，甚至是一篇。"单篇别行、以类相从"或可基本概括这一时期典籍文献的留存形式。

第二，"事类令""挈令"与"以类相从"。睡虎地秦简《秦律十八篇》和张家山汉简《二年律令》作为秦汉律令的抄本，没有为各条律文编目，都是以类相从，为每一类律条确定一个名称。① "以类相从"，首要的辨别方式即是简册形制的趋同，包括简长、简端修治、编绳间距、完简书写字数等诸多因素。如郭店简《成之闻之》《尊德义》《性自命出》《六德》四篇，均为简长 32.5 厘米，两端梯形，两道编绳，编绳间距 17.5 厘米，完简字数 22－25 字；上博简《灵王遂申》《平王问郑寿》等十四篇楚"语"形制亦均相近，前者或原本编为一卷，后者则应是同类文献的集合。除前述清华简"书"类以人物为中心编次外，上博简《孔子诗论》《鲁邦大旱》《子羔》，尽管在内容上并无直接关系，但因共同篇题"子羔"和相同的形制，向被视为同卷。② 但即使是同卷简册，我们也不能断定同卷的各部分内容彼此之间是相互关联的。如《孔子诗论》《子羔》《鲁邦大旱》这样，同一卷也可以由多个来源不一、没有紧密关系的篇章组成。③

---

① 于振波：《浅谈出土律令名目与"九章律"的关系》，《湖南大学学报（社会科学版）》2010 年第 4 期。

② 李零：《上博楚简三篇校读记》，中国人民大学出版社 2007 年版，第 5－8 页。

③ "子羔"，作为孔子弟子的名字，其作用是将三篇竹书编为一卷，起到提示词的作用，参见张瀚墨：《〈孔子诗论〉的文本组织、性质及作者探论》，《文艺研究》2020 年第 5 期。

第三,"干支令"与"序次目"。以岳麓秦简为例,其编号情形据陈松长先生介绍:一是单独抄写令名者,其简端有墨丁,令名后面还有干支编序,"内史郡二千石共令"按干支编为"第甲"至"第庚";二是在抄写完一条令文之后,在末尾标注令名,然后再用干支和数字一起编号,如"县官田令甲十六";三是摘抄令文条款之后,没有注明令名,仅记编号,"官府及券书它不可封闭者,财,令人谨守卫,须其官自请报,到,乃以从事。·十八";四是在抄完令文后,仅录"廷""廷卒"和干支或数字编号,如"□官官所治,它官狱者治之。·廷卒甲二"。① 张忠炜先生提到条文编号是令典或令集编纂时所增。② 岳麓秦简律令简牍存有时人校雠、校重的情况,周海锋先生有多次论述,周先生还特别提到对令名序号的校订。③ 而这种确定排序的处理方式,即序次,是关乎文献定本的重要问题。典籍文献单篇流传时尚需要划痕、墨线等的帮助以避免简序散乱。经校理而定本后,大部分文献的用简数量一般都不会少于三、四百枚,④这样序次就成为避免简册散乱的最有效手段。同样,序次的出现,也使得经过校理的典籍文献的文本由流动转向固定,文献定本亦随之出现。

线性的看,典籍文献"单篇别行""以类相从"到"序次"定本,是可能存在历时性的发展趋势的。而律令的"集类为篇,结事为章",⑤一方面尽可能确保律令覆盖的全面,另一方面又兼顾法律在

① 陈松长:《岳麓书院所藏秦简综述》,《文物》2009 年第 3 期。
② 张忠炜:《秦汉律令法系研究初编》,中西书局 2021 年版,第 123 页。
③ 周海锋:《秦律令之流布及随葬律令性质问题》,《华东政法大学学报》2016 年第 4 期;《秦律令文本形态浅析》,武汉大学简帛研究中心:《简帛》(第 23 辑),上海古籍出版社 2021 年版,第 159－188 页。
④ 陈伟:《秦汉简牍所见的律典体系》,《中国社会科学》2021 年第 1 期。
⑤ 《晋书》卷 30《刑法志》,中华书局 1974 年版,第 925 页。

具体事项上的细密，两者结合以达到"皆有法式"的目的；①可能更侧重于共时性。② 只是这种处理方式的趋同，可能说明秦汉时期典籍文献的校理方式并非存在不可逾越的鸿沟。

无论是出土简牍典籍还是律令的墓葬，常见有《日书》和"为吏"类的文献，若以此为交接，胡家草场 M12 日书《诘咎》篇的绝大多数条目，见于睡虎地秦简《日书》甲种《诘》，仅缺少最后一条（57 背叁-59 背叁）。两者条目次序也存在密切关系。唯区别在于《诘》通篇不设小标题，而《诘咎》多有，如"鬼取人为妻""役且梦""冶人""校人室""鬼召人宫""鬼恒夜呼"等，③体现的即是随时代发展在"以类相从"的基础上，对文献主题整理凝练的进步。

《日书》类简册之外，北大秦简《从政之经》、睡虎地秦简《为吏之道》与岳麓秦简《为吏治官及黔首》，这类秦代流行的教育官吏自律、修身宜忌的文章杂抄，也体现了时代背景对典籍文本的影响。《从政之经》抄写在统一之前的秦王政时期，④《从政之经》《为吏之道》称"民""士"，《为吏治官及黔首》中皆被改称为"黔首"，证明岳麓简成

---

① 齐继伟：《秦〈发征律〉蠡测——兼论秦汉"律篇二级分类说"》，《中国史研究》2021 年第 1 期。将同类者集合以后，还要根据现实政策排定其位置先后，如"朝律"，可能即出于"刘邦对朝仪重要性的肯定"，才将之归入狱律。胡家草场"旁律甲""旁律乙"，似也可能反映出狱律和旁律内部有轻重等次之分。参见张忠炜、张春龙：《汉律体系新论——以益阳兔子山遗址所出汉律律名木牍为中心》，《历史研究》2020 年第 6 期。

② 学者也注意到"《史记》《汉书》所载令甲、令乙，其下再按数字分条的编集传统始于秦且相当发达；自汉武帝使用太初元年纪年以后，以帝王年号加上以天干地支纪年、月、日，律令公文序位才得以清晰区分。参见曹旅宁：《松柏汉简"令丙第九献枇杷"和秦汉律令法系的复原》，《读书》2011 年第 12 期。"汉律非制定于一时，亦非成于一人之手，可确信无疑"。参见张忠炜：《秦汉律令法系研究续编》，中西书局 2021 年版，第 130 页。

③ 李天虹等：《胡家草场汉简〈诘咎〉篇与睡虎地秦简〈日书·诘〉对读》，《文物》2020 年第 8 期。

④ 翁明鹏：《从〈禹九策〉的用字特征说到北大秦简诸篇的抄写年代》，《文史》2020 年第 1 辑。

文当在秦始皇廿六年"更名民曰'黔首'"之后。"吏有五善"相应的简文,睡虎地简增加了"凡为吏之道"五字与"吏有五善""吏有五失"等标题式的字句,而岳麓简更增加了"吏有五过""吏有五则",反映出此类文章专供吏治国的性质在逐步强化。①

《周礼》职官体系中,"史"在各个部门中均普遍存在。大量"史"职人员在《周礼》中的设置,反映出战国时期官僚制兴起后对文书行政书写的现实需求。② 张家山汉简《二年律令·史律》也为包括"史""卜""祝"等专业从事文字处理的所谓"史"职人员分别提出了具体的从业要求:③

其一是从业资格与修业年限。"史、卜子年十七岁学",即现担任史、卜等职的人的儿子在年满十七岁才能获得学习资格,分别称为史学童、卜学童和祝学童。"史、卜、祝学童学三岁,学佴将诣大史、大卜、大祝,郡史学童诣其守,皆会八月朔日试之。(简474)",这些学童的学习期限为三年,期满后的八月朔日这天,中央的按照职业分别到大史、大卜、大祝处接受考核,地方只有史学童,就近到郡守处接受考核,合格后方能获得从业资格。

其二是从业技能和进阶考试。卜学童需要"讽书史书三千字,诵卜书三千字,卜六发中一以上,乃得为卜(简477)",祝学童也要"以祝十四章试","能诵七千言以上者,乃得为祝(简479)"。史学童最繁难,初试"以十五篇,能讽书五千字以上,乃得为史"。十五篇即《史籀》十五篇,这是最初级的要求。进阶试则是"以八体试之,郡移

---

① 朱凤瀚:《三种"为吏之道"题材之秦简部分简文对读》,中国文化遗产研究院编:《出土文献研究》(第14辑),中西书局2015年版,第1-7页。

② 何晋:《从〈周礼〉史官设置看先秦史学的产生与发展》,《中国文化研究》2020年冬之卷。

③ 张家山二四七号汉墓竹简整理小组:《张家山汉墓竹简(二四七号墓)》(释文修订本),文物出版社2006年版,第80-81页。

其八体课大史，大史诵课，取最一人以为其县令史，殿者勿以为史。三岁壹并课，取最一人以为尚书卒史。（简 475－476）"。八体即大篆、小篆、虫书、隶书等秦书八体。考试结果由中央的大史来判断，最优一人才可以任县令史，排名最后的被取消任职资格。三年有一次并试，最优者可担任尚书卒史。①

《史律》规定了"史""卜""祝"等专业化人士的培养途径，不仅提到有《史籀》十五篇、祝十四章等专门教材，也明确了"卜"需要几发几中以上的实践训练。而"史"不仅要讽诵，还需"主书"。睡虎地秦简《内史杂》"下吏能书者，毋敢从史之事（简 192）"，"下吏"虽然指一种罪犯，②但从中也可见"史"职文书处理的专门化。战国秦汉简牍中也留存有大量经过系统学习、考试的"史"职人员，在实际生活中如何进行文书处理的实物资料。如简牍文书中常见的钩校、合计、题示等所谓"会计"方式，③简牍典籍中都不陌生。如北大简《老子》"老子上经""老子下经"的题示和"·凡二千九百卌二""·凡二千三百三"的合计。④ 而钩校、合计等又可与刘向校书的工序"除其重复，定著为若干篇"相应，题示则与凝练主题"著其篇目以防散佚"相关。若从时间线来看，当战国中晚期"上计"簿籍中"会计"方式的普遍应用时；《左传》《系年》等史著刚刚纂辑成书不久，"语"类文献等公共素材还在大流行。循此，则秦汉儒生与文吏之间互动的过程，是否也伴随着文献校理方式中文书与典籍的融合？

《汉志》"步兵校尉任宏校兵书，太史令尹咸校数术，侍医李柱国校方技"等，⑤是在成帝时。而早在汉初即有兵书、律令文献的系统

---

① 李学勤：《试说张家山简〈史律〉》，《文物》2002 年第 4 期。
② 陈伟主编：《秦简牍合集》（壹），武汉大学出版社 2014 年版，第 148 页。
③ 李均明：《秦汉简牍文书分类辑解》，文物出版社 2009 年版，第 392－414 页。
④ 韩巍：《北京大学藏西汉竹书本〈老子〉的文献学价值》，《中国哲学史》2010 年第 4 期。
⑤ （汉）班固：《汉书》卷 30《艺文志》，中华书局 1962 年版，第 1701 页。

整理。《汉志·兵书略》"汉兴,张良、韩信序次兵法,凡百八十二家,删取要用,定著三十五家","武帝时,军政杨仆捃摭遗逸,纪奏兵录","至于孝成,命任宏论次兵书为四种"。① 兵法以外,律令在汉初也得到过系统整理,《史记·太史公自序》云:"汉兴,萧何次律令,韩信申军法,张苍为章程,叔孙通定礼仪……"②类似记述也见于《汉书·高帝纪》。阎步克先生曾指出"文法"这种文史独擅的技能被儒生掌握,反映出秦汉时期经术与政务结合的努力。③ 最后对于《汉志》未见律令,笔者赞同于振波先生的看法:礼仪与律令,都由"理官"(法官)保存,因此,秘府藏书显然不包括这部分书籍。《汉书·艺文志》没有收录现行律令、典章,所以不见"九章律""傍章"等各种律典,也不见诸如令甲、令乙或"功令""养老令"等各类令典,甚至也没有当时官制、礼仪等典章制度方面的文献,原因正在于此。④

---

① (汉)班固:《汉书》卷 30《艺文志》,中华书局 1962 年版,第 1762 - 1763 页。
② (汉)司马迁:《史记》卷 130《太史公自序》,中华书局 1959 年版,第 3319 页。
③ 阎步克:《秦政、汉政与文吏、儒生》,《历史研究》1986 年第 3 期。
④ 《汉书·礼乐志》:"今叔孙通所撰礼仪,与律令同录,藏于理官,法家又复不传。汉典寝而不著,民臣莫有言者。"参见于振波:《浅谈出土律令名目与"九章律"的关系》,《湖南大学学报(社会科学版)》2010 年第 4 期。

秦汉盗墓罪认定及量刑问题初探

刘同川 *

内容摘要：盗墓对社会公序良俗产生极大危害，历代统治者为禁止盗墓而制定了严苛的法律，律文的详密程度虽不尽相同，但相同立法精神贯穿其中。从岳麓秦简盗墓案的判例到居延新简对贩卖盗冢衣物的处理，让我们看到了秦汉对盗墓罪的认定及量刑标准的一些信息，即以是否对棺椁和尸体造成损害及损害的程度为标准。这种量刑标准与唐律发冢的法条具有很大的一致性，体现了唐律对汉律的承继关系。

关键词：盗墓 量刑标准 律令沿革

盗墓，以对墓葬财富的非法占有为主要特征，是具有较大社会危害性的犯罪行为。历代统治者虽制定严刑峻法加以禁止，但其风经久不衰，甚至"曾经成为一些地域的普遍风习，成为一些家族的营生手段，成为一些社会集团的行业特征"。[①] 两汉时期，灵魂不死，事死

---

* 刘同川，武汉大学简帛研究中心"古文字与中华文明传承发展工程协同攻关创新平台"在读博士生。本文写作得到国家社会科学基金青年项目"出土简牍所见秦汉仓储制度研究"（20CZS014）的资助。

① 王子今：《论秦汉盗墓及相关现象》，载氏著《秦汉社会史论考》，商务印书馆 2006 年版，第 162 页。

如事生的观念深入人心，加之统治者大力推行儒家文化，嘉奖孝行，使得厚葬之风盛行，这在一定程度上也助长了盗墓行为。秦汉史籍中虽多有盗墓记载，但盗墓的参与者多为社会权贵，其盗墓动机多出于政治、军事、个人恩怨等方面的考虑，且所记简单，缺乏具体的细节，对平民小规模盗墓的记载更是寥寥无几。岳麓秦简《猩、敝知盗分赃案》的出现，为我们提供了秦汉时平民盗墓的丰富细节，以及判罪量刑的参考案例，有助于我们对秦汉盗墓史、法律史更加深入的研究。

一、岳麓秦简《猩、敝知盗分赃案》与秦时盗墓罪的认定

岳麓秦简《为狱等状四种·猩、敝知盗分赃案》是一则涉及盗墓的案例：

> ·廿三年四月，江陵丞文敢讞（谳）之：廿三年九月庚子，令下，劾：禄（录）江陵狱：上造敝、士五（伍）（044）猩智（知）人盗叔冢，分臧（赃）。得。敝当耐鬼薪，猩黥城旦。遝戊午赦（赦），为庶人。鞫（045）审，讞（谳）。（046）·今视故狱：廿一年五月丁未，狱史窣诣士五（伍）去疾∟、号曰：载铜。·去疾∟、号曰：号乘轺（047）之醴阳，与去疾买铜镝冗募乐一男子所，载欲买（卖）。得。它如窣。（048）·执一男子。男子士五（伍），定名猩。☑（049）·猩曰：□□□□□乐，为庸（佣），取铜草中。得。它如号等。（050）·孱陵狱史民诣士五（伍）达。与猩同狱，将从猩。·达曰：亡，与猩等猎渔。不利，负责（债）。（051）冗募上造禄等从达等渔，谓达∟，禄等亡居冀（夷）道界中，有庐舍∟，欲欧（驱）从禄∟。达（052）等从禄∟。猩独居舍为养，达与仆徒时（蒔）等谋叔冢。不告猩，冢巳（已）劈（彻），分器，乃告（053）猩∟。蒔等不分猩∟，达独分猩。它如猩。·猩曰：达等

埱冢，不与猩谋。分器，蒔等不分（054）猩∟，达独私分猩。猩为乐等庸（佣），取铜草中。它如达及前。·醴阳丞惺曰：冗募上造敞（055）【……·敞曰：……】（缺05）埱冢者锡。到舍，达巳（已）分锡∟。达谓敞：巳（已）到前，不得锡。今冢中尚有器，器巳（已）出，买（卖）敞所。∟时（蒔）（056）告达，请与敞出余器，分敞。达曰：发冢一岁矣！今劈（彻），敞乃来，不可与敞∟。达等相将之水旁，（057）有顷，来告敞曰：与敞。敞来后，前者为二面，敞为一面。敞曰：若（诺）。皆行，到冢，得锡。敞买及受分。觉，（058）亡。得。它如达等。·达言如敞。·达等埱冢，不与猩、敞谋，得衣器告猩、敞受分，臧（赃）过六百六十钱。（059）【它】如辤（辞）。·鞫之：达等埱冢，不与猩、敞谋，【得】衣器告猩、敞受分，臧（赃）过六百六十钱。得。猩当黥（060）城旦，敞耐鬼薪。遝戊午赦（赦）。审∟。江陵守感、丞暨、史同论赦（赦）猩、敞为庶人∟。达等令（？）别（？）论。敢谳（谳）之。（061）①

敞、猩二人与达、蒔等人共同参与了一起盗墓案，经两次审理，最终认为猩、敞因没有参与盗墓的谋划，也没有出现法律认定的盗墓行为，故而以知盗分赃罪论处，后遇赦令，两人免为庶人。达等人因参与盗墓谋划，全程参与盗墓活动，故而"达等令别论"，"别论"表明达等盗墓罪属实，但遗憾的是，盗墓罪如何判罚，是否在赦免之列等问题案卷未见言及。

蒋鲁敬、熊贤品等学者都对本案中的所涉的盗墓信息有过研究，蒋鲁敬通过本案揭示了荆州地区楚墓的早期盗掘情况；②熊贤品在

① 陈松长主编：《岳麓书院藏秦简（壹-叁）》（释文修订本），上海辞书出版社2018年版，第143－145页。
② 蒋鲁敬：《岳麓秦简〈猩、敞知盗分赃案〉与楚墓早期盗掘》，杨振红、邬文玲主编：《简帛研究2016》（秋冬卷），广西师范大学出版社2017年版，第147－153页。

对本案进行了细致的梳理后,对战国晚期秦关于盗墓的处罚做出了推测,他认为秦代对于盗墓的法律处理,可能也是与汉初类似的。① 涉及盗墓罪的认定与量刑方面,以朱潇的研究最具代表性,他认为郡吏的劾书中"猩智(知)人盗埱冢,分臧(赃)"此句既可以理解为猩获知他人盗埱冢的行为并参与分赃,也可以理解为猩有与他人盗埱冢的情节而参与分赃。若依据前一理解,猩的行为属于"知盗分赃";若依据后一理解,猩恐怕应被视为"盗埱冢"的共犯,②他已经认识到案件需要重审的症结是对盗墓罪该如何认定,遗憾的是,他并没有进一步探讨认定的标准是什么。

仔细观察前后鞫文的变化,当是比附一定的法律条文或者参考其他案例来写,我们试做以下分析:猩、敞二人牵涉一起盗墓案,原来的鞫文为:

> 上造敞、士五(伍)猩智(知)人盗埱冢,分臧(赃)。得。敞当耐鬼薪,猩黥城旦。遝戊午赦(赦),为庶人。

郡吏在审计江陵狱案之时,要求对这一认定重新审理。重新审理的理由应是上级官府认为"敞当耐鬼薪,猩黥城旦"的判决不妥,或事实认定不清。江陵丞等人经重新梳理案卷后,写鞫文为:

> 达等埱冢,不与猩、敞谋,【得】衣器告,猩、敞受分,臧(赃)过六百六十钱。得。猩当黥城旦,敞耐鬼薪。遝戊午赦(赦)。审。

两次判决结果虽一致,但后者却增加了一些细节,值得注意。"达等埱冢,不与猩、敞谋,【得】衣器告"成为对劾文的具体回应,是

---

① 熊贤品:《早期盗墓及相关法律问题》,《长江文明》2020 年第 4 期。
② 朱潇:《岳麓书院藏秦简〈为狱等状四种〉与秦代法制研究》,中国政法大学出版社 2016 年版,第 83 页。

判定猩、敞二人"知盗分赃"还是"盗埱冢"的主要依据。"猩、敞受分,臧(赃)过六百六十钱"显然是就《盗律》而言的一种刑罚等级。《二年律令·盗律》:"智(知)人盗与分,皆与盗同法。"①按此律,"知盗分赃""臧(赃)过六百六十钱"给予"敞当耐鬼薪,猩黥城旦"的判罚是合适的。②

　　"达等埱冢,不与猩、敞谋,【得】衣器告"明确了猩、敞二人没有犯"盗埱冢"罪,"达等令(?)别(?)论",两者的区分非常明显。故而陶安言"'达等埱冢,不与猩、敞谋,得衣器告'与前文简 053 - 054'达与仆徒时(峙)等谋埱冢。不告猩,冢巳(已)劈(彻),分器,乃告猩'相应,二者都表示猩(和敞)未参与共谋或实行行为,而参与与否正好是区分'盗埱冢'罪与'分赃'罪的判断标准"。③ 此说有一定道理,但还不够准确。猩一直未直接参与盗墓案,只接受了赃物,比较容易理清,但是敞的情况就比较复杂。简文明言"达等相将之水旁,有顷,来告敞曰:与敞。敞来后,前者为二面,敞为一面。敞曰:若(诺)。皆行,到冢,得锡。敞买及受分"。可知在第二次盗冢的时候,敞全程参与其中,因未参与前期的谋划与挖掘,故而在分赃时"前者为二面,敞为一面",从墓中拿到铜器后,敞分得了一部分赃物又向别人买了一部分赃物。由此可知,敞因未参与谋划盗墓,也未参与首次挖掘,故而量刑时仅按"知盗分赃"处罚,而其参与的第二次盗墓活动在江陵丞等人看来并不构成盗墓罪。由此可以推测,秦时对是否构成盗

---

① 彭浩、陈伟、[日] 工藤元男主编:《二年律令与奏谳书:张家山二四七号汉墓出土法律文献释读》,上海古籍出版社 2007 年版,第 112 页。

② 此判决可参考的法律依据有《二年律令·盗律》55:"盗臧(赃)直(值)过六百六十钱,黥为城旦舂。"《二年律令·具律》82:"上造、上造妻以上,及内公孙、外公孙、内公耳玄孙有罪,其刑及当为城旦舂者,耐以为鬼薪白粲。"参见彭浩、陈伟、[日] 工藤元男主编:《二年律令与奏谳书:张家山二四七号汉墓出土法律文献释读》,第 112、123 页。

③ [德] 陶安:《岳麓秦简〈为狱等状四种〉释文注释(修订本)》,上海古籍出版社 2021 年版,第 89 页。

墓罪有两个判定标准：1. 是否参与谋划盗墓；2. 是否参与挖掘并开至棺椁。其中"彻"是一个重要的参考标准，彻即通，这里指挖开棺椁，发墓开棺椁，便意味着死者地下世界已受到干扰，对死者尸骨构成威胁，已构成了盗墓罪。

二、两汉时期对盗墓罪的处罚及量刑

汉代以孝治天下，对盗墓行为的打击势必更为严厉。《淮南子·氾论训》即云："天下县官法曰：'发墓者诛，窃盗者刑。'"[①]张家山汉简《二年律令·盗律》65－66：

> 群盗及亡从群盗，殴折人枳（肢），胅体，及令彼（跛）蹇（蹇），若缚守、将人而强盗之，及投书、县（悬）人书，恐猲人以求钱财，盗杀伤人，盗发塚（冢），略卖人若已略未卖，桥（矫）相以为吏、自以为吏以盗，皆磔。[②]

律文明确提出了"盗发冢"与"盗杀伤人"等都处以磔刑。荆州胡家草场汉墓竹简亦有类似的律文。[③] 这条律文对传世文献所记"发墓者诛"提供了文本依据。《汉书·景帝纪》："二年春二月……改磔曰弃市，勿复磔。"颜师古注："磔谓张其尸也。弃市，杀之于市也。"[④]可知景帝中元二年（前148年）改磔刑为弃市。东汉时期对盗墓的处罚是否有变化呢？《续汉书·五行志》："建安四年二月，武陵充县女子李娥，年六十余，物故，以其家杉木槽敛，瘗于城外数里上，已十四日，有行闻其冢中有声，便语其家。家往视闻声，便发出，遂

① （汉）刘安编，何宁撰：《淮南子集释》，中华书局1998年版，第976－977页。
② 彭浩、陈伟、［日］工藤元男主编：《二年律令与奏谳书：张家山二四七号汉墓出土法律文献释读》，上海古籍出版社2007年版，第115页。
③ 参见荆州博物馆、武汉大学简帛研究中心编著，李志芳、李天虹主编：《荆州胡家草场西汉简牍选粹》，文物出版社2021年版，第191页。
④ （汉）班固：《汉书》卷5《景帝纪》，中华书局1962年版，第145－146页。

活。"刘昭注引《搜神记》：

> 武陵充县女子李娥，年六十余，病死，埋于城外，已十四日。
> 娥比舍有蔡仲，闻娥富，谓殡当有金宝，盗发冢剖棺。斧数下，娥
> 于棺中言曰："蔡仲，汝护我头。"惊遽，便出走。会为吏所见，遂
> 收治，依法当弃市。①

干宝《搜神记》虽为志怪小说，但其中反映的历史事实值得重
视，②盗发冢者"依法当弃市"应能体现当时的法律实情。故而两汉
时期，对盗发冢的处罚在景帝中元二年（前148年）以前处以磔刑，之
后则改为弃市之刑。

汉代对盗墓行为如何认定，采用何种量刑标准？居延新简一则
与盗冢相关的文书值得重视：

> 建武六年七月戊戌朔乙卯，甲渠鄣守候敢言之，府移大将军
> 莫府书曰：奸黠吏民作使宾客私铸作钱，薄小不如法度，及盗发
> 冢公卖衣物于都市，虽知莫谴苛，百姓患苦之。（EPF22∶38A）
> 书到，自今以来，独令县官铸作钱，令应法度，禁吏民毋得铸作钱
> 及挟不行钱辄行法。诸贩卖发冢衣物于都市，辄收没入县官，四
> 时言犯者名状。·谨案部吏毋犯者敢言之。（EPF22∶39）
> 掾谭令史嘉。（EPF22∶38B）③

建武初年，经王莽之乱，赤眉起义后社会秩序并未恢复。大将军
窦融长期控制河西地区，受到内地战乱影响较小，秩序相对较为稳
定。但是依然出现民间私铸钱币，薄小不如法度；盗发冢所得衣物竟

---

① （晋）司马彪：《续汉书》志17《五行五》，《后汉书》，中华书局1965年版，第3348页。

② 参见付昌玲：《真实与虚构的双重交织——论干宝〈搜神记〉的编撰心态》，《当代文坛》2014年第3期。

③ 张德芳著：《居延新简集释》（七），甘肃文化出版社2016年版，第433页。此处标点为笔者所加。

能公开于市场叫卖,官吏虽知情但也不加以管制,导致百姓患苦。其后大将军幕府有令,对都市贩卖发冢衣物予以没收,并把犯者名状按季度上报。如此判罚与汉律所言的"发墓者诛"相去甚远,这一方面显示出政府对打击盗墓一事的软弱无力,另一方面似乎也能说明贩卖盗墓所得赃物与盗墓行为本身的处罚并不对等,两者适用不同的量刑标准。大将军幕府令中,把前面"盗发冢公卖衣物于都市"的社会现象变成了仅对"诸贩卖发冢衣物于都市"的处罚。前者是说盗发冢之后公买衣物于都市,暗含了"盗发冢"与"买衣物"两种行为;后者则变成了"贩卖盗冢衣物"的贩卖行为,暗含只追究"贩卖盗冢衣物罪"而不追究"盗发冢"之罪。官吏办案虽有避重就轻之嫌,但其中体现出来的量刑标准的差异或当重视。

三、唐律对秦汉盗墓罪认定及量刑的启示

唐律对两汉魏晋以来的法律有所继承和发展,形成了颇为详细的盗墓行为认定、量刑体系,为我们了解秦汉时期盗墓量刑问题提供了可兹参照的材料。唐律《贼盗·发冢》:

> 诸发冢者,加役流;(发彻即坐。招魂而葬亦是)已开棺椁者,绞;发而未彻者,徒三年。【疏】议曰:"谓开至棺椁即为发彻……'发而未彻者',谓虽发冢而未至棺椁者,徒三年。"①

"彻"亦见于岳麓秦简盗墓案,陶安译文作"挖通",当以疏议为是,指开至棺椁。凡是开至棺椁,都可以认定为发冢,这与岳麓秦简判例中执行的标准具有相似性。同时又增加了棺椁是否打开这一标准,开棺椁者,处以绞刑;彻而未开棺椁,加役流;发而未彻,徒三年,形成了三个量刑的等级。《贼盗·发冢》又云:

---

① 刘俊文:《唐律疏议笺解》,中华书局1996年版,第1364页。

其冢先穿及未殡而盗尸柩者,徒二年半;盗衣服者,减一等;
器物、砖、版者,以凡盗论。【疏】议曰:"其冢先穿。"谓先自穿
陷,旧有陈穴者。①

律文又对墓葬是否原有盗掘、殡埋,所盗物品类型等加以区分,
若原有盗掘或者未殡埋而去盗尸柩,徒二年半;盗取墓中衣服,徒二
年;盗取器物、砖、版者,以普通盗窃罪论处。居延新简文书中,对贩
卖发冢衣物处以较轻的刑罚,或与此相关。

若以唐律内容来反观秦汉时期的判例与令文,许多未见诸现存
秦汉律文的处理都能够得到合理的解释。或许我们可以大胆推测,
在秦汉司法实践中,已存在与唐律相似的盗墓罪认定及量刑标准,这
些认定方法和量刑标准或许未见于正式的律文,但是司法官吏在具
体司法实践中却得以执行。

从汉律简约的律文到唐律体系严密的法条,盗墓罪律文逐渐细
密化的趋势跃然纸上。汉唐都以盗墓者对尸体的影响程度为核心,
从而制定量刑标准,凡是发冢而开棺者,都处以死刑,在这一点上两
者具有一致性。所不同的是唐律对犯罪行为的认定及量刑标准都更
加多样,根据盗墓的不同情节、所盗物品的种类都做了细致的规定,
体系分明。诚如闫晓君所言:"(唐律)区分不同犯罪情节,分别予以
处罚,也要比汉律细密。"②但是这种发展并非一蹴而就,而是经过对
唐以前九朝法典的吸收融合的基础上形成的,秦汉司法实践中所参
照的这种量刑标准也应在其吸收之列。

此外,唐律形成等级分明、体系严密律文的同时,对盗墓罪的处罚
也较汉律更为严厉,主要体现在两者在赦免适用上的不同。两汉时期,

---

①　刘俊文:《唐律疏议笺解》,中华书局 1996 年版,第 1364 页。

②　闫晓君:《秦汉盗罪及其立法沿革》,《法学研究》2004 年第 6 期。

若遇到国家大赦,盗墓罪是否会被赦免呢?《汉书·外戚传》:"(司隶解光)臣谨案永光三年男子忠等发长陵傅夫人冢。事更大赦,孝元皇帝下诏曰:'(比)〔此〕朕不当所得赦也。'穷治,尽伏辜,天下以为当。"①男子忠等发长陵傅夫人冢,恰逢大赦,元帝却说"此朕不当所得赦也",于是穷治盗墓者之罪。元帝亲自干预男子忠等被治罪,恰能说明一般情况下,盗冢之罪是在赦免之列的。从另一方面看,汉代不赦之罪往往是"殊死",魏道明认为:"殊死是专指律有明文的大逆不道罪,主要包括谋反、谋大逆、谋叛、恶逆等,此类死罪,性质严重,绝不赦免,处死方式固定为腰斩,且行刑决不待时。""弃市刑在处死及处理尸首的过程中并无断绝身体或尸体的行为,与殊死断绝的本意不符。"②盗墓者弃市,并不在殊死的范围内,故而能够得到赦免。

唐代的处理却有不同,《旧唐书·懿宗本纪》:"应天下所禁系罪人,除十恶忤逆、故意杀人、合造毒药、持仗行劫、开发坟墓外,余并宜疏理释放。""京畿及天下州府见禁囚徒,除十恶忤逆、故意杀人、官典犯赃、合造毒药、放火持仗、开发坟墓外,余罪轻重节级递减一等。"③在遇特殊的庆典盛事,每有减罪赦刑时,盗发冢罪则不在其列。

西汉中期以后,儒家思想对法律的制定,司法实践中案件的审理与量刑都产生了越来越重要的影响。汉代"春秋决狱""原心定罪",援经入律始有发轫;西晋《泰始律》"峻礼教之防,准五服以制罪","纳礼入律""礼律并重"成为我国历史上第一部儒家化法典。隋代《开皇律》将北齐时的"重罪十条"列入法典,正式确立了"十恶"重罪。唐代《唐律疏议》总结了两汉魏晋以来立法和注律的经验,不仅

---

① （汉）班固:《汉书》卷97下《外戚传》,中华书局1962年版,第3996页。
② 魏道明:《汉代"殊死"考》,《青海民族大学学报(社会科学版)》2018年第1期。
③ （后晋）刘昫等:《旧唐书》卷19《本纪第十九上·懿宗》,中华书局1975年版,第677、683页。

对主要的法律原则和制度做了精确的解释与说明,而且尽可能引用
儒家经典作为律文的理论根据。盗发冢是对礼法制度、人伦纲常的
极大破坏,从秦汉律到唐律对盗发冢罪的判罚的加重、不与赦免、法
条细密等变化来看,既体现了法律不断完善、细化的趋势,又能体现
儒家思想对国家法典产生的重大影响。

最后,我们再来谈一谈盗墓罪的立法精神。由以上讨论可知,汉
唐律令都对盗冢行为处以极为严厉的惩罚,汉律中更是把盗发冢与
盗杀伤人相提并论,都处以极刑。那么盗发冢罪的立法精神是什么,
盗发冢与普通盗窃罪区别又在哪呢?《后汉书·郅恽传》对此有精确
的揭示:

> 俊军士犹发冢陈尸,掠夺百姓。恽谏俊曰:"昔文王不忍露白
> 骨,武王不以天下易一人之命,故能获天地之应,克商如林之旅。
> 将军如何不师法文王,而犯逆天地之禁,多伤人害物,虐及枯尸,取
> 罪神明?今不谢天改政,无以全命。愿将军亲率士卒,收伤葬死,
> 哭所残暴,以明非将军本意也。"从之,百姓悦服,所向皆下。①

郅恽将发冢陈尸说成"犯逆天地之禁""取罪神明",故而当傅俊
"收伤葬死""哭所残暴",迎合了大众对死者的心理诉求,百姓
"悦服"。

盗发冢的本质仍然是以非法盗取墓中尸柩、衣服、器物、砖、版等
为目的的一种盗窃罪,但是它的特殊性就在于突破了人伦道德的底
线,不仅扰乱地下世界,对现世世界的人们也造成了极大的感情伤
害。《礼记·檀弓》:"葬也者,藏也。藏也者,欲人之弗得见也。"②即
表达了死后世界不希望有人打扰的愿望。现世的人们对于死去的亲

---

① (南朝宋)范晔:《后汉书》卷29《申屠刚鲍永郅恽列传》,中华书局1965年版,第1026页。
② (清)孙希旦撰,沈啸寰、王星贤点校:《礼记集解》,中华书局1989年版,第227页。

属或敬畏的人,除了在感情上的思念外,还希望他们在幽冥世界过上美好的生活,企盼他们对自己赐福和保佑。盗墓采取剖棺陈尸之手段,是对这种情感的极大反动,故而特立专条,不与凡盗同法。对发冢罪的处罚,其目的"并不只是为惩罚盗窃行为,而更着重于对社会秩序的维护"。① 立法精神既已确定,对盗墓者的认定和量刑标准便有了指导,所有的量刑参考便有了指归,即一切围绕着"对棺椁及尸体"这一主体,根据盗墓者对棺椁及尸体造成损害及损害的程度划定不同的量刑等级。

① 郑秦:《清代法律制度研究》,中国政法大学出版社 2000 年版,第 242 页。

秦简牍所见官有财产借贷制度研究

——从"学为伪书案"说起

王牧云 *

内容摘要：秦简牍的出土，为还原秦时经济社会面貌提供了大量的一手史料。其中，以其上所载律令规范、奏谳文书、簿籍文书可见，官有财产借贷为秦人经济生活中的重要一环，亦可能成为秦人生活困窘的重要原因。故本文拟从奏谳书所载"学为伪书案"入手，细致考察其案所涉借贷双方身份、官有财产借贷的种类、金额等，以此佐证秦时官有财产借贷行为具有普遍性与规范性。而后，结合岳麓秦简、睡虎地秦简所载律令规范，里耶秦简所载簿籍文书，本文将借贷方分为百姓、官吏、刑徒三类，在此基础上探讨各自所能借贷的官有财产范围，意图复原秦时官有财产借贷制度，并以此管窥秦人经济生活面貌。

关键词：学为伪书案　官有财产借贷　秦简

古代财政管理为政治运行的重要一环，而在财政管理之内，又以官有财产借贷与民生息息相关。刘太祥指出，传世文献对国有财物

＊　王牧云，中国人民大学法学院博士研究生。

管理记载的资料较少,而简牍文献中有大量秦汉国有财物管理的律令和文书,国有财物在秦律简牍中用"公"表示,具体包括国家公务中使用的谷物、刍稾、金钱、兵器、车马、办公用品等国有财产和物资。① 诚如其所言,睡虎地秦简、岳麓秦简、里耶秦简均载国有财物管理的律令规范或实践,但国有财物的范围应较其所言有所扩大,限定为国家公务活动中使用在一定程度上忽视了百姓出于私用的借贷行为,而这一行为造成的公私债务,或是导致秦时百姓生活困窘的直接原因之一。

在岳麓秦简所载《为狱等状四种》之中,除可见明显的奏谳程序外,"学为伪书案"所载"学"伪造私书向胡阳少内借贷钱、种、粮的案件,似在一定程度上体现了秦时官有财产借贷的普遍现象。② 故本文将从此案入手,并以此探讨秦时官有财产借贷的相关法律问题。

一、"学为伪书案"细解

2009 年,陈松长首次披露了"学为伪书案"的部分释文,并指出其案所载材质为木简,性质为胡阳丞于廿二年八月癸卯朔辛亥上报的谳书,具体内容是名为"癸""学"的二人冒充"冯将军毋择子"的名义伪造文书诈骗的案件。③ 2013 年,《岳麓书院藏秦简(叁)》整理出版,收入了以秦王政时代司法文书为主要内容的木、竹简二百五十二枚,依据原书标题定名为《为狱等状四种》。其中,又依材质、书写体裁等分类标准将"学为伪书案"单列第三类。④ 至此,"学为伪书

---

① 参见刘太祥:《简牍所见秦汉国有财物管理制度》,《南都学坛(人文社会科学学报)》2015 年第 3 期。
② 即前文所提"国有财物",下文均以官有财产表示,两者应为同一概念。
③ 参见陈松长:《岳麓书院所藏秦简综述》,《文物》2009 年第 3 期。
④ 参见朱汉民、陈松长主编:《岳麓书院藏秦简》(叁),上海辞书出版社 2013 年版,前言。

案"全部图版及释文一并首次公布。而后,陈松长著专文修正了关于"学为伪书案"简牍尺寸、编号、犯罪人数、案件性质的观点,并对案件所涉及的诈骗方式、冯毋择身份履历、吏议等问题进行了分析。① 张韶光基于全部《岳麓书院藏秦简(叁)》案例文本进行集释,其中亦包括对"学为伪书案"相关字词及断句的集释。②

基于可靠的简牍编联与文本复原,"学为伪书案"的大致案情已然明晰:"学"的父亲"秦"因"居赀"受到官吏责罚,"学"曾是学吏,有私印,故以此诈称冯毋择的假子前往胡阳少内"赠"处借贷二万钱与一年的种粮,以逃亡楚国。被"赠"察觉,拘系于官府后,"学"又伪造第二封私书。胡阳县丞唐将此案件上谳,经过吏议,有耐"学"为隶臣与罚"学"赎耐两种处罚意见,最终"学"的处罚不明,仅提到误称冯毋择爵位需各赀一盾。③

除本案完整的审判程序外,值得注意的是"学"冒充冯毋择之子从官府借贷钱粮的犯罪行为。有学者已指出,由该案记载可推测,秦代存在私人向官府进行借贷的情况。结合《传食律》与"学为伪书案"来看,个人粮食在不能自足的情况下,应可向官府借贷。④ 而其将"学"假借冯毋择之子的具体原因推测为官府借贷要求当事人具有一定的身份和地位,⑤此说不确。现先将涉及钱粮借贷的两封伪造私书简文辑录如下:

---

① 参见陈松长:《岳麓秦简"为伪私书"案例及相关问题》,《文物》2013 年第 5 期。
② 参见张韶光:《〈岳麓书院藏秦简(叁)〉集释》,吉林大学 2017 年硕士学位论文,第 266-286 页。
③ 原简释文参见朱汉民、陈松长主编:《岳麓书院藏秦简》(叁),上海辞书出版社 2013 年版,第 223-231 页。原简奏谳文书较为完备,文书较长,仅在正文摘录与本文相关简文,其余不赘。
④ 参见王新蕾:《秦简所见"债"相关问题研究》,华东政法大学 2021 年硕士学位论文,第 16 页。
⑤ 参见王新蕾:《秦简所见"债"相关问题研究》,华东政法大学 2021 年硕士学位论文,第 16 页。

……·视癸私书，曰：五大夫冯毋择敢多问胡阳丞主。闻南阳（0882）地利田，令为公产。臣老，癸与人出田，不赍钱、穜（种）。颠（愿）丞主段（假）钱二万，貣（贷）（0322/残566/残655）食支卒岁。稼孰（熟）倍赏（偿）。勿环（还）！环（还）之，毋择不得为丞主臣走。丞主与胡（0913/2183）阳公共复（覆）毋择为报。敢以闻。寄封廷史利。有（又）曰：冯将军子臣癸（J10/J11-1）敢昧死谒胡阳公，丈人诏令癸出田南阳，因穜（种）食钱貣（贷），以为私【书】。癸田（0477）新墅（野），新墅（野）丞主幸段（假）癸钱、食一岁。少吏莫敢诃癸。今胡【阳少内丞赠□】（1089-2/1089-1/2109）谓癸非冯将军子。癸居秦中，名闻，以为不□【……】（0988/0995）□。癸穜（种）姓虽贱，能权任人，有（又）能下人。愿公诏少吏，勿令环（还）。今（残704/残559/2005）……①

　　从此二封伪造的私书来看，"学"伪造私书，假称冯毋择之子"癸"欲从官府借贷的金额为两万钱，并要求借贷足够一年的种和粮。② 此两万钱借贷金额之巨大从秦时物价水准可见一斑。据睡虎地秦简《司空律》"居赀赎债日居八钱"的记载，③两万钱合计为居赀

---

① 此释文标点参见张韶光：《〈岳麓书院藏秦简（叁）〉集释》，吉林大学2017年硕士学位论文，第274页。

② 此句的断读存在两种意见，一是认为借二万钱以购买一年的种粮，一是借二万钱和一年的种粮，此处暂从第二种断读。参见朱汉民、陈松长主编：《岳麓书院藏秦简》（叁），上海辞书出版社2013年版，第233页；陈松长：《岳麓秦简"为伪私书"案例及相关问题》，《文物》2013年第5期；张伯元：《岳麓秦简（三）字词考释三则》，中华文化遗产研究院编：《出土文献研究》（第十四辑），中西书局2015年版；张韶光：《〈岳麓书院藏秦简（叁）〉集释》，吉林大学2017年硕士学位论文，第276页。

③ 原简文为"有罪以赀赎及有责（债）于公、以其令日问之、其弗能入及赏（偿）、以令日居之、日居八钱，公食者、日居六钱。居官府公食者、男子参、女子驷（四）。……司空律"。参见睡虎地秦墓竹简整理小组编：《睡虎地秦墓竹简》，文物出版社1990年版，第51页。

赎债者最少六年不间断的劳动所得。将二万钱换算为粮食，其数目则更为可观。钱剑夫结合云梦秦简认为，每石三十钱应是秦时的最低米价。① 崛毅认为，《九章算术》记载了战国至秦时的物价，即公元前四百年左右至秦始皇时期，这一时期粟的价格一直为二三十钱每石。② 林甘泉认为一石三十钱大概是秦朝初年的一般粮价。③ 此案为廿二年八月的奏谳文书，以每石三十钱为计算标准应无大碍，则以此推测，两万钱可换算为六百六十六石粮食。而六百石，一般又被视为秦中上级官吏与下级官吏的秩级分水岭。④ 又，据睡虎地秦简《仓律》的记载，在官府服役的人员根据其身份的不同仅可从官府得到每月二石到半石的口粮，⑤此两万钱最少可供隶臣二十七年的口粮。

综上，需借贷可观的钱财应是"学"冒充冯毋择之子的根本原因，此二万钱非一般劳动人民可以偿还。另外，虽未见可借贷钱财因身份不同而存在等级差异的条文，但从案件处罚误称"卿"为"五大夫"赀一盾来看，秦时应十分注重爵位差异。而这一点，已得睡虎地秦简《军爵律》《游士律》等因爵奖赏、处罚的律令规范的证实，如睡虎地秦简《游士律》载："游士在，亡符，居县赀一甲；卒岁，责之。·有为

---

① 参见钱剑夫：《秦汉货币史稿》，湖北人民出版社 1986 年版，第 228 页。
② 参见［日］崛毅著，萧红燕等译：《秦汉法制史论考》，法律出版社 1988 年版，第 290－296 页。
③ 参见林甘泉：《中国经济通史·秦汉经济卷》，经济日报出版社 1999 年版。
④ 参见杨有礼：《秦汉俸禄制度探论》，《华中师范大学学报（哲学社会科学版）》1997 年第 2 期。
⑤ 原简文为：隶臣妾其从事公，隶臣月禾二石，隶妾一石半；其不从事，勿禀。小城旦、隶臣作者，月禾一石半石；未能作者，月禾一石。小（四九）妾、舂作者，月禾一石二斗半斗；未能作者，月禾一石。婴儿之毋（无）母者各半石；虽有母而其母冗居公者，亦禀之，禾（五〇）月半石。隶臣田者，以二月禀二石半石，到九月尽而止其半石。舂，月一石半石。隶臣、城旦高不盈六尺五寸，隶妾、舂高不盈（五一）六尺二寸，皆为小；高五尺二寸，皆作之。　　　　仓（五二）
　　睡虎地秦墓竹简整理小组编：《睡虎地秦墓竹简》，文物出版社 1990 年版，第 32 页。

故秦人出，削籍，上造以上为鬼薪，公士以下刑为城旦。·游士律。"①而至于汉，爵位造成的等级特权则更为明显突出，如张家山汉简《赐律》载："赐棺享（椁）而欲受赍者，卿以上予棺钱级千、享（椁）级六百；五大夫以下棺钱级六百、享（椁）级三百；毋爵者棺钱三百。"②此律文分别以"卿""五大夫"为不同等级棺椁和钱财的分界标准，或可侧证"卿"这一爵级在秦汉的重要地位。

另外，值得注意的是，"学"的借贷对象是"胡阳少内"。睡虎地秦简《法律答问》载："'府中公金钱私贷用之，与盗同法。'·可（何）谓'府中'？·唯县少内为'府中'，其他不为。"③《岳麓秦简》（肆）简111－113又载："·田律曰：吏归休，有县官吏乘乘马及县官乘马过县，欲贷刍稾、禾、粟、米及买菽者，县以朔日平贾（价）受钱ㄴ，先为钱及券，龂以令、丞印封，令、令史、赋主各挟一辨，月尽发龂令、丞前，以中辨券案雠（雠）钱，钱辄输少内，皆相与靡（磨）除封印，中辨臧（藏）县廷。"④以上两简文可见，"少内"职掌之一为官府钱粮借贷，"学"伪私书向胡阳少内借贷钱粮的严谨性亦为人喟叹。

二、官有财产借贷律令规范分析

以"学为伪书案"所见"学"冒充冯毋择之子从胡阳丞处借贷钱粮来看，秦时官民之间的借贷现象应十分普遍；而前引岳麓秦简《田律》条文，又见以官吏身份向官府借贷钱粮的法律规范，或可以此管窥秦时以官府为债权主体的官有财产借贷管理规范及其实践。

有关秦时的借贷制度，已有学者指出，先秦使用的"责"字多为借

---

①　睡虎地秦墓竹简整理小组编：《睡虎地秦墓竹简》，文物出版社1990年版，第80页。

②　彭浩、陈伟、〔日〕工藤元男主编：《二年律令与奏谳书》，上海古籍出版社2007年版，第211页。

③　睡虎地秦墓竹简整理小组编：《睡虎地秦墓竹简》，文物出版社1990年版，第101页。

④　陈松长主编：《岳麓书院藏秦简》（肆），上海辞书出版社2015年版，第104－105页。

贷之债,突出表现为实物借贷和货币借贷,实物借贷在先秦最一般的反映又是谷物借贷,官府及诸侯大夫之家靠放贷收息维持剥削关系,自西周中晚期以后愈来愈流行当是不争的史实。① 其文亦明确,秦国的法律为了保证官府放贷有效支持耕战的作用,规定了一定的放贷条件。② 王震亚认为,可按发生债务关系的双方身份,将秦时之债分为民与民之间的债务关系及民与官之间的债务关系两类,秦律大部分是反映后者的。③ 李超认为,据《金布律》《厩苑律》《仓律》《工律》《司空律》等律文记载,经济关系很容易形成个人与国家之间"债"的关系。因此,秦律中的"债"可以根据发生债务关系的双方身份分为三大类,即百姓与官府之债、官吏与官府之债、刑徒与官府之间的债,这三大类债权债务关系构成了当时主要的债务关系。④ 李超进一步明确了百姓与官府、官吏与官府、刑徒与官府发生债务关系的原因。⑤ 此文将"居债"的范围之"债"限定在官府为债权方具有一定的合理性,然其在论及百姓与官府之间的借贷行为时,或对百姓可借贷的官有财产有所遗漏,如其并未将"学为伪书案"中借贷的钱粮包括在内。岳麓秦简中或有几条与百姓向官府借贷钱粮相关的法律规范,兹罗列于下:

> 司空律曰:有罪以赀赎及有责(债)于县官,以其令日问之,其弗能入及偿,以令日居之,日居八(0350/257)【钱】,食县官者日居六钱,居官府食县官者男子参〈叁〉,女子驷(四);当居弗居

① 参见张培田、陈金全:《先秦时期债流转的史实探析》,《法学研究》2005 年第 2 期。
② 参见张培田、陈金全:《先秦时期债流转的史实探析》,《法学研究》2005 年第 2 期。
③ 参见王震亚:《从云梦秦简看秦的经济立法》,《西北师大学报(社会科学版)》1996 年第 6 期。
④ 参见李超:《秦居赀赎债制度研究》,西北大学 2009 年硕士学位论文,第 46 页。
⑤ 李超认为,百姓可以向官府借用"公器""甲兵""官奴婢",由此产生百姓与官府之债,并可能因为"什五连坐"产生连带之债。参见李超:《秦居赀赎债制度研究》,西北大学 2009 年硕士学位论文,第 45－50 页。

者赀官啬夫、吏各一甲,丞、令、令(0993/258)【史】各一盾。黔首及司寇、隐官、榦官人居赀赎责(债)或病及雨不作,不能自食者,贷食,以平贾(价)贾,令(0793/259)食(?)居作(?)为它县吏及冗募群戍卒有赀赎责(债)为吏县及署所者,以令及责(债)券日问其入,能入者,(0795/260)令日入之若移居县入,弗能入者,以令及责(债)券日居之,如律。移居县,家弗能入而环(还)者,赀一甲。(J57/261)

　　泰上皇时内史言:西工室司寇、隐官、践更多贫不能自给粮。议:令县遣司寇入禾,其县毋(无)禾(0587/329)当赏者,告作所县偿及贷。西工室伐榦沮、南郑山,令沮、南郑听西工室致。其入禾者及吏移西(0638/330)工室。·二年曰:复用。(0681/331)

　　刍稾积五岁以上者以贷,黔首欲贳者,到收刍稾时而责(债)之,黔首莫欲贳,贳而弗能索者,以(0518/386)①

　　首先,已有学者将第一条岳麓秦简《司空律》与睡虎地秦简《司空律》所载"有辠(罪)以赀赎及有责(债)于公,以其令日问之,其弗能入及赏(偿),以令日居之……"对读,以视居赀赎债之"债"为公家之债。② 而已发生"债"居于官府后,第一条律文第二款又有"黔首居赀赎债贷食,以平价贾"的规范条文,似说明向官府借贷口粮没有身份的限制,除居赀赎债的黔首能借贷口粮外,居赀赎债的司寇、隐官亦能因贫从官府借贷口粮。

　　其次,第二条简文的规范主体是司寇、隐官和践更。践更,即本

---

①　陈松长主编:《岳麓书院藏秦简》(肆),上海辞书出版社 2015 年版,第 153－154、204、223 页。

②　参见刘鹏:《秦简牍所见居赀赎债问题再探》,《北京社会科学》2021 年第 8 期。

人亲自前往服役，是秦汉服徭役的一种方式。① 又据《徭律》记载，兴
徭的主体为黔首，以此或可将其与第一条贷食规范主体相统一，即司
寇、隐官与黔首。值得注意的是，此条为居作于西宫室，即陇西郡西
县之公室②的司寇、隐官、践更者中因贫穷不能自给粮的贷食规范，
规定其可向所作之县借贷口粮，西宫室没有禾租可供借贷的，沮、南
郑收到的禾租要移送至西宫室，似说明徒隶及徭役者的所属机构是
其贷粮的主要债权对象。而后，简文明载"二年曰：复用"，似为针对
西宫室贷食的令文向普遍适用的律文转化的留痕。

　　最后，简 0518/386 全简完整，字迹清晰，但前后无法编联。从简
文内容来看，称黔首欲贷的债权主体或只能是官府。另据睡虎地秦
简《田律》"入顷刍稿，以其受田之数，无垦不垦，顷入刍三石，稿二
石……"，③此处"刍稿积五岁以上"或为五年以上的刍稿税。整条律
文似可理解为：以五年以上的刍稿税（所收金额）放贷，黔首想要借
贷（此金额）的人，到收刍稿税时向（借贷人）收债，黔首不想要借贷，
或者借贷了但不能追索（此欠债金额）的人，以……若以此理解，则可
证黔首可向官府借贷相当于刍稿税五年以上金额的钱，但此处五年
以上刍稿税的金额是官府所收五年以上刍稿税总额，还是借贷人本
人原应缴纳五年以上刍稿税金额，由于前后律文缺失暂不明晰。

---

① 参见陈松长主编：《岳麓书院藏秦简》（肆），上海辞书出版社 2015 年版，第 75 页。陈
　　伟认为，此条令文指的是"司寇、隐官践更"，此二者属于最底层民众，"多贫不能自给
　　粮"比较好理解，若认为是在这二者之外的不更或簪袅以下低爵者与公卒、士五，则秦
　　国民众生活困窘难以想象。参见陈伟主编：《秦简牍校读及所见制度考察》，武汉大学
　　出版社 2017 年版，第 86 页。此说认为践更是司寇、隐官行为恐不确，从里耶秦简记载
　　来看，存在"黔首居赀""士五居贷"，秦时民众贫困或更为普遍，故此处仍将"践更"视
　　为单独一类人。
② 参见陈松长主编：《岳麓书院藏秦简》（肆），上海辞书出版社 2015 年版，第 226 页。
③ 参见睡虎地秦墓竹简整理小组编：《睡虎地秦墓竹简》，文物出版社 1990 年版，第
　　21 页。

　　以上三条律文规范中,前两条规范除提及黔首贷食外,亦将司寇、隐官视为可向官府贷食的主体。已有学者注意到司寇、隐官的具体身份性质及相关管理规范,①可以明确的一点是,二者均受一定刑罚,或可将其统一归入刑徒的范畴。以前引二条律文规范来看,在官府居作的刑徒与黔首在借贷口粮上并无差别。

　　除钱粮借贷外,其余官有财产的借贷亦得到了一定的关注。刘梦娇将秦简牍所见官方借贷体系分为实物借贷和货币借贷两大种类,除钱粮外,另有农具、牛、武器、船只、未使隶妾。② 其文主要以睡虎地秦简和里耶秦简为主要研究对象,未涉及岳麓秦简中有关官器借贷的管理规范。前引李超文亦指出,百姓可以向官府借用"公器",此"公器"包括"公船""甲兵""官奴婢",但牛马,度量的权、桶不在出借范围之内,出借"公器"是出于百姓农战的实际需要。③ 其文亦基于睡虎地秦简分析了以官吏身份借贷"公器"的行为,即以官吏身份借贷"公车牛"。④ 岳麓秦简亦出现了与官吏、黔首借贷"公器"相关的律令规范,如:

　　　·田律曰:侍蒸邮、门,期足以给乘传晦行求烛者,邮具二席及斧、斤、凿、锥、刀、瓮、繻,置梗(綆)井旁∟,吏有(1277/109)县官事使而无仆者,邮为饬,有仆,叚(假)之器,勿为饬,皆给水酱(浆)。(1401/110)

　　　□□律曰:诸当叚(假)官器者,必有令、丞致乃叚(假),毋(无)致官擅叚(假),赍叚(假)及叚(假)者各二甲。(J54/241)

———————————

① 有关司寇、隐官的身份性质及管理规范,可参见孙闻博:《秦及汉初的司寇与徒隶》,《中国史研究》2015年第3期;贾丽英:《秦汉简所见司寇》,《简帛研究》2019年第1期;李超:《也谈秦代"隐官"》,《秦汉研究》2009年第1期。
② 参见刘梦娇:《秦简所反映的官方借贷活动》,《攀枝花学院学报》2016年第5期。
③ 参见李超:《秦居赀赎债制度研究》,西北大学2009年硕士学位论文,第46-50页。
④ 参见李超:《秦居赀赎债制度研究》,西北大学2009年硕士学位论文,第51-52页。

·诸假弩矢以给事者∟,即有折伤□□□罪? ·☑(0748/
306)①

·令曰:诸乘传、乘马、傅(使)马傅(使)及覆狱行县官,留
过十日者,皆勿食县官,以其传禀米,叚(假)鬶甗炊之,其
(1663/257)【有】走、仆、司御偕者,令自炊。其毋(无)走、仆、
司御者,县官叚(假)人为炊而皆勿给薪采。它如前令。 ·内
史仓曹令(1779/258)第丙册六(1913/259)②

前引四条律令规范,其中第一条与第四条借贷一方为吏员,且均
有乘传,因公事经过县官。第一条律文归属于《田律》,规定由邮、门
供给经过的有县官事的吏员水浆,如果有仆从的,只需借给吏治食的
器材;如果吏没有仆从,则需为其治食。第四条为令文,归属于《内史
仓曹令》,除乘传外,其规范的主体进一步扩展到了乘马及使马,③适
用的事务上亦有扩展,同时携带的仆从人数亦有增加,但其与前引
《田律》一致,有仆从的情况下仅借其鬶甗用以做饭(同治食),如果
没有仆从则借吏员仆从做饭(同治食),但不出借柴火。两条律令规
范似说明吏员可从官府借用仆从与官器,粮可凭"传"领取,但薪柴不
在县官供给范围之内。第二、三条规范缺乏明显的借贷主体。第二
条律文或可视作借县官器的程序性规范,即借县官器需要有令、丞签
发的券书,没有券书擅自出借,出借的双方各要被判处赀二甲的处
罚。第三条律文简后残断,或可据其假弩矢推测借用一方为需要服
戍的百姓,此弩矢亦可归属于"甲兵"的范畴。

综上,秦简所载律令规范均可见,秦时官有财产借贷现象十分普

---

① 陈松长主编:《岳麓书院藏秦简》(肆),上海辞书出版社2015年版,第104、148、
196页。
② 陈松长主编:《岳麓书院藏秦简》(伍),上海辞书出版社2017年版,第183页。
③ 乘传、乘马、使马或用以指代不同等级的吏员。

遍,刑徒、黔首、官吏均可为借贷方,其所能借贷的具体官有财产又随身份的不同而有所差异,可汇总为下表:

借方	贷方	借贷物	涉及律令举例
官府	百姓	钱、粮、官器、甲兵等	·诸假弩矢以给事者ㄴ,即有折伤□□□罪?·☑(0748/306)①
	刑徒	粮	……黔首及司寇、隐官、斡官人居赀赎责(债)或病及雨不作,不能自食者,贷食,以平贾(价)贾,令(0793/259)②
	官吏	粮、一定范围公器(如鬵鬴等)	·令曰:诸乘传、乘马、傅(使)马傅(使)及覆狱行县官,留过十日者,皆勿食县官,以其传稟米,叚(假)鬵鬴炊之,其(1663/257)【有】走、仆、司御偕者,令自炊。其毋(无)走、仆、司御者,县官叚(假)人为炊而皆勿给薪采。它如前令。·内史仓曹令(1779/258)第丙册六(1913/259)③

　　至于具体的借贷实践,除"学为伪书案"可为侧证外,里耶秦简各簿籍亦有所记载。

结语

　　岳麓秦简奏谳书所载"学为伪书案",除有明确的奏谳程序及案件详情外,其侧面反映的官有财产借贷现象亦值得注意。考诸秦简牍,睡虎地秦简、岳麓秦简均载与官有财产借贷相关的律令规范,里耶秦简亦出现了官有公船、粮食借贷等与官有财产借贷相关

---

① 陈松长主编:《岳麓书院藏秦简》(肆),上海辞书出版社2015年版,第196页。
② 陈松长主编:《岳麓书院藏秦简》(肆),上海辞书出版社2015年版,第153−154页。
③ 陈松长主编:《岳麓书院藏秦简》(伍),上海辞书出版社2017年版,第183页。

的法律实践,①另有"贷计"或为专门记载官有财产借贷的会计账簿。② 以此为蓝本可见,秦时官有财产借贷体系已初具规模。

除官有财产借贷外,朱德贵另结合民间借贷、借贷文书的形式和内容等问题指出,随着战国秦汉商品经济的发展,商人为了实现货币的增值将钱财投入借贷业,这些借贷资本一方面满足了各社会阶层的需要,确保了社会经济的稳定和国家各项制度的运转,另一方面对农村经济进行了渗透,造成大量自耕农破产所造成的社会危害亦不容小觑。③ 针对其所提因借贷出现自耕农破产现象,秦有"居债"之法以偿还官府债务,至于汉,则出现了大量的官府免债行为,如文帝二年开籍田,诏贷种食未入,入未备者皆舍之;昭帝元凤三年,诏三年以前所振贷,非丞相御史所请,边郡受牛者勿收责;元帝永光四年,诏所贷贫民勿收责是等等。④ 但无论是"居债"之法,还是免债之诏,似均未能缓解秦汉二世农民生活困窘的社会状况。仅就秦而言,高昂

———————

① 里耶秦简:

　　廿六年八月庚戌朔丙子,司空守樛敢言:前日言竞陵汉阴狼假迁陵公船一,袤三丈三尺,名曰□,Ⅰ以求故荆积瓦。未归船。狼опера司马昌官。谒告昌官,令狼归船。报曰:狼有逮在覆狱已卒史Ⅱ衰、义所。今写校券一牒上,谒言已卒史衰、义所,问狼船存所。其亡之,为责券移迁陵,弗□□属。Ⅲ谒报。敢言之。/【九】月庚辰,迁陵守丞敦狐却之:司空自以二月段(假)狼船,何故弗蚤辟□,今而Ⅳ誧(甫)曰谒问覆狱卒史衰、义。衰、义事已,不智(知)所居,其听书从事/应手。即令走□行司空。Ⅴ(正)
　　□月戊寅走己巳以来。/应半。　□手。(背)(8-135)
　　廿八年七月戊戌朔癸卯,尉守窃敢之:洞庭尉遣巫居贷公卒Ⅰ安成徐署迁陵。今徐以壬寅事,谒令仓贷食,移尉以展约日。敢言之。Ⅱ
　　七月癸卯,迁陵守丞膻之告仓主,以律令从事/逐手。即徐□入□。Ⅲ(正)
　　癸卯,胸忍宜利錡以来。/敝半。　　錡手。(背)(8-1563)
　　载陈伟主编:《里耶秦简牍校释》(第一卷),武汉大学出版社 2012 年版,第 72-73、361 页。

② 见里耶秦简 8-480"仓曹计禄"。参见陈伟主编:《里耶秦简牍校释》(第一卷),武汉大学出版社 2012 年版,第 164 页。

③ 参见朱德贵等:《岳麓秦简律令文书所见借贷关系探讨》,《史学集刊》2018 年第 2 期。

④ 参见吕思勉著:《秦汉史》,上海古籍出版社 2020 年版,第 491 页。

的物价(如粟一石三十钱)与低廉的劳动力(如"居债日居八钱")始终是困扰底层民众的生存问题,除国家征兴的徭戍等赋役之外(此类赋役或大大缩减了民众的可劳动时间),官债本身已令民众难以偿还,遑论尚未得见的官债利息相关规范。

综上,官有财产借贷制度解决了部分官、民、刑徒的即时性问题,但其后的具体偿还实践还仍待更多史料后考。

肩水金关汉简《甘露二年御史书》补论

马 力[*]

内容摘要：肩水金关汉简 73EJT1∶1－3 所组成的文书自公布以来，学术界展开了热烈的讨论。释文方面，这件文书的"御者"应如一些学者所论，指广陵厉王的亲近侍妾，整理报告所释"奴材"或许可改释为"奴林"。另外，本文书显示出抄写者书写素养不足。关于文书定名，应当遵从裘锡圭先生的意见，将其定名为《甘露二年御史书》。最后，丽戎被逐捕的原因应如裘先生等学者所论，乃是缘于丽戎的同产惠身为亲近侍妾，卷入了广陵厉王祝诅宣帝一案。西汉中央历经三十年后继续下书追捕逃亡大婢丽戎，与宣帝个人的戒心和捍卫自身权力的信念紧密相关。

关键词：肩水金关汉简；《甘露二年御史书》；释文和定名；逐捕原因与政治背景

汉宣帝甘露二年(公元前 52 年)五月，西汉中央下令逐捕逃亡多年的婢女丽戎。不到两个月的时间，西北张掖郡的肩水候官、金关就

＊ 马力，浙江师范大学人文学院讲师。

收到了从京师长安逐级送达的缉捕函件。1973 年,考古工作者在甘肃金塔县的汉代肩水金关遗址发现了一批简牍,其中就包括这一件官文书,被写在出土编号为 73EJT1：1－3 的 3 简上。文书的黑白图版最早公布于 1978 年,但清晰度欠佳。① 2011 年《肩水金关汉简(壹)》出版,3 件简牍的清晰彩色图版、红外线图版和修订后的释文得以与学者正式见面,②为研究的继续深入提供了基础。

　　由于文书显示逐捕对象丽戎与汉昭帝时的贵戚鄂邑长公主、丁外人等朝廷贵戚有着或明或暗的交集,并且可能与昭宣时期的燕刺王刘旦、广陵厉王刘胥的谋反案有关,故自其初次公布以来,学术界对这份文书的释文、性质与内涵展开了热烈的讨论,获得了丰硕的研究成果。③ 然而,已有研究就文书定名还有着一定的分歧,有关西汉

---

① 初仕宾、任步云执笔,甘肃居延考古队:《甘肃汉代遗址的发掘和新出土的简册文物》,《文物》1978 年第 1 期。

② 关于 73EJT1：1－3 的彩色图版和释文,参见甘肃简牍保护研究中心等编:《肩水金关汉简(壹)》(上册),中西书局 2011 年版,第 2 页;关于 73EJT1：1－3 的红外线图版和释文,参见甘肃简牍保护研究中心等编:《肩水金关汉简(壹)》(中册),中西书局2011 年版,第 2 页。

③ 参见初仕宾、任步云执笔,甘肃居延考古队:《甘肃汉代遗址的发掘和新出土的简册文物》,《文物》1978 年第 1 期;伍德煦:《居延出土〈甘露二年丞相御史律令〉考释》,《甘肃师大学报》1979 年第 4 期;初仕宾:《居延简册〈甘露二年丞相御史律令〉考述》,《考古》1980 年第 2 期;徐元邦、曹延尊:《居延新出土的甘露二年"诏有逐验"简考释》,《考古与文物》1980 年第 3 期;裘锡圭:《关于新出甘露二年御史书》,《考古与文物》1981 年第 1 期,后收入《裘锡圭学术文集》第二卷《简牍帛书卷》,复旦大学出版社2015 年版,第 45－49 页;[日] 大庭脩:《汉简中所见的不道犯案例》第 1 节《关于甘露二年丞相御史书》,此文的日文版收入氏著《秦汉法制史研究》,创文社 1982 年版,中译本收入徐世虹等译:《秦汉法制史研究》,中西书局 2017 年版,第 103－110 页;裘锡圭:《关于〈新出甘露二年御史书〉一文的更正信》,《考古与文物》1981 年第 3 期;朱绍侯:《对〈居延简册甘露二年丞相御史律令考述〉的商榷》,《新乡师范学院学报》1982年第 4 期;初仕宾、伍德煦:《居延甘露二年御史书册考述补》,《考古与文物》1984 年第 4 期;许青松:《"甘露二年逐验外人简"考释中的一些问题》,《中国历史博物馆馆刊》1986 年第 8 期;裘锡圭:《再谈甘露二年御史书》,《考古与文物》1987 年第 1 期,后收入《裘锡圭学术文集》第二卷《简牍帛书卷》,复旦大学出版社 2015 年版,第 165－169 页;张小锋:《〈甘露二年丞相御史书〉探微》,《首都师范大学学报》2000 (转下页)

中央逐捕丽戎的原因和政治背景也仍有继续挖掘的余地。为此,笔者不揣冒昧,尝试在前人研究的基础上对一些问题再做补充探讨,敬请方家学者批评指正。

一、文书释文

关于 73EJT1:1-3 的释文,《肩水金关汉简(壹)》吸收前人研究成果做了多处修订。此后,邬文玲、赵宠亮、李迎春等学者又对《金关(壹)》的释文提出了校订意见。① 在展开具体分析以前,先将 3 简的释文依次移录如下:②

1. 甘露二年五月己丑朔甲辰朔,丞相少史充、御史守少史仁以请诏有逐验大逆无道故广陵王胥御者惠同

(接上页)　年第 5 期;何双全:《甘露二年丞相御史书再辩》,未发表,相关意见转引自下述杨媚文;杨媚:《〈甘露二年丞相御史律令〉册释文辑校》,收入甘肃省文物考古研究所等编:《简牍学研究》(第 4 辑),甘肃人民出版社 2004 年版,第 244-250 页;邬文玲:《〈甘露二年御史书〉校读》,收入中国政法大学法律古籍整理研究所编:《中国古代法律文献研究》(第 5 辑),社会科学文献出版社 2012 年版,第 46-60 页;赵宠亮:《〈甘露二年丞相御史书册〉考释补议》,收入张德芳主编:《甘肃省第二届简牍学国际学术研讨会论文集》,上海古籍出版社 2012 年版,第 265-274 页;孙树山:《〈甘露二年丞相御史书〉再商榷》,《文教资料》2015 年第 34 期;李迎春:《金关汉简〈甘露二年丞相御史书〉政治史信息再探——兼谈汉代贵族家奴(婢)的政治参与》,西北师范大学历史文化学院等编:《简牍学研究》(第 8 辑),甘肃人民出版社 2019 年版,第 99-115 页。

① 参见邬文玲:《〈甘露二年御史书〉校读》,收入中国政法大学法律古籍整理研究所编:《中国古代法律文献研究》(第 5 辑),社会科学文献出版社 2012 年版,第 46-60 页;赵宠亮:《〈甘露二年丞相御史书册〉考释补议》,收入张德芳主编:《甘肃省第二届简牍学国际学术研讨会论文集》,上海古籍出版社 2012 年版,第 265-274 页;李迎春:《金关汉简〈甘露二年丞相御史书〉政治史信息再探——兼谈汉代贵族家奴(婢)的政治参与》,西北师范大学历史文化学院等编:《简牍学研究》(第 8 辑),甘肃人民出版社 2019 年版,第 99-115 页。

② 本文引用的 73EJT1:1-3 释文,主要依据邬文玲的校读意见,标点符号略有改动,对释文的改释详下文。参见邬文玲:《〈甘露二年御史书〉校读》,收入中国政法大学法律古籍整理研究所编:《中国古代法律文献研究》(第 5 辑),社会科学文献出版社 2012 年版,第 46-60 页。

产弟（弟）、故长公主弟（第）卿大婢外人，移郡大（太）守：逐得试（识）知外人者、故长公主大奴千秋等，曰：外人一名丽戎，字中夫，前大（太）子守观

奴婴齐妻，前死，丽戎从母捐之字子文、私（？）男弟（弟）偃居主马市里弟（第）。捐之姉（姊）子、故安道侯奴林（？），取不审县里男子字子游为丽戎

聟（婿），以牛车就（僦）载藉田仓为事。始元二年中，主女孙为河间王后，与捐之偕之国。后丽戎、游从居主机菜弟（第），养男孙丁子沱。元凤元年

中，主死，绝户，奴婢没入诣官，丽戎、游俱亡。丽戎脱籍，疑变更名字，远走绝迹，更为人妻，介罪民间，若死，毋从知。丽戎此（？）①

时年可廿三、四岁，至今年可六十所，为人中壮，黄色，小头，黑发，隋（椭）面，拘（钩）颐，常戚（蹙）额如②频（颦）状，身小长，诈瘦少言。书到，二千石遣毋害都吏（肩水金关汉简73EJT1∶1）

2. 严教属县官令以下啬夫、吏、正、父老，杂验问乡里吏民赏（尝）取（娶）婢及免婢以为妻，年五十以上，刑（形）状类丽戎者，问父母昆弟（弟），本谁生子，务

得请（情）实、发生从（踪）迹。毋督聚烦扰民。大逆，同产当坐，重事，推迹未穷，毋令居部界中不觉。得者书言白报，以邮亭行，诣长安

传舍。重事，当奏闻，必谨密之，毋留，如律令。

六月，张掖太守毋适、丞勋敢告部都尉卒人谓县：写移。书

---

① 赵宠亮、李迎春据文义改释为"亡"。检核图版，此字漫漶不清，现有字形与"此"较为接近，存疑。

② 《肩水金关》（壹）释为"胸"，有误。

到，趣报，如御史书、律令。敢告卒人。/掾很、守卒史禹、置佐财。
（肩水金关汉简 73EJT1∶2）

3. 七月壬辰，张掖肩水司马阳以秩次兼行都尉事谓候、城尉：写移。书 到，庚（搜）索 部 界中，毋有，以书言，会廿日，如律令。/掾遂、守属况。

七月乙未，肩水候福谓候长广宗等：写 移。书到，庚（搜）索 部 界中，毋有，以书 言，会月十五日，须报府，毋 失期，如律令。/令史□。（肩水金关汉简 73EJT1∶3）

另外，前人研究已经指出居延新简也发现了同一文书抄本的残件可与之对读，释文如下：

☑ 所逐验大逆无道故广陵王胥御者惠同产弟（弟）、故长公主弟卿□☑

☑ 字中夫，前为故太子守观奴婴齐妻，婴齐前病死，丽戎从母捐☑

☑ 男子字子游为丽戎聟（婿），以牛车就（僦）载藉①田仓为事。始元☑　　　　（居延新简 EPT43∶92）②

居延新简的 EPT43∶92 为释读金关简的 73EJT1∶1－3 提供了一些线索和依据。比如，整理者把长公主之名释为"盖卿"，邬文玲等学者业已指出根据字形此字当改释为"弟（第）"。从 EPT43∶92 看，长公主确被称为"弟（第）卿"。73EJT1∶1－3"前太子守观奴婴齐，前死"，"前死"其实是"婴齐前病死"的省略。③ 此外，73EJT1∶1－3

---

① 原释文作"籍"，案图版此字的字形当为"藉"。
② 张德芳主编、杨媚著：《居延新简集释》（二），甘肃文化出版社 2016 年版，第 173 页。
③ 赵宠亮在 73EJT1∶1－3 原释文基础上补充了相关省略内容。参见赵宠亮：《〈甘露二年丞相御史书册〉考释补议》，收入张德芳主编：《甘肃省第二届简牍学国际学术研讨会论文集》，上海古籍出版社 2012 年版，第 265－274 页。

另一处可能的省略是"肩水候福谓候长广宗等",因为收文者除了候长广宗以外,至少还有金关啬夫,但此人却没有被书手明确列出。

有关"御者"的含义是以往讨论较多的一个问题,目前有车夫、①近侍亲近者②和亲近侍妾③3种意见。案《汉书·广陵厉王胥传》,可证同案犯诚如于豪亮、④李迎春所论,以女性侍妾占多数,故"御者"的含义应遵从二位学者的意见,释为广陵王胥的亲近侍妾。

再者,李迎春提出"捐之姊(姊)子、故安道侯奴"缺少人名,司法文书不应出现如此纰漏,而"材取"又是汉代常见之辞,故而前面"居主马市里弟(第)"的"第"后应漏写了一个重文符,重复的"第"就是所缺的人名,整句话读作"第,捐之姊(姊)子、故安道侯奴,材取不审县里男子字子游为丽戎聟(婿)"。⑤ 对此,"第"后有无重文符暂无材料能证明。即便把"第"列在相关文句起首作为捐之姊(姊)子、故安道侯奴的人名,比照"故长公主弟(第)卿大婢外人""故长公主大

① 参见伍德煦:《居延出土〈甘露二年丞相御史律令〉简牍考释》,《西北师大学报》1979年第4期;初仕宾:《居延简册〈甘露二年丞相御史律令〉考述》,《考古》1980年第2期;裘锡圭:《关于新出甘露二年御史书》,《考古与文物》1981年第1期,后收入《裘锡圭学术文集》第二卷《简牍帛书卷》,复旦大学出版社2015年版。

② 参见初师宾、伍德煦:《居延甘露二年御史书册考述补》,《考古与文物》1984年第4期;裘锡圭:《再谈甘露二年御史书》,《考古与文物》1987年第1期,后收入《裘锡圭学术文集》第二卷《简牍帛书卷》,复旦大学出版社2015年版;邬文玲:《〈甘露二年御史书〉校读》,收入中国政法大学法律古籍整理研究所编:《中国古代法律文献研究》第5辑,社会科学文献出版社2012年版,第49页。

③ 李迎春:《金关汉简〈甘露二年丞相御史书〉政治史信息再探——兼谈汉代贵族家奴(婢)的政治参与》,西北师范大学历史文化学院等编:《简牍学研究》(第8辑),甘肃人民出版社2019年版,第103页。

④ 于豪亮最先提出73EJT1∶1的"御者"是指女性。参见于豪亮:《居延汉简丛释》,《于豪亮学术文存》,中华书局1981年版,第185页。

⑤ 李迎春:《金关汉简〈甘露二年丞相御史书〉政治史信息再探——兼谈汉代贵族家奴(婢)的政治参与》,西北师范大学历史文化学院等编:《简牍学研究》(第8辑),甘肃人民出版社2019年版,第104页。

奴千秋""前太子守观奴婴齐"等辞例,都呈"奴(婢)+人名"的构词形式,此处"捐之姊(姊)子、故安道侯奴"并非本案的特殊人员,故文书在介绍此人时行文格式似应一致。至于"材取"确是汉代常见习语,但单用"取"表示男子迎娶妻妾也屡见于两汉史籍。例如,《汉书·高五王传》:"(纪)太后取其弟纪氏女为王后。"①《后汉书·泗水王歙传》:"延光中,(刘)护从兄瓌与安帝乳母王圣女伯荣私通,遂取伯荣为妻。"②鉴于上述两个因素,相关文句的断读仍应遵从邬文玲的释读意见。这里还要说明的是有关"故安道侯奴"的名字,初师宾、伍德煦释作"杜";杨媚、何双全、《肩水金关汉简(壹)》、邬文玲、李迎春等皆释"材";裴锡圭释"林";赵宠亮释"林(?)"。检核图版,此字和"林"的字形比较接近,但因为笔迹潦草,不排除所谓的"林"是其他字的讹写,故暂从赵宠亮的释读意见。

此外,73EJT1∶1-3仍有3点值得注意。第一,文书字迹潦草,且存在衍字、省略和脱漏的现象。比如,"甘露二年五月己丑朔甲辰朔"的后一个"朔"即是衍字,"前死"是"婴齐前病死"的省略,张掖太守移文的"六月"后脱漏具体日期。这一文本如此粗糙,肇因可能是撰抄者的书写素养不足。③ 第二,文书针对天下郡国下达,但移文部分却以张掖太守移送本郡都尉开始,缺少文书签发后逐级下达给中央官署和地方郡太守、诸侯相等移文内容,意味着这件文书的移文或有删减。第三,前人研究有称73EJT1∶1-3为"书册",似认为3简原呈编联状态。就73EJT1∶1-3的尺寸而言(见表1),诚然3简中

---

① (汉)班固:《汉书》卷38《高五王传》,中华书局1962年版,第1999页。
② (南朝宋)范晔:《后汉书》卷14《宗室四王三侯列传》,中华书局1965年标点本,第564页。
③ 关于秦汉文书吏书写素养的培养,参见邢义田:《汉代〈苍颉〉、〈急就〉、八体和"史书"问题——再论秦汉官吏如何学习文字》,收入《治国安邦:法制、行政与军事》,中华书局2011年版,第595-654页。

至少有两枚形制与两行接近,可用绳索编联,但《金关(壹)》的彩色和红外线图版上却看不到确凿的编联痕迹。基于此,似乎尚不能完全肯定 3 简原以编联形态存在。

表1　73EJT1：1－3 的尺寸①

出土编号	长(厘米)	宽(厘米)
73EJT1：1	23.7	3.2
73EJT1：2	23.0	2.1
73EJT1：3	23.1	1.7

二、文书定名

有关 3 件木牍所属文书的定名,既有研究大致有如下 4 种意见:

(一)丞相御史律令。伍德煦最早提出这一定名,但未言明理由。② 紧接着,初仕宾提出整件文书由 1 个主件和 3 个辅件构成,主件即册书自名的"御史书",不过他又将主件称作"丞相御史律令",③亦未说明依据。笔者推测,这一定名可能基于两点:一是"丞相少史充、御史守少史仁"显示发文者与丞相府、御史大夫寺两个机构有关;二是文书正文结尾"如御史书律令"的公文套语。

(二)"(诏有)逐验"简。这一定名最早由徐元邦、曹延尊提出,④此

---

① 本表 3 简尺寸通过测量红外线图版获得。

② 伍德煦:《居延出土〈甘露二年丞相御史律令〉简牍考释》,《西北师大学报》1979 年第 4 期。

③ 初仕宾:《居延简册〈甘露二年丞相御史律令〉考述》,《考古》1980 年第 2 期。

④ 徐元邦、曹延尊:《居延新出土的甘露二年"诏有逐验"简考释》,《考古与文物》1980 年第 3 期。

后许青松也沿用了这一称呼。① 如许青松所论，该定名应是研究者通过文书的"逐得""验问"等辞例归纳而来。

（三）御史书。最初提出这一见解的是裘锡圭，他认为文书内容及"如御史书律令"的公文套语说明这是一件"御史书"。②

（四）丞相御史书。提出这一主张的是日本学者大庭脩，他一方面赞同裘先生的定名意见，另一方面又指出"御史守少史"是担任御史并兼任丞相少史的含义，并且73EJT1∶1－3是"丞相府色彩较重"的文书，"如御史书律令"有脱漏，原文应是"如丞相御史书律令"，因此，文书也当名为"甘露二年（丞相）御史书"。③

关于第一种意见，裘先生指出"文书内容讲的是通缉大逆同产亡婢外人的事"，属于公文套语的"如御史书律令"，"只能说明这份文书可以称为'御史书'"，并不说明这份文书是"律令"。④ 实际上，大庭脩已经指出居延汉简常见的套语"如诏书律令"意指"在律令所规定的一般任务之外，还有诏书发出的特别指示"。⑤ 言外之意，这里的"如……律令"并不能径直解释成"以上内容是律令"。关于第二种意见，"逐验"简的命名确可在一定程度上反映文书的性质，但已发

① 许青松：《"甘露二年逐验外人简"考释中的一些问题》，《中国历史博物馆馆刊》1986年第8期。
② 裘锡圭：《关于新出甘露二年御史书》，《考古与文物》1981年第1期，后收入《裘锡圭学术文集》第二卷《简牍帛书卷》，复旦大学出版社2015年版，第48页。
③ ［日］大庭脩：《汉简中所见的不道犯案例》第1节《关于甘露二年丞相御史书》，此文的日文版收入氏著《秦汉法制史研究》，创文社1982年版，中译本收入徐世虹等译：《秦汉法制史研究》，中西书局2017年版，第110页。
④ 裘锡圭：《关于新出甘露二年御史书》，《考古与文物》1981年第1期，后收入《裘锡圭学术文集》第二卷《简牍帛书卷》，复旦大学出版社2015年版，第48页。
⑤ ［日］大庭脩：《汉简中所见的不道犯案例》第1节《关于甘露二年丞相御史书》，此文的日文版收入氏著《秦汉法制史研究》，创文社1982年版，中译本收入徐世虹等译：《秦汉法制史研究》，中西书局2017年版，第110页。

现的汉简文书中却见不到"逐验"简或"逐验书"一类的自名，①所以不能以之作为定名。而第四种意见的问题是，"御史守少史"实际是御史大夫的属吏，②与丞相无关，并且文书以丞相少史与御史守少史的名义起首，应缘自丞相、御史大夫在治民和司法职能上的交叉重叠。③从居延汉简的诏书单简和完整册书看，数名臣僚联合起草的诏书几乎都以御史大夫作为下文起点，④本文书丞相少史、御史守少史依据"请诏"下文，所请诏书当先下达给御史大夫，诏书落实办法的拟定权自然也由御史大夫寺掌握，故而相关文书要以"御史书"的名义下达。据此，应采纳裘先生的意见，从文书自名出发将之定名为《甘露二年御史书》。

有关73EJT1：1－3属于"御史书"，还可从里耶秦简获得启示。里耶秦简有如下一枚楬：

　　■御史问直络帬（裙）程书（里耶秦简8－153)⑤

这枚楬原先应附在存档的公文上，起到指示标签的作用，所属的

---

① 居延汉简有"推辟验问书"，但行文格式和内容与73EJT1：1－3截然不同。有关"推辟验问书"，参见李均明：《秦汉简牍文书分类辑解》，文物出版社2009年版，第85－88页。

② 邬文玲认为这里的"守少史"是御史的属吏。不过，陈直认为《汉书》所见制诏丞相御史，或制诏书御史，皆指御史大夫，非御史大夫的属官御史。据此，73EJT1：1的"御史"也应作如是解。参见邬文玲：《〈甘露二年御史书〉校读》，收入中国政法大学法律古籍整理研究所编：《中国古代法律文献研究》（第5辑），社会科学文献出版社2012年版，第48页；陈直：《汉书新证》，中华书局2008年版，第80页。

③ 有关西汉丞相、御史大夫的职能，参见安作璋、熊铁基：《秦汉官制史稿》，齐鲁书社2007年版，第30－34、47－54页。

④ 完整诏书册的下达事例，见《元康五年诏书册》。参见［日］大庭脩：《居延出土的诏书册》，收入徐世虹等译：《秦汉法制史研究》，中西书局2017年版，第163－180页。

⑤ 陈伟主编，何有祖等撰著：《里耶秦简牍校释》（第一卷），武汉大学出版社2012年版，第93页。检核图版，这枚楬的天头涂黑。参见湖南省文物考古研究所编著：《里耶秦简》（壹），文物出版社2012年版，第36页。

《御史问直络帬（裙）程书》经复原，释文如下：①

　　制书曰：举事可为恒程者上丞相，上洞庭络帬（裙）直程

书。□手。

　　卅二年二月丁未朔□亥，御史丞去疾：丞相令曰举事可

为恒

　　程者□上帬（裙）直。即瘱（应）令，弗瘱（应），谨案致……

……庭□。/□手。

……（正）（里耶秦简 8－159）

　　三月丁丑朔壬辰，洞庭□□□□□□□□□□□

　　令□□□索、门浅、上衍、零阳□□□以次传□□□□□

　　书到相报□□□□门浅、上衍、零阳言书到，署□□发。

　　□□□□一书以洞庭发弩印行事□□恒署。

　　酉阳报□□□署令发。/四月□丑水十一刻刻下五□□□□

迁陵□，酉阳署令发。

　　□□□□布令□（背）（里耶秦简 8－159②）

　　四月丙午朔癸丑，迁陵守丞色下少内：谨案致之。书到言，

署金布发，它如

　　律令。/欣手。/四月癸丑水十一刻刻下五，守府快行少内。

（里耶秦简 8－155）③

---

① 于洪涛复原的《御史问直络帬程书》依次为简 8－153、8－159、8－158、8－155 和 8－
152 简。参见于洪涛：《试析里耶秦简"御史问直络帬程书"的传递过程》，《长江文
明》2013 年第 3 期。案简 8－158 和 8－152 简起首写有年份，并且内容是向前一下文
机关报告御史书已到，性质上属于上行或平行文书，故本文将两简归入其他文书，详
下文。当然，这 5 简出土位置十分接近，显示它们原先很可能是被放在一起保存的。

② 陈伟主编、何有祖等撰著：《里耶秦简牍校释》（第一卷），武汉大学出版社 2012 年版，
第 96 页。

③ 陈伟主编、何有祖等撰著：《里耶秦简牍校释》（第一卷），武汉大学出版社 2012 年版，
第 94 页。

此外,还有两件文书与之相关,一件是迁陵县"言书到"的报告文书,释文为:

卅二年四月丙午朔甲寅,迁陵守丞色敢告酉阳

丞主:令史下络帬(裙)直书已到,敢告主。(正)(里耶秦简 8 - 158)

四月丙辰旦,守府快行旁。　　　　　　欣手。(背)(里耶秦简 8 - 158)①

另一件是迁陵少内依据 8 - 155 "书到言"命令的回复文,释文为:

卅二年四月丙午朔甲寅,少内守是敢言之:廷下御史书举事可为

恒程者,洞庭上帬(裙)直,书到言。今书已到,敢言之。(正)(里耶秦简 8 - 152)

四月甲寅日中,佐处以来。/欣发。　　　　　　处手。(背)(里耶秦简 8 - 152)②

根据 8 - 152 简迁陵少内的回复文书可知,此前收到的《御史问直络帬(裙)程书》——即 8 - 159 简——是一件"御史书",现存内容主要包括制书、御史丞去疾文书和文书移送内容等三部分,其中前两部分组成了"御史书"的正文,所属内容在 8 - 159 简正面第 4 行简文"……庭□。/□手"结束,此后的简文的残损非常严重,但从同简背面的内容推测,正面缺文可能是本件"御史书"从中央逐级下达到洞

---

① 陈伟主编、何有祖等撰著:《里耶秦简牍校释》(第一卷),武汉大学出版社 2012 年版,第 95 - 96 页。

② 陈伟主编、何有祖等撰著:《里耶秦简牍校释》(第一卷),武汉大学出版社 2012 年版,第 92 页。

庭郡的移送内容。

8－159 简起首的"制书"是秦始皇下达的命令。随后,御史丞去疾文书所见的"丞相令"部分重复了制书的内容,但不像制书那样将"上络裙"的范围框定在洞庭郡,内容似有普遍性的倾向。就此推测,这个"令"或许不是丞相基于制书临时拟定的行政指令,而是丞相府摘抄编录的国家法令,性质上与汉代的挈令相似。御史丞去疾引用"丞相令"撰写并下达"御史书",是为了给地方郡县落实制书提供政策指导。无论如何,御史丞去疾的文书紧随制书之后说明本文书的内容虽然也包含"丞相"的因素,但最初的发文机关仅有御史大夫寺,所下达的文书因之被地方机关称为"御史书"。两相比照,亦可从侧面证明73EJT1∶1－3是汉宣帝年间御史大夫寺所发"御史书"的抄本,丞相属吏参与文书的拟定并不改变其"御史书"的性质。

三、逐捕丽戎的原因与政治背景

以往对丽戎被西汉朝廷逐捕的原因,研究者提出了通缉鄂邑长公主余党、广陵厉王余党和丽戎亲属牵涉广陵厉王案、汉宣帝平反戾太子狱并寻找抚育昭帝恩人说以及广陵厉王胥案发酵与宣帝期待巫蛊之祸真相两因素相结合说。[1]

根据《汉书》的记载,汉昭帝在元凤元年(公元前 80 年)十月挫败了燕王旦、上官桀和长公主的谋反事件,随后下诏"赦王太子建、公主子文信及宗室子与燕王、上官桀等谋反父母同产当坐者,皆免为庶人。其吏为桀等所诖误,未发觉在吏者,除其罪"。[2] 说明对相关余

---

① 相关论点的学术史梳理及李迎春的意见,参见李迎春:《金关汉简〈甘露二年丞相御史书〉政治史信息再探——兼谈汉代贵族家奴(婢)的政治参与》,西北师范大学历史文化学院等编:《简牍学研究》(第 8 辑),甘肃人民出版社 2019 年版,第 106－113 页。

② (汉)班固:《汉书》卷 7《昭帝纪》,中华书局 1962 年版,第 227 页。

党的追究已告结束。据《甘露二年御史书》可知,丽戎在长公主死后被籍没为官婢,不久就脱籍逃亡,未发现有参与长公主阴谋的情况,即便丽戎与之有牵连,也属于昭帝诏书"未发觉在吏者"的行列而能得到赦免除罪。① 同时,丽戎没有到达过广陵国,也没有参与广陵厉王的祝诅犯罪,所以不能把她视为广陵厉王案的余党。② 另外,汉宣帝平反戾太子狱并寻找抚育昭帝恩人说,有研究指出这一观点与史籍记载不符。③ 也正因为如此,以上三说目前基本已被学者所放弃。

关于两因素相结合说,研究者提出河间王刘元是长公主女孙之子,他又取故广陵厉王和厉王太子故姬为妻妾,并于甘露年间胁迫她们自杀而被朝廷削地治罪,④结合《甘露二年御史书》的记载,可以发现丽戎及其母亲捐之、同产惠与长公主、两代河间王和广陵厉王之间有着千丝万缕的联系。同时,丽戎兼有太子守观奴之妻和按道侯奴之表姐的身份,可能知道巫蛊之祸的某些隐情并引起宣帝的注意。基于这两个因素,西汉朝廷在深究广陵王狱时决意根除这一错综复

---

① "未发觉在吏者",师古曰:"其罪未发,未为吏所执持者。"(汉)班固:《汉书》卷7《昭帝纪》,中华书局1962年版,第228页。

② 有关通缉鄂邑长公主余党、广陵厉王余党说不确,参见裘锡圭:《关于新出甘露二年御史书》,《考古与文物》1981年第1期,后收入《裘锡圭学术文集》第二卷《简牍帛书卷》,复旦大学出版社2015年版,第48-49页;许青松:《"甘露二年逐验外人简"考释中的一些问题》,《中国历史博物馆馆刊》1986年第8期;裘锡圭:《再谈甘露二年御史书》,《考古与文物》1981年第1期,后收入《裘锡圭学术文集》第二卷《简牍帛书卷》,复旦大学出版社2015年版,第168-169页。

③ 参见赵宠亮:《〈甘露二年丞相御史书册〉考释补议》,收入张德芳主编:《甘肃省第二届简牍学国际学术研讨会论文集》,上海古籍出版社2012年版,第265-274页;孙树山:《〈甘露二年丞相御史书〉再商榷》,《文教资料》2015年第34期;李迎春:《金关汉简〈甘露二年丞相御史书〉政治史信息再探——兼谈汉代贵族家奴(婢)的政治参与》,西北师范大学历史文化学院等编:《简牍学研究》(第8辑),甘肃人民出版社2019年版,第99-115页。

④ 相关史事参见(汉)班固:《汉书》卷53《景十三王传》,中华书局1962年版,第2411页。

杂的政治网络,进而发布了缉捕丽戎的文书。① 此论的问题是,刘元
及其父河间孝王刘庆并没有参与长公主与广陵厉王的阴谋,所以很
难认定这几方在姻亲关系以外是否有结成颠覆西汉政权的政治同盟
关系。再者,河间王刘元娶广陵厉王和厉王太子故姬的做法,不排除
仅是为了收容国除诸侯王妻妾的可能性。首先,没有史料能证明刘
元与广陵厉王的祝诅活动有染,故对他娶广陵厉王故姬的动机似不
能做太复杂的解读。其次,刘元还娶了中山怀王故姬。② 中山怀王
死于五凤三年(公元前 55 年),无子而国除;③次年,广陵厉王自杀,
国除,④两王故姬入河间国的时间应相距不远。中山怀王在世时并
未卷入中央权力之争,因而刘元娶其故姬恐怕与政治阴谋无关。如
果以之审视刘元娶广陵厉王故姬一事,恐怕也可以得出没有政治意
涵的结论。最后,宣帝最初对刘元的惩罚也暗示其与谋反无关。刘
元迫胁所娶故姬七人自杀后,宣帝仅下诏处以"削二县,万一千户"的
惩罚。⑤ 对比而言,楚王延寿在宣帝登基后怂恿广陵厉王夺取帝位,并
让王后母弟赵何齐娶广陵厉王女为妻,结果"事下有司,考验辞服,延寿
自杀"。⑥ 牵涉谋反罪的诸侯王免不了以死谢罪,而刘元在宣帝朝却未
受到类似的惩罚,说明河间王刘元并没有卷入广陵厉王的祝诅案。

　　综上,由于没有明确材料能证明丽戎与长公主或广陵厉王的阴
谋有关,故《甘露二年御史书》对其逐捕的原因,仍应遵从裘锡圭等前

---

① 李迎春:《金关汉简〈甘露二年丞相御史书〉政治史信息再探——兼谈汉代贵族家奴
　　(婢)的政治参与》,西北师范大学历史文化学院等编:《简牍学研究》(第 8 辑),甘肃
　　人民出版社 2019 年版,第 107－113 页。
② "(刘)元取故广陵厉王、厉王太子及中山怀王故姬廉等以为姬",见(汉)班固:《汉
　　书》卷 53《景十三王传》,中华书局 1962 年版,第 2411 页。
③ 参见(汉)班固:《汉书》卷 14《诸侯王表》,中华书局 1962 年版,第 414 页。
④ 参见(汉)班固:《汉书》卷 14《诸侯王表》,中华书局 1962 年版,第 419 页。
⑤ (汉)班固:《汉书》卷 53《景十三王传》,中华书局 1962 年版,第 2411 页。
⑥ (汉)班固:《汉书》卷 36《楚元王传》,中华书局 1962 年版,第 1925 页。

辈学者的意见,乃是缘于丽戎的同产惠身为广陵厉王的御者,卷入了广陵厉王祝诅宣帝一案。①《汉书·景帝纪》:"襄平侯嘉子恢说不孝,谋反,欲以杀嘉,大逆无道。其赦嘉襄平侯,及妻子当坐者复故爵。"如淳注:"律,大逆不道,父母妻子同产皆弃市。"②如淳注显示汉律对犯有大逆无道罪行的人犯,不论其父母妻子同产有无涉罪,都要受到连坐处死的制裁措施。本案"御史书"明言广陵厉王御者惠为大逆无道,证明惠被西汉中央认定为广陵厉王案的共犯。从史书记载看,广陵厉王的宠姬爱妾完全有条件知晓甚至参与祝诅案件。比如,"(刘)胥又闻汉立太子,谓姬南等曰:'我终不得立矣。'乃止不诅"。③后来,王宫出现一系列异象,"(刘)胥谓姬南等曰:'枣水鱼鼠之怪甚可恶也'"。祝诅事发觉后,有司案验,厉王"置酒显阳殿……使所幸八子郭昭君、家人子赵左君等鼓瑟歌舞"。酒罢,厉王"即以绶自绞死。及八子郭昭君等二人皆自杀"。④ 从刘胥与姬南的谈话内容,以及与郭昭君、赵左君诀别后三人皆自杀等内容看,这三人深受厉王宠信,很可能知晓祝诅案的部分细节,前述嫁给河间王刘元的厉王故姬也应是案件知情者,故甘露中刘元迫胁她们自杀当是为了避免卷入厉王案的余波而招致不必要的麻烦。总之,御者惠应

① 裘锡圭最早提出丽戎因是大逆无道御者惠的同产而被连坐追捕的意见,此后,许青松、赵宠亮、邬文玲等学者或提出相同见解,或对裘先生的意见表示赞同。参见裘锡圭:《关于新出甘露二年御史书》,《考古与文物》1981 年第 1 期,后收入《裘锡圭学术文集》第二卷《简牍帛书卷》,复旦大学出版社 2015 年版,第 45－49 页;许青松:《"甘露二年逐验外人简"考释中的一些问题》,《中国历史博物馆馆刊》1986 年第 8 期;邬文玲:《〈甘露二年御史书〉校读》,收入中国政法大学法律古籍整理研究所编:《中国古代法律文献研究》(第 5 辑),社会科学文献出版社 2012 年版,第 46－60 页;赵宠亮:《〈甘露二年丞相御史书册〉考释补议》,收入张德芳主编:《甘肃省第二届简牍学国际学术研讨会论文集》,上海古籍出版社 2012 年版,第 265－274 页。
② (汉)班固:《汉书》卷 5《景帝纪》,中华书局 1962 年版,第 142 页。
③ (汉)班固:《汉书》卷 63《武五子传》,中华书局 1962 年版,第 2762 页。
④ (汉)班固:《汉书》卷 63《武五子传》,中华书局 1962 年版,第 2761－2762 页。

和姬南等姬妾一样,因得到刘胥的信赖而成为共犯并被西汉中央认定犯有大逆无道之罪,她的同产姐姐丽戎随之被按律连坐追捕。

最后,笔者想简要说明丽戎被逐捕的政治背景。现有研究表明,尽管有"公孙病已立"的谶纬作为铺垫,但宣帝继位的关键在于昭帝以来已作为辅政大臣的霍光的决定性支持,①这在一定程度上显示了宣帝作为昭帝继任者的地位并不稳固,而主要的挑战来自身为诸侯王的武帝之子。早在昭帝统治时期,燕王刘旦就质疑武帝遗诏的真实性,后来甚至提出昭帝非武帝子,主张自己作为先帝血脉有继位的正当性。② 由此引发了燕王旦、上官桀和鄂邑长公主密谋推翻昭帝、铲除霍光的事件。昭帝死时未留下子嗣,议立新君的满朝文武首先想到的继位人选仍然是武帝之子。《汉书·霍光传》:

> 元平元年,昭帝崩,亡嗣。武帝六男独有广陵王胥在,群臣议所立,咸持广陵王。王本以行失道,先帝所不用。光内不自安。郎有上书言"周太王废太伯立王季,文王舍伯邑考立武王,唯在所宜,虽废长立少可也。广陵王不可以承宗庙。"言合光意。光以其书视丞相敞等,擢郎为九江太守,即日承皇太后诏,遣行大鸿胪事少府乐成、宗正德、光禄大夫吉、中郎将利汉迎昌邑王贺。③

① 张小锋认为霍光不仅因为宣帝成长于民间缺乏政治根基,有利于日后继续专权,而且"公孙病已立"谶纬表明立宣帝与当时社会舆论相符。参见张小锋:《西汉中后期政局演变探微》,天津古籍出版社 2007 年版,第 51 - 71 页。就当时的政治形势而言,如果没有霍光的鼎力支持,宣帝即便有社会舆论的加持也难以登上帝位,这一点从下文引用的《汉书·霍光传》和《丙吉传》即可获知。另外,在宣帝继位过程中,儒生在思想、舆论层面对其继位正当性的捍卫作用也不容小觑。参见蔡亮著、付强译:《巫蛊之祸与儒生帝国的兴起》,北京师范大学出版社 2020 年版,第 180 - 189 页。
② 燕王旦的相关言行,参见(汉) 班固:《汉书》卷 63《武五子传》,中华书局 1962 年版,第 2751 - 2755 页。
③ (汉) 班固:《汉书》卷 68《霍光金日磾传》,中华书局 1962 年版,第 2937 页。

　　这段记载表明群臣原本倾向于让武帝子广陵王刘胥继位,但刘胥"壮大……力扛鼎,动作无法度",①将会是一位极难制驭的新君,加上群臣的青睐和支持,给霍光继续专权蒙上了一层阴影,因而霍光力排众议坚持立昌邑王刘贺为帝。然而,刘贺继位后出乎意料的排斥霍光专权,登基 27 日即被废位。这之后汉宣帝才得以继承帝位。《汉书·宣帝纪》《霍光传》和《张安世传》仅言霍光与张安世等人定策拥立宣帝,可是据《丙吉传》可知,宣帝脱颖而出实出自丙吉的推荐。

　　　昭帝崩,亡嗣,大将军光遣吉迎昌邑王贺。贺即位,以行淫乱废,光与车骑将军张安世诸大臣议所立,未定。吉奏记光曰……光览其议,遂尊立皇曾孙,遣宗正刘德与吉迎曾孙于掖庭。宣帝初即位,赐吉爵关内侯。②

　　宣帝的祖父戾太子直到宣帝登基以后也没有除罪平反,③导致宣帝虽贵为武帝曾孙,但作为有罪皇族成员的后代,长期流落民间,辈分上又排在广陵厉王刘胥和昌邑王刘贺之后,在这一阶段竞争帝位时处于明显的劣势,而经历了刘贺废位以后,宣帝"政治素人"的身份背景正好与霍光维持专权的需要相契合。此时,丙吉恰巧抓住了霍光与"张安世诸大臣议所立,未定"的机会推荐宣帝,双方于是一拍即合,宣帝得以借助霍光的支持继承大统。

　　由于登上帝位后根基不稳,导致身为"弱势之君"的宣帝对任何政治威胁都持有很重的戒心。针对权臣霍光自不待言,"宣帝始立,谒见高庙,大将军光从骖乘,上内严惮之,若有芒刺在背"。④ 他对废

①　(汉)班固:《汉书》卷 63《武五子传》,中华书局 1962 年版,第 2759 页。
②　(汉)班固:《汉书》卷 74《魏相丙吉传》,中华书局 1962 年版,第 3143 页。
③　参见李迎春:《金关汉简〈甘露二年丞相御史书〉政治史信息再探——兼谈汉代贵族家奴(婢)的政治参与》,西北师范大学历史文化学院等编:《简牍学研究》(第 8 辑),甘肃人民出版社 2019 年版,第 107 - 108 页。
④　(汉)班固:《汉书》卷 68《霍光金日磾传》,中华书局 1962 年版,第 2958 页。

帝刘贺也非常忌惮,元康二年(公元前 64 年)下书山阳太守张敞"谨备盗贼,察往来过客。毋下所赐书",①即密令张敞监视、刺探刘贺的动向。在确定"(刘)贺不足忌"后,次年却又下诏把昌邑王刘贺改封到南方偏远之地的海昏为列侯,随后继续严加监视和打压,②足见宣帝戒心之重。在此背景下,宣帝对谋反罪行恐怕更加敏感,特别是相关罪行出自一位血缘与武帝更近、对帝位十分有竞争力的诸侯王长辈。一个有趣的对比是,昭帝在平息燕王旦、长公主和上官桀的谋反案后,很快下诏大赦以缩小株连的范围,而宣帝在广陵厉王自杀后仅"赦王诸子皆为庶人",对牵连该案的其他人员(比如姬妾、御者等女性)不做减刑或赦免。这种决意彻底消灭厉王同党的意志,要结合广陵厉王曾作为帝位人选一度比宣帝更得朝臣青睐的前情才能更好被理解。总而言之,笔者赞成裘先生等学者所主张的丽戎仅是基于御者惠亲属的身份而被连坐追捕的观点,但也要补充指出西汉中央历经三十年后继续下书追捕逃亡大婢丽戎,与宣帝个人的戒心和捍卫自身权力的信念紧密相关。

---

① (汉) 班固:《汉书》卷 63《武五子传》,中华书局 1962 年版,第 2767 页。
② "数年,扬州刺史柯奏贺与故太守卒史孙万世交通,万世问贺:'前见废时,何不坚守毋出宫,斩大将军,而听人夺玺绶乎?'贺曰:'然。失之。'万世又以贺且王豫章,不久为列侯。贺曰:'且然,非所宜言。'有司案验,请逮捕。制曰:'削户三千。'后薨"。见(汉) 班固:《汉书》卷 63《武五子传》,中华书局 1962 年版,第 2769–2770 页。

悬泉汉简所见汉代雇佣
奴婢劳作研究

姚 磊*

内容摘要：悬泉汉简Ⅱ90DXT0113②：120+54是谢明宏新缀合的一枚简牍，简文记载了悬泉置对未成年奴婢使奴、使婢进行雇佣，且按日作价的情况，史料价值极为珍贵。使奴、使婢他们可能是"奴产子"或"家生奴"，年龄在7－14岁之间，属雇佣童工进行劳作。悬泉置雇佣童工的主因是人手缺乏，因为效谷县无法保证对悬泉置的稳定供给，使奴、使婢的主人或是效谷县的官吏，这种雇佣行为留下了官吏贪腐的空间。使奴可能从事一定体力的工作，使婢可能从事馆舍生活服务以及伺候女宾等性质的工作。使奴作一日价格十钱的报酬，在边地属于十分低廉，使婢劳作一日的价格还要低于使奴，他们所获佣金可能是与其主人共同分割，自己能获得很少，这对我们研究汉代边地治理模式及经济活动具有重要的价值。

关键词：悬泉汉简 未成年 使奴 使婢 雇佣

悬泉置是汉代丝绸之路上一个重要的驿站，起到沟通西域、连接

* 姚磊，信阳师范学院历史文化学院副教授。本文系国家社科基金青年项目"西北汉简缀合研究"（20CZS016）的阶段性成果。

汉廷的重要作用。上世纪九十年代初，甘肃省文物考古研究所对悬泉置遗址进行了考古发掘，获得了2万多枚汉代简牍。这为我们研究汉代西域历史，乃至两汉经济史、政治史、文化史都具有重要的价值。近年，张德芳带领团队对悬泉置遗址所出汉简进行了整理出版，①为我们研究提供了方便。谢明宏曾缀合悬泉汉简Ⅱ90DXT0113②：120 与 Ⅱ90DXT0113②：54 两简，释文作：

> 庸使□作 一　　庸使奴作一日贾十钱（悬泉汉简 Ⅱ 90DXT0113②：120+54）②

他的缀合是准确的。从残存字形及墨迹分析，"一""庸"之间尚有文字，当以"……"表示。由此，释文作：

> 庸使□作一…… 庸使奴作一日贾十钱（悬泉汉简 Ⅱ 90DXT0113②：120+54）

Ⅱ90DXT0113②：120+54 号简（以下简称"新缀简"）所在的 Ⅱ 90DXT0113 探方所出简牍年号有五凤、建始、河平、鸿嘉、永始、元延、绥和、建平、元始、始建国等，且以汉成帝、汉哀帝时期的为主，据此推测新缀简的时间当是在西汉晚期。简文分为上下两栏，上栏残损，幸运的是下栏基本完整，参考下栏的简文，上栏可能也是对雇佣劳动者的价格说明。

一、雇佣童工使奴、使婢

简文比较重要，说明"使奴"是可以被雇佣的，而且还有价格——"一日贾十钱"。由于"使奴"的身份较低，属于"奴婢"阶层，香港中

文大学文物馆藏汉简"奴婢廪食粟出入簿",①便有"使奴"的口粮
标准。②

从新缀简可知"奴婢"也可作为雇佣的对象,赚取一定的佣金。
经检索,传世文献中以及出土文献有关"使奴"的记载很少,所以简文
就显得特别珍贵。我们知道西北汉简中有大男、大女、使男、使女、未
使男、未使女、小男、小女的年龄分层,会不会奴婢也参照这个称谓体
系,也有大奴、大婢、使奴、使婢、未使奴、小奴、小婢这样的称谓呢?
我们在悬泉汉简、肩水金关汉简等材料中,发现有很多的例证,摘录
如下:③

　　　1. 官大奴姚则口四　大婢财　新〇　小奴木榆　新〇　小
婢南来　新〇

　　大奴姚则小奴木榆未得十二月廪　新𠄌·八石三斗六升
(新字后书)(悬泉汉简Ⅱ90DXT0111①:216)

　　　2. ☐便　　　　使奴姚敞·

　　☐姚自为　　　使婢姚财·(悬泉汉简Ⅱ90DXT0113①:63)

　　　3. 官使婢弃　用布三匹　纟絮三斤十二两(居延汉简505.33)

　　　4. 大奴一人

　　大婢二人

①　陈松长编著:《香港中文大学文物馆藏简牍》,香港中文大学文物馆2001年版,第
　　54页。
②　于振波:《汉代官奴婢述略——以香港中文大学文物馆藏简牍为中心》,《简牍与秦汉
　　社会》,湖南大学出版社2012年版,第167-186页;代国玺:《秦汉的粮食计量体系与
　　居民口粮数量》,《"中研院"历史语言研究所集刊》2018年第89本第1分。
③　若无特殊说明,本文肩水金关汉简释文以中西书局出版的《肩水金关汉简》五卷十五
　　册为底本,居延汉简释文以"中研院"简牍整理小组《居延汉简》为底本,居延新简释
　　文以张德芳主编《居延新简集释》为底本,敦煌马圈湾汉简释文以白军鹏著《敦煌汉简
　　校释》为底本,额济纳汉简释文以孙家洲主编《额济纳汉简释文校本》为底本,悬泉汉
　　简释文以中西书局出版的《悬泉汉简》为底本。

　　未使奴一人

　　·凡一月用食五石四斗(肩水金关汉简73EJT7：79)

　　5. 未使奴王阳　用布一丈　十月戊戌付奴王便(肩水金关汉简73EJF3：144)

　　6. 今余官未使婢一人(肩水金关汉简73EJT37：769)

　　7. ☑朔丙辰,新安乡有秩文佐义敢言之,长安宜平里公乘满顺自言☑

　　☑贤、大奴便、大婢利、小婢宫乳、为家私市居延界中,谨案顺等年爵如书,算赋☑☑(肩水金关汉简73EJT24：132)

　　8. 客田男子解恭　大婢好长六尺五寸　小婢绿长五尺　小奴骊长五尺(肩水金关汉简73EJT37：797)

　　9. ·大奴婢十人筭廿☑　小婢四人筭四☑☑　　奴婢十四人☑(悬泉汉简Ⅱ90DXT0113①：51)

　　从悬泉汉简Ⅱ90DXT0111①：216号简可知有大奴、大婢、小奴、小婢的称谓,从悬泉汉简Ⅱ90DXT0113①：63、居延汉简505.33号简可知有使奴、使婢的称谓。从肩水金关汉简73EJT7：79、73EJF3：144、73EJT37：769简也可以清晰的看出有大奴、大婢、未使奴、未使婢的称谓。

　　除了西北汉简,在一些汉代墓葬所出的简牍上也有相同的奴婢年龄分层称谓,如下：

　　新安户人大女燕关内侯寡,大奴甲,大奴乙,大婢妨①

　　大奴一人　大婢二人　小奴一人持侍②

　　汉代传世文献也有记载,《汉书·刘髆传》："过弘农,使大奴善

---

①　湖北省荆州地区博物馆：《江陵高台18号墓发掘简报》,《文物》1993年第8期。

②　湖北省文物考古研究所：《江陵凤凰山西汉简牍》,中华书局2012年版,第90、156页。

以衣车载女子。"颜师古注曰："凡言大奴者,谓奴之尤长大者也。"①《汉书·刘越传》："使其大婢为仆射,主永巷。"颜师古注曰："大婢,婢之长年也。"②《汉书·王尊传》："衡又使官大奴入殿中,问行起居。"③《后汉书·彭宠传》："小奴意欲解之,视户外,见子密听其语,遂不敢解。"④

综上,可知汉代确实存在大奴、大婢、小奴、小婢、使奴、使婢、未使奴、未使婢的称谓。新缀简的上栏释文作"庸使□作一",从残存简文"使□"分析,也当是对称谓含"使"之人的雇佣。参照简牍下栏"使奴"的简文以及残存笔迹,推测此处是"使婢"。悬泉汉简中也确实有"先婢后奴"的文书书写范例,如下:

……婢一人奴一人为一人□一人(悬泉汉简 V92DXT1412③:1)⑤

由此,梳理文意,新缀简简文可复原作:

庸使婢作一日贾□钱　庸使奴作一日贾十钱(悬泉汉简Ⅱ90DXT0113②:120+54)

我们全面检索了居延汉简、居延新简、马圈湾汉简、肩水金关汉简、额济纳汉简、悬泉汉简等西北简中的年龄分层的资料,大男、大女、使男、使女、未使男、未使女、小男、小女的年龄分层大致如下:

1≤小男/女≤14;2≤未使男/女≤6;7≤使男/使女≤14;15≤大男/大女≤81。

① (汉)班固:《汉书》卷63《昌邑哀王刘髆传》,中华书局1962年版,第2764页。
② (汉)班固:《汉书》卷53《广川惠王刘越传》,中华书局1962年版,第2431页。
③ (汉)班固:《汉书》卷76《王尊传》,中华书局1962年版,第3232页。
④ (南朝宋)范晔:《后汉书》卷12《彭宠传》,中华书局1965年版,第505页。
⑤ 郝树声、张德芳:《悬泉汉简研究》,甘肃文化出版社2009年版,第49页。

　　参考这些平民的年龄分层,推测奴婢的年龄分层也当是如此,故作以下推算:

　　1≤小奴/婢≤14;2≤未使奴/婢≤6;7≤使奴/使婢≤14;15≤大奴/大婢≤81。

　　故新缀简中的"使奴""使婢"当是指 7–14 岁的奴婢,需要指出的是"使奴""使婢"这个年龄段在汉时依然是未成年人,其中 10–15 岁还属于"幼"的阶段,①故简文无疑是雇佣身份为奴婢的童工。

　　简文中的"使奴""使婢"没有指明是私人奴婢还是官奴婢,我们检索了西北汉简中有关"奴婢"的简文,摘录如下:

　　1. ·元延二年六月尽三年　六月徒官奴婢驿　骑马廪致籍(悬泉汉简Ⅱ90DXT0111①:85)

　　2. 府移官奴婢定别户籍占如会(悬泉汉简Ⅱ90DXT0111①:315)

　　3. □诸官奴婢年五十六以上,及罢癃,不任事产□(悬泉汉简ⅤT1611③:311)②

　　4. 官婢卫白□家　廪六石九升(悬泉汉简Ⅰ90DXT0111②:67)

　　5. 官使奴谭□　(悬泉汉简Ⅰ90DXT0111②:82)

　　6. 官使奴吴憙(悬泉汉简Ⅱ90DXT0111①:168)

　　7. 官使奴工师则(悬泉汉简ⅡT0214①:22)③

　　8. 官使婢工师君来(悬泉汉简ⅡT0214②:82)④

　　9. 官使婢弃　用布三匹　丝絮三斤十二两(居延汉简505.33)

①　彭卫、杨振红:《中国风俗通史·秦汉卷》,上海文艺出版社 2002 年版,第 354 页。
②　张俊民:《简牍学论稿:聚沙篇》,甘肃教育出版社 2013 年版,第 333 页。
③　张俊民:《简牍学论稿:聚沙篇》,甘肃教育出版社 2013 年版,第 368 页。
④　张俊民:《简牍学论稿:聚沙篇》,甘肃教育出版社 2013 年版,第 368 页。

从摘录简文知悬泉汉简简文涉及官方奴婢时，一般都标记了"官"字进行界定，尤其是Ⅰ90DXT0111②：82、Ⅱ90DXT0111①：168、ⅡT0214①：22、ⅡT0214②：82号简明确指出了"官使奴""官使婢"。另外，由于"徒和官奴隶的衣食生活，都是由官家供给的"，①日常劳作无须再行支付报酬佣金给官奴婢。鉴于新缀简直书"使奴"，而且还支付了佣金，故其身份当是私奴婢，极有可能是悬泉置向使奴、使婢的主人出钱进行了雇佣。西北汉简中也确有私奴婢的记载，可供参考，摘录如下：

> 1. 刁广**大奴记**长七尺黑色（肩水金关汉简 73EJT4：83）
> 2. 刁广**大奴福**长七尺黑色（肩水金关汉简 73EJT4：112）
> 3. 万年里任广汉**大奴据**　　年廿五　　牛车一两　　练袭一领白
> 布单衣　　革履一两
>
> 　　黑色　　　　　　　　一领布袜一两　　　　　　　　　　·
> 右伍长（肩水金关汉简 73EJT23：975）
> 4. 觻得万年里任广汉**大奴有**（肩水金关汉简 73EJT24：99）

从肩水金关汉简 73EJT4：83、73EJT4：112 号简可知刁广拥有私奴婢大奴记和大奴福；从 73EJT23：975、73EJT24：99 号简知万年里任广汉拥有私奴婢大奴有和大奴据。

简牍所见的雇佣活动，薛英群曾总结为三类，一是受雇于人，代人戍边；二是戍卒受雇赁家打零工；三是贫苦者受雇赁家。② 这些雇佣劳动者都是自由民，"户籍上仍然是国家的编户齐民"。③ 虽然传

---

① 何兹全：《中国社会史研究导论》，商务印书馆 2019 年版，第 286 页。

② 薛英群：《居延汉简通论》，甘肃教育出版社 1991 年版，第 349－352 页。

③ 朱绍侯：《朱绍侯文集》，河南大学出版社 2005 年版，第 193 页。

世文献以及出土文献都有未成年人雇佣的资料,①但如Ⅱ90DXT0113②∶120+54 号简这样具体直观,未成年奴婢按日作价受雇参加劳作赚取佣金,这还是首次得见。简文实际上指出存在第四种雇佣活动,即雇佣奴婢劳作。这则缀合提供了新的经济史材料,对于研究秦汉时期的经济活动以及儿童史无疑都具有重要的价值。

二、雇佣的原因与对象

悬泉置雇佣童工使奴、使婢的原因比较复杂,主因当是悬泉置人手的缺乏已经无法保障日常活动,故需要雇佣私奴婢以维持日常运转。悬泉汉简Ⅱ90DXT0111①∶224 号简就记载了悬泉置人手相当紧张,如下:

　　　　县泉置啬夫博,叩头死罪死罪,置受□□敦煌北乡南乡十月十一月逋十人,直钱

　　　　八千,迫大客且到,用度不足,博叩头死罪死罪,唯君哀怜,博叩头叩头死罪死罪(悬泉汉简Ⅱ90DXT0111①∶224)

张俊民对此简有很好的解读,他认为:"一边是人手不足,敦煌北乡等两个月欠其 10 个人手;一边是又要面临任务比较艰巨的接待工作,'大客且到、用度不足'。造成悬泉置啬夫博比较狼狈的原因是敦煌县的北乡和南乡,在两个月内逋欠悬泉置 10 名人员。这 10 个人应该到悬泉置做工服役。人不到岗不要紧,能将逋欠的所谓'御钱'八千给悬泉置也可以,悬泉置可以拿钱雇人。实际上是人没到岗、应出的钱也没给,作为悬泉置啬夫的博在将要进行大的接待工作时,只好将其可怜的处境以文书形式进行上报,希望上司体察其难处,助其

---

① ［日］铃木直美:《秦简中所见的童工——兼及对家庭内部的多样性以及社会的流动性之理解》,《法律史译评》(第九卷),中西书局 2021 年版。

解决面临的困境。按照对悬泉置啬夫人名所做的检讨,悬泉置啬夫博的任职时间在建平五年(元寿元年,公元前 2 年)前后。"①由于新缀简也在西汉晚期,与Ⅱ90DXT0111①∶224 相差不远,自然可以对比研究。正是由于悬泉置的缺人,这才雇佣童工"使奴""使婢",一方面价格低廉,另一方面也能缓解人手短缺的问题。

　　悬泉置人手缺乏的主要原因是来往人员较多,接待任务很重。悬泉置"接待的过往人员除朝廷使者、行边御史、太守、都尉、司马等高级官员外,尚有西域各国如大月氏、乌孙、车师、莎车、且末等国的贵人、使者,规模有时多达 100 余人,并有朝廷官员护送"。②张俊民认为:"使者或使团多至百人以上,其所需车马人员、物质供给,一切所需,可以想见当时是何等的壮观……为了满足传递文书、过往人员换乘之需,悬泉置有一定数额的传马,不同时期传马的数量还有不同的变化,至多时有 40 余匹。"③由于悬泉置是丝绸之路的重要节点,故其规模也是很大的,考古发现的"遗址包括主体建筑、灰区、马厩及其附属建筑,总占地面积 22 500 平方米……悬泉置占地面积大,建成带有对称角楼的坞堡院落,院内四周均建有各种不同规格的房舍,院外建有大型马棚"。④

　　鉴于悬泉置往来人员多,机构规模大,可以想象悬泉置常备人员的需求量也是很大的。比如悬泉汉简Ⅰ90DXT0112③∶69 号简所记内容就是很好的参考,摘录如下:

　　　　出牛肉百八十斤,以过长罗侯军长史廿人,斥候五十人,凡

①　张俊民:《悬泉汉简:社会与制度》,甘肃文化出版社 2021 年版,第 164 页。
②　何双全:《汉悬泉置遗址发掘获重大收获》,《双玉兰堂文集》,兰台出版社 2001 年版,第 33 页。
③　张俊民:《简牍学论稿:聚沙篇》,甘肃教育出版社 2013 年版,第 92、143、272 页。
④　甘肃省文物考古研究所:《甘肃敦煌汉代悬泉置遗址发掘简报》,《文物》2000 年第 5 期。

七十二人。（悬泉汉简Ⅰ90DXT0112③：69）

该简是悬泉置接待长罗侯常惠军吏的一个汇总记录，从简文可知接待规模达到了 72 人，"这些人员中有长史、军候丞、司马丞、斥侯及施刑士等。悬泉置为招待这些吏卒置办了牛、羊、鸡、鱼、酒、豉、栗、米等各种食品"。① 如果想招待好这 72 人的长罗侯军吏团的饮食生活以及车马维护等，悬泉置下属的人手需求量应该是很大的。

由于是效谷县负责悬泉置的后勤供给，面对悬泉置的大规模需求，效谷县并不能保证悬泉置的稳定供给体系。我们在悬泉汉简中经常见到悬泉置物资短缺需要效谷县廷紧急调配的记载，摘录如下：

　　1. 六人乘传当食酒肉，案厨毋见酒、牛、羊、肉＝脯、鸡、豘，唯廷调给（悬泉汉简Ⅰ91DXT0309③：187）

　　2. 升五穬麦，少，不足以食十一月当食者，唯廷调转给，敢言之（悬泉汉简Ⅰ91DXT0309③：191－60）

　　3. 神爵三年九月甲子，县泉置啬夫弘敢言之：廷置毋见谷，就家多受种如毋以食传马及当食者，唯廷召遣，敢言之（悬泉汉简Ⅰ91DXT0309③：65－137）

　　4. ☐置毋见钱，唯廷以钱☐（悬泉汉简Ⅰ90DXT0112③：34）

　　不可以，过客菲尽，酒肉度少，唯廷为调肥牛肉、肥羊☐（悬泉汉简Ⅰ90DXT0112③：88）

　　5. ☐夏衣唯廷调给敢言之（悬泉汉简Ⅱ90DXT0111①：100）

　　6. 五十里官牛皆罢，亟，人少力不足，唯廷调给牛（悬泉汉简Ⅱ T0114③：416）

从摘录简文可知悬泉置的日常供给很不稳定，据Ⅰ91DXT0309③：187 号简，6 个人的吃食，悬泉置亦无法直接供给，需要效谷县廷

---

① 胡平生、张德芳：《敦煌悬泉汉简释粹》，上海古籍出版社 2001 年版，第 232－233 页。

调给;据Ⅰ91DXT0309③:191-60号简,悬泉置已无法供给"当食者"11月份的粮食;据Ⅰ91DXT0309③:65-137号简,悬泉置甚至无法保障"传马"的粮草;据Ⅰ90DXT0112③:34、Ⅱ90DXT0111①:100号简,可知悬泉置钱、衣服都很短缺;据ⅡT0114③:416号简,"人少力不足"说明悬泉置人手短缺很严重。凡此种种,都说明悬泉置在日常运转中,人、钱、物的短缺是经常发生的。"使奴""使婢"被雇佣,就是在悬泉置运转困难、人手紧张的背景下产生的。

虽然平民也可以拥有奴婢,但参考西北简中的家属符文献,人员规模是以小家庭为主,边地普通家庭拥有奴婢的很少,仅橐他中部候长程忠记载拥有奴婢1个。① 结合边地的生存环境,即使平民拥有奴婢,鉴于家庭实力,可能数量也有限,大量的奴婢还是以当地的官吏所拥有。何兹全就曾认为:"汉代的奴隶,很多是家内奴隶。特别是达官贵族,奴隶众多,家内奴隶更多。"②悬泉汉简也曾有相关记载,摘录如下:

> 出米一斗二升,十月乙亥,以食金城枝阳长张君夫人、奴婢三人,人一食,东。(悬泉汉简Ⅱ0213②:112)③

Ⅱ0213②:112号简记载张君夫人一人就带了3个奴婢出行,出现了"用官府粮食超范围接待个人的情况","此次招待对象是金城郡枝阳县县长的妻子与奴婢一行四人,或是至官舍就夫,或是自枝阳外出,无论哪种,均不是什么公务,而是私人或家庭事务"。④ 由此我们可知边地官员家拥有奴婢的数量是可观的,加之悬泉置人手需求

---

① 姚磊:《肩水金关汉简所见家属符研究》,《出土文献与法律史研究》(第9辑),法律出版社2020年版,第325-331页。
② 何兹全:《中国社会史研究导论》,商务印书馆2019年版,第304页。
③ 胡平生、张德芳:《敦煌悬泉汉简释粹》,上海古籍出版社2001年版,第74页。
④ 侯旭东:《汉家的日常》,北京师范大学出版社2022年版,第174-175页。

量大,推测新缀简"使奴""使婢"的主人很可能是边地的官吏。如果结合悬泉置的距离分析,最有可能是效谷县吏员家的私奴婢,即悬泉置雇佣的是效谷县官员家的私奴婢。雇佣私人奴婢进行劳作,一般应该明载在契约上。① 从新缀简"庸使奴作一日贾十钱"简文内容来看,新缀简可能是雇佣契约的一个文书残件。由于发现地在悬泉置,应是驿站所有的文书,据此推测是悬泉置雇佣奴婢进行劳作,所以这些私奴婢在此非"家用",而是从事"官用"。换言之,即官员家的私奴婢从事官方性质的劳作。

三、使奴、使婢的来源及劳作

秦汉奴婢的来源,有罪犯收人、掠卖、俘虏、奴产子四种形式,②考虑到"使奴""使婢"他们的年龄较小,很可能是"奴产子"或"家生奴",因为"奴婢有不完全的婚姻权,允许奴婢间婚姻并生儿育女"。③ 同时他们的奴隶身份也是世代承袭的。如上文所列从悬泉汉简Ⅱ90DXT0113①：63 号简,同时出现的"使奴姚敞""使婢姚财"无疑是同属于一家的奴婢。上文所列Ⅱ90DXT0111①：216 号简一家之主是官大奴姚则,家庭成员有大婢财、小奴木榆、小婢南来,其中大婢财可能是姚则的妻子,也是小奴木榆、小婢南来的母亲。上文所列 73EJT7：79 号简"一月用食五石四斗"是成年男性 3 人的禀食标准,如下：

> 1. 出麦五石四斗,以食监常乐等三人三月食(削衣)(肩水金关汉简 73EJT5：113)

---

① 梁庚尧:《中国社会史》,东方出版中心 2021 年版,第 110 页。
② 文霞:《秦汉奴婢的法律地位》,社会科学文献出版社 2016 年版,第 103 – 110 页。
③ 李均明:《张家山汉简奴婢考》,《国际简牍学会会刊》(第 4 号),兰台出版社 2002 年版,第 4 页。

2. 出粟五石四斗,以食官大奴三人,积九十人=(人,人)六升(敦煌汉简未编8)①

73EJT7:79号简记载1位成年男性,2位成年女性,1位幼童,参考西北简中的家属符文献,这样的人员构成颇像是一个奴婢家庭。"大婢"2人与"未使奴"1人可能被折合为成年男性2人看待,抑或"未使奴"由于年龄小,故未对其安排粮食。从肩水金关汉简73EJT24:132号简大奴便、大婢利、小婢宫乳分析,他们同属满顺家的私奴婢,故为一个奴婢家庭的可能性很大。

西北汉简中有很多简涉及了奴婢的劳作,摘录如下:

1. 敢言之,北曲阳里男子靳宗与大奴宜君、大奴宜为家私使(肩水金关汉简73EJT9:44)

2. 五凤元年六月戊子朔己亥,西乡啬夫乐敢言之,大昌里赵延自言,为家私使居延,与妻平、子小男偃登、大奴同、婢櫟绿,谨案延、平、偃登、便同、绿毋官狱征事,当得取传,乘家所占用马五匹,轺车四乘,谒移过所肩水金关居延,敢言之。

六月己亥,屋兰守丞圣光移过所肩水金关居延,毋苛留,如律令。/掾贤守令史友(肩水金关汉简73EJT37:521)

3. 南阳阴乡啬夫曲阳里大夫冯均年廿四,大奴田兵二轺车一乘骓騩牝马一匹(肩水金关汉简73EJT23:53)

4. 本始三年十二月丙子朔甲辰,中乡啬夫汤敢言之□☑

取传,田畜张掖居延界中,与大奴便√始□乘所占畜马二匹、轺车……

等算簿臧乡官者,皆毋官狱征事,当得取传,谒言廷移过所县邑门亭(肩水金关汉简73EJT24:97+73EJT30:64+73EJT30:11)

①　白军鹏:《敦煌汉简校释》,上海古籍出版社2018年版,第322页。

从肩水金关汉简 73EJT9：44、73EJT37：521 号简知大奴宜君、大奴宜与他们的主人北曲阳里男子靳宗，大奴同、婢㯥绿与他们的主人大昌里赵延一起"为家私使"，从事贸易活动；从 73EJT23：53 可知大奴田兵与他的主人曲阳里大夫冯均一起出行；从 73EJT24：97＋73EJT30：64＋73EJT30：11 可知大奴便、大奴始与他们的主人"田畜张掖居延界中"，从事农牧业活动。

具体到"使奴""使婢"的劳作内容，涉及的史料太少，除去名籍简外，我们目前能看到的材料仅有数例，摘录如下：

1. ▨四年三月甲辰朔，北部守候长（A）

▨年七月关阵人人人人时人　使奴到（B）（肩水金关汉简 73EJT23：865）

2. 入官大奴一人，受使奴转效谷，七月壬戌尽九月辛卯，八十九日积八十九人（悬泉汉简Ⅰ90DXT0112②：9）

3. 都水卒四人十一月十二月正月食　徒七人十一月十二月□

徒五人十一月十二月／受鱼离　　使奴一人鱼离（悬泉汉简Ⅰ90DXT0112②：19）

悬泉汉简Ⅰ90DXT0112②：9、Ⅰ90DXT0112②：19 号简由于是禀食统计记录，故无法推测使奴从事的活动，但确实可知边地存在使用"使奴"从事劳作。从肩水金关汉简 73EJT23：865 号简分析，使奴可能是从事邮书传递的工作。我们在相关的简牍中也发现奴婢被广泛运用到邮书传递活动中，摘录部分简文如下：

1. 入东板檄一，敦煌长史诣广至，十二月戊午夜且半时，受遮要御王同，即时遣奴便行，付鱼离（悬泉汉简Ⅱ90DXT0111①：184）

2. 入西蒲书一,封板檄一,其书一封,破旁封,礇厥诣敦煌府,板檄一,孙章私印,诣望卒尉丞□□,十月庚戌日中时,鱼离奴万以来,即时御赵忘行(悬泉汉简Ⅱ90DXT0112③：148)

3. 建平元年九月庚寅朔丁未,掾音敢言之：官大奴杜胜自言：与都尉五官掾石博

葆俱移簿大守府,愿已令取传,谒移过所县道河津关,毋苛留,如律令,敢言之。(肩水金关汉简73EJT37：780)

从Ⅱ90DXT0111①：184、Ⅱ90DXT0112③：148、73EJT37：780号简可知奴便、奴万、奴杜胜从事的都是邮书传递工作。当然,也有奴婢从事其他性质的劳作,摘录如下：

1. 官大奴姚屋弋官大奴姚屋弋　出钱六百买牛肉六十　出钱五百买肉五十(悬泉汉简91DXC：19)①

2. 入钱五百廿三钱,以给卒作席入。神爵二年六月乙丑,县泉奴御方户李谭、安世受渊泉置啬夫□。(悬泉汉简Ⅱ90DXT0314③：83)②

3. 入糜二,马一匹送都吏。元始二年六月壬寅,县泉奴狗奴受遮要(悬泉汉简Ⅱ90DXT0114②：110)③

从91DXC：19号简可知官大奴姚屋弋从事的是物资采购的工作,像这种活动无疑是一种肥差,大致不会落到"使奴""使婢"的身上;从Ⅱ90DXT0314③：83号简可知悬泉奴从事"御",即驾驭车马类的工作;从Ⅱ90DXT0114②：110号简可知悬泉奴狗从事迎送过客的工作。

---

① 张俊民：《敦煌悬泉置出土文书研究》,甘肃教育出版社2015年版,第84页。
② 郝树声、张德芳：《悬泉汉简研究》,甘肃文化出版社2009年版,第22页。
③ 郝树声、张德芳：《悬泉汉简研究》,甘肃文化出版社2009年版,第26页。

　　悬泉置有置、厩、传舍、厨四个机构，除去邮书传递外，结合其附属机构性质与任务，其还有迎送过客、喂养牲畜、修葺馆舍、车辆保修、粮草转运、警卫保护、客房清扫、餐饮服务等劳作活动，使奴、使婢大致是按照悬泉置的实际工作情况，被使用在这些日常工作中。湖北江陵凤凰山西汉简牍中也记载有奴婢参与很多的劳作内容，其中"男奴从事驾车、骑从警卫及拜谒事务……女婢从事侍候女主人及炊厨事务"。[1] 这也给我们思考使奴、使婢的劳作提供了线索。

　　综合以上的考证，"使奴"可能从事邮书传递、迎送过客、驾驭车马、喂养牲畜、修葺馆舍、车辆保修、粮草转运、警卫保护等需要一定体力的工作，"使婢"可能从事客房清扫、餐饮帮厨类似的馆舍生活以及伺候女宾等性质的服务工作。可以预想的是，由于他们的身份低贱，"使奴""使婢"的劳作强度应是比较大的。

四、雇佣价格的高低

　　从新缀简把使奴、使婢劳作一日的价钱分开书写分析，两者劳作的报酬应该是有差异的，如果价格相同，则不应该分开书写。大概是工作性质和强度不同，让使奴与使婢的酬金存在了差异，很大可能是使奴高于使婢。悬泉汉简便有男女佣钱的差异，如下：

　　　取庸八十九人　其卅九人女子人廿七　卅人男子人卅五食八石九斗＝十二（悬泉汉简Ⅰ90DXT0112①：23）

　　Ⅰ90DXT0112①：23 号简"所记内容是雇佣的账簿，其中女子卅九人，每人 27 钱，男子卅人，每人 45 钱"。[2] 从中可以清晰的看出男

① 　李均明：《张家山汉简奴婢考》，《国际简牍学会会刊》（第 4 号），兰台出版社 2002 年版，第 3 页。
② 　张俊民：《敦煌悬泉置出土文书研究》，甘肃教育出版社 2015 年版，第 81 页。

女庸价存在高低差异,男性比女性高了18钱。

新缀简简文明言"庸使奴作一日贾十钱",清晰的标出了雇佣的价格,这个"一日贾十钱"的标准虽然符合服虔注"以当为更卒,出钱三百,谓之过更"的日钱说,[①]但不能作为"整个汉代雇佣劳动标准价格的代表数据"。[②] 考虑到这枚简出土于边郡,雇佣价格自然应该与内地有很大不同,尤其是雇佣的还是未成年的奴婢,当更加全面的考察这个雇佣价格的高低。故我们从鸡价、吏俸、佣价、日常物价四个方面进行对比,以期有深入的认知。

首先,我们以边郡的鸡价作为参照对象,来对比这个雇佣价格的高低。为方便研究,特列表如下:

表1　边郡鸡价表

序号	鸡价/只	内　　容	出　　处
1	80	买鸡三只直钱二百冊率只八十	Ⅰ 90DXT0112③:125
2	78.4	买鸡十五只一枚直钱千二百一十五	Ⅰ 90DXT0112③:129
3	200	出钱二百鸡一只给厨	Ⅰ 90DXT0114①:43
4	133.3	出钱四百鸡三只胡堆买	Ⅰ 90DXT0114①:43
5	36	出百八十买鸡五只	EPT51:223
6	100	鸡一直百　候长王卿取	ESC:83
7	70	鸡直七十	73EJT8:29

经对比边郡鸡价表可知,边郡鸡价存在波动,最低价36/只,最

---

① (汉)班固:《汉书》卷35《吴王刘濞传》,中华书局1962年版,第1905页。
② 宋杰:《汉代雇佣价格辨析》,《北京师院学报》1988年第2期。

高价达 200/只,均价 99.67/只。如果按照鸡的均价推算,"一日贾十钱"的雇佣价格在边郡绝对算是低收入了,需要"使奴"连续工作 10 天才值一只鸡钱。

其次,我们参考边郡吏员的俸钱。赵宠亮研究后曾划分为 7 个等级,我们在其"戍吏俸额一览表"基础上稍做调整,[①]列表如下:

表 2　边郡部分戍吏俸额表

序号	俸钱/天	职　　位	备　　注
1	400	居延都尉	
2	200	候	
3	67	塞尉	
4	40	士吏/候长	候长增俸后 60/天
5	30	令史	
6	20	候史/尉史/隧长[②]	增俸后 30/天
7	12	书佐	

经对比可知,边郡吏员的俸钱差异较大,最低价 12/天,最高价 400/天,均价 110/天。"一日贾十钱"的雇佣价格自然是无法与高级吏员相比的,虽然与下层吏员俸钱相差不多,但工作环境与强度是有云泥之别的。

再次,我们参照悬泉汉简所记的雇佣价格,列表如下:

---

① 赵宠亮:《行役戍备:河西汉塞吏卒的屯戍生活》,科学出版社 2012 年版,第 269 - 270 页。

② 赵宠亮把"隧长"列为第七等,然隧长俸禄每月"600"钱居多,故调整到第六等。

表3　悬泉汉简所见雇佣价格表

序号	庸价/天	内　　容	出　　处
1	23	庸六月司御贾钱七百前入四百七十	ⅤT1311③∶109①
2	37	御石梁七月丁亥作尽八月五日积一月当得钱千一百毕	ⅤT1211③∶75②
3	17	妻余□作积五十八日贾直千	Ⅱ90DXT0111①∶197
4	13	十月十一月逋十人直钱八千	Ⅱ90DXT0111①∶224

　　经对比可知,悬泉置的庸价低价13/天,最高价37/天,均价23/天。"一日贾十钱"的雇佣价格无疑是目前所知悬泉置最低的,可以说是非常廉价。

　　最后,我们摘录张俊民对悬泉汉简所列的日常物价表,③列表如下:

表4　悬泉汉简所见部分物品价格表

序号	价格	物品名称(单位)
1	1 500	白练袭(领)
2	56/160	粟(石)
3	900	黄丸方(领)
4	42	笼子(只)
5	100/117	槀(石)
6	102/105	茭(石)
7	1 000	皂袭(领)

备注:摘选了与新缀简时代相近的汉成帝、汉哀帝时期的相关物品价格,如相同物品,最低最高价均录入。

———————————

① 　张俊民:《敦煌悬泉置出土文书研究》,甘肃教育出版社2013年版,第23页。
② 　张俊民:《敦煌悬泉置出土文书研究》,甘肃教育出版社2013年版,第23页。
③ 　张俊民:《敦煌悬泉置出土文书研究》,甘肃教育出版社2013年版,第36、37页。

经对比可知，"庸使奴作一日贾十钱"的报酬，相较这些物品价格来看，确实是十分低廉。我们以"粟"作为分析，即使最低价 56 钱／石，也需要连续 6 天工作才可以买入 1 石，如果赶上粟价高时，使奴需要连续工作 16 天才可以买入 1 石，甚至普通日常使用梳发的"箆子"，①也需要连续工作 4 天才能买入。

综上，对比分析可知"使奴一日贾十钱"的雇佣价格在边郡属于较低的等级，"使婢"由于比"使奴"价格还要低，待遇无疑更加恶劣。李孔怀在研究汉代佣价时，有"生产性劳动，又在边郡，所以工钱较高"的结论，②可见边郡在雇佣"奴婢"时，并未因"生产性劳动"或"边郡"因素就提高雇佣的价格，这对我们思考奴婢雇佣及内地与边郡的价格差异都有很大的启发性。对于秦汉未成年人的雇佣活动，王子今认为："秦汉未成年人参与劳作，多有因奴婢身份在阶级压迫下经历苦难的情形。"③新缀简无疑是这一结论的注脚，鲜明的说明未成年人以非常低廉的价格在从事社会劳作。

五、余论

鉴于秦汉时期奴婢问题的复杂性，一方面，"汉时奴婢与货财同类"，④"奴婢没有人身自由，也就不具有独立的人格，如同马牛羊一样属于主人的财产"，⑤"他们所创造的价值自然属于他们的主人"。⑥ 另一方面，"中国的奴隶自古以来都是可以拥有财产的，这较

---

① 孙机：《汉代物质文化资料图说》（增订本），上海古籍出版社 2011 年版，第 300 页。
② 林甘泉主编：《中国经济通史·秦汉经济卷》，中国社会科学出版社 2007 年版，第 380 页。
③ 王子今：《秦汉儿童的世界》，中华书局 2018 年版，第 291-292 页。
④ 沈家本：《历代刑法考》，商务印书馆 2011 年版，第 356 页。
⑤ 王彦辉：《从张家山汉简看西汉时期私奴婢的社会地位》，《东北师范大学学报》2003 年第 2 期。
⑥ 冯卓慧：《汉代民事经济法律制度研究》，商务印书馆 2014 年版，第 12 页。

之罗马古法和日耳曼古法中的奴隶绝对没有人格(权利能力),有着显著的差异",①"秦汉时期,大多数奴婢一无所有,但也不乏拥有个人财产的奴婢"。② 加之奴婢身份的"二重性","既是主家的财物,又是主家的'家人'"。③ 所以"一日贾十钱"的佣金是付给使奴本人,还是使奴的主人,抑或是使奴与其主人共同分割? 尚有很大的讨论空间。因为这牵涉"奴婢在何种程度上拥有财产权? 主人是否对奴婢财产有支配权或在多大程度上有支配权?"的问题。④ 悬泉汉简Ⅱ0214③∶5号简,提供了一个思路,摘录简文如下:

> 长罗侯仓头李渠子,当责效谷千人丞许得之、骑士乐成里杜延年、安处里赵中君、昌里杜中对钱八千。(悬泉汉简Ⅱ0214③∶5)⑤

张德芳认为:"仓头是汉人对奴婢的称谓。该简是长罗侯仓头李渠子与当地人发生债务关系的记录。"⑥身为奴婢的李渠子要向许得之、杜延年、赵中君、杜中对四人索要8 000钱,这个额度是很大的,约等于10人工作2个月的佣钱(Ⅱ90DXT0111①∶224),可能正是因为数额大,四人才不愿意兑付给长罗侯仓头李渠子,其中许得之还有官职"千人丞",是都尉的属官。⑦ 说明奴婢确实拥有自己的私财,而且如果吏员或平民赊欠奴婢的钱财,奴婢还可以通过官方途径进行索讨。

虽然奴婢附属于主人,其所得到的劳动报酬应该归其主人所有,

①　[日] 仁井田升著,牟发松译:《中国法制史》,上海古籍出版社2011年版,第96页。
②　文霞:《秦汉奴婢的法律地位》,社会科学文献出版社2016年版,第162页。
③　钟良灿:《家国之间:秦汉时期的私家奴婢》,《史学月刊》2022年第5期。
④　周峰:《对汉代奴婢放良及相关问题的考察》,《湖南大学学报》2007年第1期。
⑤　胡平生、张德芳:《敦煌悬泉汉简释粹》,上海古籍出版社2001年版,第140页。
⑥　郝树声、张德芳:《悬泉汉简研究》,甘肃文化出版社2009年版,第231页。
⑦　陈梦家:《汉简缀述》,中华书局1980年版,第42页。

但为了提高奴婢的工作积极性,主人也会拿出一部分钱财给奴婢,即奴婢与其主人共同分割劳动所得。《史记·货殖列传》记载:"齐俗贱奴虏,而刀闲独爱贵之。桀黠奴,人之所患也,唯刀闲收取,使之逐渔盐商贾之利,或连车骑,交守相,然愈益任之。终得其力,起富数千万。故曰'宁爵毋刀',言其能使豪奴自饶而尽其力。"①刀闲把自己的一部分利益分摊给"桀黠奴"等奴婢,允许他们"自饶",从而达到奴婢"尽其力"的效果。② 再如白圭经商时,"与用事僮仆同苦乐,趋时若猛兽挚鸟之发"。③ 其中的"与用事僮仆同苦乐"也是利益与奴婢共享。在劳动强度较大的边地,为了更好的完成工作,"一日贾十钱"的佣金很大可能是使奴与其主人共同分割。奴婢通过这些劳动所得的报酬可以进行赎买,改善自己为奴的生活乃至自赎摆脱奴籍。

　　考虑到"庸使奴作一日贾十钱"的报酬已经很低,如果劳作收益再与主人分割,奴婢们所获无疑更少,他们生活的困苦与艰辛可想而知。上文已论,悬泉置所雇佣奴婢的主人很可能是效谷县的官员,而效谷县又是悬泉置的主管机构,这种情况可能也会衍生出基层腐败。悬泉置人手物资短缺,而县廷官员"恰好"把自己的奴婢用作驿站服务而收取佣金,这势必影响驿站的效率及日常运转。至于产生这种情况的原因"在于它们是置传机构,广言之,是官吏制度的寄生品"。④ 由此,新缀简也带给我们对汉代边地基层治理方面新的认识。

---

① (汉) 司马迁:《史记》卷 129《货殖列传》,中华书局 1959 年版,第 3279 页。
② 白寿彝主编:《中国通史》(第 4 卷),上海人民出版社 2007 年版,第 552 页。
③ (汉) 司马迁:《史记》卷 129《货殖列传》,中华书局 1959 年版,第 3259 页。
④ 侯旭东:《汉家的日常》,北京师范大学出版社 2022 年版,第 193 页。

甲、金、简牍法制史料
汇纂通考专题

卜辞所见的拘系动词

周　博*

内容摘要：本文从字形、用法等方面对殷墟卜辞所见的鞠、梏、係、牵、执等拘系动词进行了系统的梳理，并对与之相关的其他动词略有探讨。结合同版内容、受事主体等的分析，这些拘系动词所表示的拘系行为大致可划分为军事、法制、田猎三类，彼此性质不同。对于研究法制史而言，区别不同行为及其性质十分重要，宜需仔细甄别，但亦属不易。

关键词：卜辞　商代　拘系　法制

　　殷墟卜辞中有表拘系意义的动词，对于研究商代的拘系行为及其性质具有重要的价值，以往学界对之关注较多，也取得了丰硕的研究成果，但是在区别性质方面也存在着不足，加之古文字考释、甲骨缀合等成果的不断涌现，有些仍需再做探讨。本文拟在前人研究成果的基础之上，对卜辞所见的拘系动词做一系统梳理，如有不当之处，祈请各方家指正。

＊　周博，南昌大学国学研究院讲师，华东政法大学在站博士后。本文撰作得到国家社会科学基金青年项目"金文所见西周军事防御体系研究"（21CZS007）资助。

一、鞫、梏

甲骨文中的"鞫"字，作" "（《合集》5939）、" "（《合集》6566 反）、" "（《合集》28085）。① 以往学界多释为"执"，近年赵平安先生据战国秦汉竹简文字将之改释作"靮（籍、鞫）"，分析其字"左上象颈枷，左下象手铐，右边为人形，字象人戴上颈枷手铐之形"。② 赵先生对于字形脉络的梳理较为清晰，获得了诸多学者的认可，③今亦从其说。

清华简《皇门》简 10 有一字作" "，刘云先生认为该字与上述甲骨文同字，左边上口下牵，右边则是"增加了羡符（笔者按：即口）并略有讹变的'丮'"。④ 李家浩先生则提出右边"丮"下是"由"而非"古"，"由"是赘加的声符。⑤ 从上古音来看，鞫、由声纽分别是见母、喻母，韵部可对转（觉、幽）。见、喻二母可以相谐，如"姬"，《说文》"从女臣声"。⑥ 姬、臣古音皆在之部，声纽分别是见母、喻母。而"古"与"鞫"的韵部似有一定的距离。另外，陈剑先生亦曾指出："'古'与'由'相混同的情况到战国时代更加严重，单纯从字形上加以分辨已经很困难。"⑦综合来看，刘、李二位先生之说皆有一定的道理，" "可能是"鞫"的异体字。

---

①　郭沫若主编，胡厚宣总编辑：《甲骨文合集》，中华书局 1978－1983 年版。本文简称《合集》。

②　赵平安：《释"靮"及相关诸字》，原载《语言》（第 3 辑）（首都师范大学出版社 2002 年版），收入《文字·文献·古史：赵平安自选集》，中西书局 2017 年版，第 52－57 页。

③　如《新甲骨文编》即从其说，参见刘钊主编：《新甲骨文编》（增订本），福建人民出版社 2014 年版，第 608 页。

④　刘云：《清华简文字考释四则》，《考古与文物》2012 年第 1 期。

⑤　李先生之说见刘云：《清华简文字考释四则》注释 15，《考古与文物》2012 年第 1 期。

⑥　许慎：《说文解字》（卷十二下），中华书局 1963 年版，第 258 页。

⑦　陈剑：《释"屮"》，刘钊主编：《出土文献与古文字研究》（第 3 辑），复旦大学出版社 2010 年版，第 60 页。

"梏",甲骨文字形作"🜲"(《合集》5936)、"🜲"(《合集》5938)。学界以往将之释作"执",赵平安先生改释为"梏",分析字形道:"象颈枷手铐之形,可能就是梏的本字。"① 王子杨先生将之与甲骨文"鞠"的字形做一比较,认为其字应该是从后者的形体而来,"'执'与'牵'的关系可以类比"。② 二位先生之说可以信从。

鞠、梏二字音、义皆近。梏,《说文》"从木告声"。③ 赵平安先生曾分析道:

> 上古告和鞠、鞠声韵相同(见纽觉部),告声字与鞠、鞠每每通用。如《礼记·文王世子》:"亦告于甸人。"郑注:"告读为鞠。"《易·大畜》六四:"童牛之牿。"马王堆汉墓帛书牿作鞠。梏有械系、拘禁的意思。《左传》庄公三十年:"斗射师谏,则执而梏之。"又襄公六年:"子荡怒,以弓梏华弱于朝。"《山海经·海内西经》:"贰负之臣……杀窫窳,帝乃梏之疏属之山。"正用此义。卜辞靮和梏的这一用法完全相同,并且能为字形结构所证明。④

赵先生从音、义两个方面论证了鞠、梏的密切关系。虽然鞠往往训作审讯问罪,但从字形与用法来看,结合王子杨先生之说,鞠之本义当指拘系,其后引申为审讯问罪,遂加意符"言"。⑤ 因此,鞠、梏所

---

① 赵平安:《释"靮"及相关诸字》,原载《语言》(第3辑)(首都师范大学出版社2002年版),收入《文字·文献·古史:赵平安自选集》,中西书局2017年版,第55-56页。

② 王子杨:《甲骨文字形类组差异现象研究》,中西书局2013年版,第115页。

③ 许慎:《说文解字》(卷六上),中华书局1963年版,第125页。

④ 赵平安:《释"靮"及相关诸字》,原载《语言》(第3辑)(首都师范大学出版社2002年版),收入《文字·文献·古史:赵平安自选集》,中西书局2017年版,第55页。按:《山海经·海内西经》郭璞注:"梏,犹系缚也。"参见郝懿行:《山海经笺疏》,上海古籍出版社2019年版,第231页。

⑤ 参见赵平安:《释"靮"及相关诸字》,原载《语言》(第3辑)(首都师范大学出版社2002年版),收入《文字·文献·古史:赵平安自选集》,中西书局2017年版,第57页。

表示的很可能是关系密切的一对亲属词，或是同源词。赵先生将卜辞中作动词的"鞠"读为梏，似可不必。

甲骨文中常见"告鞠"一词，辞例一般作"告鞠于某"，"某"包括了南室，河、上甲等商人祖先，往往伴随着用牲。赵平安先生认为"告鞠"应即古书"告凶"之类，"鞠"训作穷，"是指一种窘迫、痛苦、凶险的生存状态"。① 其说颇为可信，相关材料属于祭祀卜辞，与法制无涉。杨升南先生《甲骨文法律文献译注》从旧说，将相关材料归在法制文献，②似非合宜。除了"告鞠"外，"鞠"还单独用作动词，有表拘系之义的用法，如：

（1A）壬辰卜，㱿贞：或戋（翦）洗（姚）③方。

（1B）甲午卜，宾贞：光其㞢（有）忧。二月。

（1C）甲午卜，宾贞：光亡忧。王占曰：㞢（有）求（咎），［兹］𤉕［鞠］光。

（1D）甲午卜，☒。（正面）（《拼五》1053＝《合集》6566 正＋《簠文》28＋《笏一》35④，典宾）

（1E）王占曰：㞢（有）求（咎），兹𤉕鞠光。

（1F）［王］占曰：惠既。（《合集》6566 反，典宾）

《合集》6566 反重见于《合集》17703、《合补》5047，⑤但后两版内

---

① 赵平安：《释"靪"及相关诸字》，原载《语言》（第 3 辑）（首都师范大学出版社 2002 年版），收入《文字·文献·古史：赵平安自选集》，中西书局 2017 年版，第 54－55 页。

② 杨升南：《甲骨文法律文献译注》，收入刘海年、杨一凡主编：《中国珍稀法律典籍集成》（甲编第一册），科学出版社 1994 年版，第 69－72 页。

③ "洗（姚）"从王子杨先生读，参见氏著：《甲骨文字形类组差异现象研究》，中西书局 2013 年版，第 230－241 页。

④ 莫伯峰先生缀合，参见黄天树主编：《甲骨拼合五集》，学苑出版社 2019 年版，第 50－51 页。本文简称《拼五》。

⑤ 彭邦炯、谢济、马季凡：《甲骨文合集补编》，语文出版社 1999 年版。本文简称《合补》。

容不全。壬辰日贞卜"或"能否消灭姝方，甲午日则占卜光的休咎。从正反对贞与占辞来看，商王并不希望光发生灾难，但在视兆象后判断出光将有灾咎发生，即"兹𦥑鞫光"。这里的"鞫"当训作拘系。从时间来看，壬辰、甲午间隔一天，所言事项或有关联。光可能参与了翦灭姝方的军事行动，所以商王关心其安危。"鞫光"表示光可能被姝方俘获。

（2A）辛巳贞：其鞫以至于商。

（2B）辛巳贞：其奠役①匄。

（2C）辛巳贞：弜奠于集。

（2D）辛巳。

（2E）兹用于土（社）。

（2F）辛巳：兹用于［土］（社）。

（2G）乙酉☐。

（2H）弜田。

（2I）己☐。（《合集》32183，历二）

　　（2A）的"鞫"用作动词，乃拘系之义。（2B）的"役匄"，裘锡圭先生解释为"原属役族的匄人"，（2B）（2C）"卜问是否奠他们于集或其他地方，大概也是为了让他们为商王服役"。② 而（2E）（2F）可能占卜是否将役匄用为祭牲献于社神。据此来看，辛巳日似乎主要围绕对"役匄"的处置而进行占卜，故（2A）中"鞫"的对象有可能指的亦是役匄，贞卜是否将他们拘系以送至商地，目的或是"作苦役"。③

①　此字从裘锡圭先生读，参见氏著：《说殷墟卜辞的"奠"——试论商人处置服属者的一种方法》，《裘锡圭学术文集》第五卷《古代历史、思想、民俗卷》，复旦大学出版社2012年版，第180－181页。

②　裘锡圭：《说殷墟卜辞的"奠"——试论商人处置服属者的一种方法》，《裘锡圭学术文集》第五卷《古代历史、思想、民俗卷》，复旦大学出版社2012年版，第181页。

③　杨升南：《甲骨文法律文献译注》，收入刘海年、杨一凡主编：《中国珍稀法律典籍集成》（甲编第一册），科学出版社1994年版，第72－73页。

需要说明的是，"鞫"作为动词，除了表拘系之义外，还有其他的用法，如：

(3A) 壬申卜：其示于祖丁，惠王鞫。

(3B) 甲戌卜：其鞫伊，又岁（刿）。

(3C) ☑ 又岁。兹用。

(3D) 乙亥卜：其于祖丁，其焚。（《合集》27306，无名）

壬申、甲戌、乙亥在干支表中分列第 9、11、12 位，三日前后相继。(3B) 与 (3A)、(3D) 的辞例相近，(3B) 的"其鞫伊"似即"其鞫于伊"，"伊"当系人名，既与祖丁对举，或为伊尹，杨升南先生解作"伊尹之后代子孙"，①盖非是。

(3A)(3B) 的"鞫"疑为祭祀动词，或谓祭名。《文选·幽通赋》"许相理而鞫条"李善注引毛苌《诗传》曰："鞫，告也。"②卜辞这里可能系告祭的另一种说法，也有可能是"告鞫"之省。(3B)(3D) 的"刿""焚"当为用牲之法。③

(4A) 鞫伊 ☑ 。

(4B) 弜鞫。（《合集》28085，无名）

(5) □卯卜，[贞]：弓（勿）鞫。（《英藏》535④ =《合集》39845，典宾）

(4A)(4B) 当是一组正反对贞的卜辞。(4A) 的"鞫伊"见于

---

① 杨升南：《甲骨文法律文献译注》，收入刘海年、杨一凡主编：《中国珍稀法律典籍集成》（甲编第一册），科学出版社 1994 年版，第 73—74 页。

② 萧统编，李善注：《文选》（卷十四），上海古籍出版社 1986 年版，第 642 页。

③ "刿"训割，乃杀牲之法，参见于省吾主编：《甲骨文字诂林》，中华书局 1996 年版，第 2406 页。

④ 李学勤、齐文心、艾兰：《英国所藏甲骨集》，中华书局 1985 年、1992 年版。本文简称《英藏》。

（3B），"鞫"的用法亦应相同。而（5）的"勿鞫"与（4B）的"弜鞫"辞例相同，用法亦或一致。赵平安先生将（4B）（5）的"鞫"皆读为"梏",①似不确。

在殷墟卜辞中，"梏"有表拘系之义的用法，如：

（6）辛丑卜，王：伓步，壬寅以梏戎方，不失人。（《天理》659②＝《合补》6648，自小）

与之辞例相近的如《合集》70（自小）："□寅卜，□贞：步□不失众。""失人"同"失众"，其中"失"的原篆作""""。陈剑先生指出此字为"'雉（失）众'和'雉（失）人'的'雉（失）'的通用字"。③ 王子杨先生赞同其说，指出自组、自宾间类卜辞中用该字表示"失众"之"失"。④

李发先生业已指出，（6）是关于商王朝征伐方方的战争卜辞，其中伓是"商王所属的一位多次与方作战的军事人物"。⑤ "戎"亦当为同时之商朝将领。⑥ 因此，（6）贞卜的是伓于壬寅日与戎"梏方"，我方人员是否会有丧失。"梏"当从赵平安先生的解释，意为"械系、拘禁"。⑦ "梏方"表示的是对方方的军事行动。

（7）［贞］：逸□光□梏□［得］。（《合集》5935，典宾）

---

① 赵平安：《释"𦎫"及相关诸字》，原载《语言》（第3辑）（首都师范大学出版社2002年版），收入《文字·文献·古史：赵平安自选集》，中西书局2017年版，第55页。
② 天理大学、天理教道友社：《天理大学附属天理参考馆藏甲骨文字》，日本天理教道友社1987年版。本文简称《天理》。
③ 陈剑：《殷墟卜辞的分期分类对甲骨文字考释的重要性》，《甲骨金文考释论集》，线装书局2007年版，第371－378页。
④ 王子杨：《甲骨文字形类组差异现象研究》，中西书局2013年版，第121页。
⑤ 李发：《甲骨军事刻辞整理与研究》，中华书局2018年版，第66－68页。
⑥ 罗琨：《商代战争与军制》，中国社会科学出版社2010年版，第221－223页。
⑦ 赵平安：《释"𦎫"及相关诸字》，原载《语言》（第3辑）（首都师范大学出版社2002年版），收入《文字·文献·古史：赵平安自选集》，中西书局2017年版，第55页。

"逸"与"得"相对，"逸"当指逃逸。据此推知，"栝"可能表拘系之义。全辞大概是在贞卜逃逸的人能否被拘执、抓获，"光"或为抓捕逃逸的人。此条可能与法制史相关。对于逃亡者的打击，传世文献亦有记载。如《左传》昭公七年云："周文王之法曰'有亡，荒阅'，所以得天下也。"杜预注："有亡人当大搜其众。"①

二、係

"係"，甲骨文字形作""（《合集》1103）、""（《合集》1100正）、""（《合集》14384）等。于省吾先生指出"甲骨文係字象用绳索以缚系人的颈部"，②适用于前两个字形的分析。最后一个字形，姚孝遂先生认为"象以缯缴缚人全身"，③其说可从，不过所缚"人"形变成了"奚"形。係、奚均从系声，古音叠韵（支部），声纽均为牙音（见、匣）。形旁"人"改造成"奚"，可能属于"变形音化"现象。④ 王子杨先生亦认为最后一形乃是"係"字异体，从文字学角度看"属于会意兼形声，象用绳索缚系奚奴之形，'奚'兼表声"，⑤其说亦有道理。

《乙编》4677有""字，⑥姚孝遂先生释作"㚟"，认为"即女性的'係'"，指出"男俘为'係'，女俘为'㚟'，均象用缯缴加以束缚。《左传》襄公十八年'乃弛弓而自后缚之'，就是战争中利用缯缴以缚

① 阮元校刻：《春秋左传正义》（卷四十四），《十三经注疏》，中华书局 1980 年版，第 2048 页。
② 于省吾：《甲骨文字释林》，中华书局 1979 年版，第 296－297 页。
③ 姚孝遂：《商代的俘虏》，原载《古文字研究》（第 1 辑）（中华书局 1979 年版），收入《姚孝遂古文字论集》，中华书局 2010 年版，第 157 页。
④ 参见刘钊：《古文字构形学》（增订本），福建人民出版社 2011 年版，第 109 页。
⑤ 王子杨：《甲骨文字形类组差异现象研究》，中西书局 2013 年版，第 318－319 页。
⑥ 董作宾主编：《殷虚文字乙编》，商务印书馆、"中研院"历史语言研究所 1948 年、1949 年、1953 年版。本文简称《乙编》。

系俘虏的明确记载"。① 其说可从。

于省吾先生曾言："係字的初形作 ，是古代统治阶级令其爪牙，用绳索绑在俘虏或罪人的颈上，牵之以行的一种很残虐的作法。"②其说提出缚系对象包括战俘与罪人（或罪犯），颇为可信。《史记·殷本纪》有载：

> 武丁夜梦得圣人，名曰说。以梦所见视群臣百吏，皆非也。于是乃使百工营求之野，得说于傅险中。是时说为胥靡，筑于傅险。见于武丁，武丁曰是也。得而与之语，果圣人，举以为相，殷国大治。故遂以傅险姓之，号曰傅说。③

以上是关于商王武丁求得贤臣傅说之事。傅说在见武丁之前，"为胥靡，筑于傅险"。索隐云："旧本作'险'，亦作'岩'也。""胥靡"，集解引孔安国曰"胥靡刑人"。④《吕氏春秋·求人》载："傅说，殷之胥靡也。"高诱注："胥靡，刑罪之名也。"陈奇猷先生言高注"名"当作"人"，⑤可从。据此可知，傅说曾为刑徒，在傅险（或岩）从事力役活动。相关记载又见于《墨子》，《尚贤中》云："傅说被褐带索，庸筑乎傅岩。"《尚贤下》载："衣褐带索，庸筑于傅岩之城。"⑥作为刑徒，傅说被绳索束缚。清华简《说命上》亦云："说方筑城，縢降（躬）庸力。""縢"训绳索，"縢躬"即身系绳索。⑦ 据此推知，用绳索缚系乃是当时的刑罚措施之一，用以限制人身自由，与甲骨文"係"之字形

① 姚孝遂：《商代的俘虏》，原载《古文字研究》（第1辑），中华书局1979年版；收入《姚孝遂古文字论集》，中华书局2010年版，第160－161页。

② 于省吾：《甲骨文字释林》，中华书局1979年版，第298页。

③ （汉）司马迁：《史记》（卷三），中华书局1982年版，第102页。

④ （汉）司马迁：《史记》（卷三），中华书局1982年版，第103页。

⑤ 陈奇猷：《吕氏春秋新校释》，上海古籍出版社2002年版，第1524、1526－1527页。

⑥ 孙诒让：《墨子间诂》，中华书局2001年版，第59、69页。

⑦ 李学勤主编：《清华大学藏战国竹简》（三），中西书局2012年版，第122－123页。

相合。

"係"，段玉裁《说文解字注》谓"俗通用繫"，①睡虎地秦简中已作"毄（繫）"。如《秦律十八种·司空》："毄（繫）城旦舂，公食当责者，石卅钱。"（简 143）所谓"繫城旦舂"，整理者解释为"拘系服城旦舂劳役"。② 秦汉时期的城旦舂一般是刑罚名，前面缀加"繫"，或表示附加刑罚措施，与傅说"带索"相近。

卜辞中的"係"有用为动词，表示缚系之义的例子，如：

（8A）丙午卜，争贞：微其係羌。

（8B）壬戌卜，宾贞：惠甲子步。

（8C）己丑［卜］，□贞：呼☑。（《合集》495，典宾）

"微"似为人名，卜辞中亦可用作地名、族名。典宾类卜辞所见微族人物有微友角、微戈化、微友唐（《合补》1760 反）、微侯等，与军事活动相关。如：

（9）王占曰：虫（有）求（咎），其虫（有）来艰。迄至七日己巳，允虫（有）来艰自西。微友角告曰：舌方出，侵我示葊田七十人五。（《合集》6057 正，典宾）

（10）癸未卜，殻贞：旬亡忧。王占曰：虫（有）求（咎），其虫（有）来艰。迄至七日己丑，允虫（有）来艰自西。微戈［化呼］告曰：舌方犯③于我奠。（《拼集》295，④典宾）

（11A）微戋（翦）。

① 段玉裁：《说文解字注》（卷八上），上海古籍出版社 1988 年版，第 381 页。
② 睡虎地秦墓竹简整理小组：《睡虎地秦墓竹简》，文物出版社 1990 年版，释文第 53 页。
③ 此字从陈剑先生读，参见氏著：《寻"词"推"字"之一例：试说殷墟甲骨文中"犯""围"两读之字》，《中国文字》2020 年第 4 期。
④ 李爱辉先生缀合，参见黄天树主编：《甲骨拼合集》，学苑出版社 2010 年版，第 324 页。本文简称《拼集》。

（11B）舌方其戋（翦）徵。（《合集》6366，典宾）

（12）徵侯戋（翦）止（沚）。①（《合集》39704，典宾）

舌方是商人之敌，（9）（10）验辞记载了舌方侵犯徵氏之事。（11A）（11B）占卜舌方与徵之间的战事结果。（12）的"沚"即沚方，占卜徵侯能否消灭沚方。据此来看，（8A）有可能亦与军事活动有关，贞卜徵能否缚系羌人，意指在战争中有所俘获。

（13A）［丙］午卜，争［贞］：徵其係［羌］。

（13B）壬戌卜，宾贞：惠甲子步。（《拼集》265＝《合集》3697 正+《合集》19246，典宾）

本版是由李爱辉先生缀合，并指出与《合集》495 为同文卜辞，可从。李先生亦解"徵"作人名，训"係"为"缚系"，认为（13A）是贞卜徵"这个人能否俘获到羌人"。② 此与上文我们的理解相同。

（14）弓（勿）係。（《合集》1101 反，宾一）

"勿"为否定副词，其后一般接动词。本辞占卜是否要缚系人，至于其行为性质是战争虏获还是刑罚措施，盖不能明。

在卜辞中，除了动词用法外，"係"还可以作名词，指被缚系之人，如：

（15）☐癸未☐方于☐［羌］係一☐马廿丙出（有）☐。一月，在鼻卜。（《合集》1098，宾一）

（16）☐羌。王占［曰］☐［旬］出（有）二日癸［酉］☐十羌係☐十丙［出］（有）☐（《合集》1097，典宾）

---

① "沚"简写作"止"，参见孙亚冰、林欢：《商代地理与方国》，中国社会科学出版社 2010 年版，第 263 页。

② 黄天树主编：《甲骨拼合集》，学苑出版社 2010 年版，第 290、478－479 页。

陈梦家先生业已指出卜辞中"马和车的单位是丙"。① 杨升南先生亦有详言："丙，甲骨文中是一计量单位，用于车、马等物品的计数，如'马五十丙'（《合集》11459）、'车二丙'（《合集》36481）。"②那么，(15)的"羌係一"与"马廿丙有□"并举，结构均是"名词+数量词"。因此，"羌係"应指的是被缚系的羌人。

据(15)"马廿丙有□"知，(16)的"十丙有□"前应该是马或车。那么，与之并举的"十羌係"即羌係十，意为被缚系的十个羌人。卜辞"某旬有某日"常用为验辞之始，故这里"旬"以后的内容可能属于验辞部分，记载了商人在战争中俘获的情况。

（17A）辛亥卜，宾贞：龚弜化以王係。

（17B）辛亥卜，宾贞：龚弜化弗其以王係。（《合集》1100正，宾一）

（17A）（17B）是一组正反对贞的卜辞，占卜龚弜化是否会致送王係。"龚弜化"是"武丁时的重要人物"，亦见于典宾类卜辞，如《合集》5439、5440、6654等。③ "王係"，杨升南先生解释道："商王的系缚罪人。此处'係'字为名词，这里'係'的是奴隶或服苦役之人。"④从"王係"的名号来看，其本身当属于商王所有，可能发生逃亡，故有商王臣属龚弜化的抓捕、致送之事。若此推断无误，则本组卜辞当与法制有关。

（18）余呼省係。八月。（《英藏》1791＝《合集》39808，

---

① 陈梦家：《殷虚卜辞综述》，中华书局 1988 年版，第 94 页。
② 杨升南：《甲骨文法律文献译注》，收入刘海年、杨一凡主编：《中国珍稀法律典籍集成》（甲编第一册），科学出版社 1994 年版，第 7 页。
③ 杨升南：《甲骨文法律文献译注》，收入刘海年、杨一凡主编：《中国珍稀法律典籍集成》（甲编第一册），科学出版社 1994 年版，第 9 页。
④ 杨升南：《甲骨文法律文献译注》，收入刘海年、杨一凡主编：《中国珍稀法律典籍集成》（甲编第一册），科学出版社 1994 年版，第 9 页。

宾一)

"余"在卜辞中用作第一人称代词,这里指商王。类似用法如《合集》19809(自肥):"庚辰卜,王:余酚御于上甲。八月。""省係",杨升南先生解释为"视察被拘系的人",①可从。至于受命视察者以及被缚系之人的名号、身份,并未交代。杨先生推测道:"或如傅说之类'带索'而执苦役的刑徒之人,故商王得随时派人去视察监督。"②其说有一定道理。所视察的被拘系之人当属商王所有,可能即(17A)(17B)的"王係"。鉴于这些"王係"时或逃亡,因此有视察、监管的必要。

（19A）贞:雀以石係。

（19B）雀不其以石[係]。(《合集》6952 正,典宾)

（19A）（19B）是一组正反对贞的卜辞,贞卜雀是否会致送石係。雀是武丁时期的重要人物,商王同姓贵族,参与祭祀、战争及纳贡等活动。③"石係",杨升南先生认为"即石地被系缚的人,此乃是石地之人有犯法者,受系缚之刑,而送至王室发落"。④

不过,"石"在卜辞中除作地名外,亦用为人名、族名。《合集》22099(午组):"戊午卜,贞:妇石力。十月。"⑤陈絜先生业已指出,

① 杨升南:《甲骨文法律文献译注》,收入刘海年、杨一凡主编:《中国珍稀法律典籍集成》(甲编第一册),科学出版社 1994 年版,第 12 页。
② 杨升南:《甲骨文法律文献译注》,收入刘海年、杨一凡主编:《中国珍稀法律典籍集成》(甲编第一册),科学出版社 1994 年版,第 12 - 13 页。
③ 参见朱凤瀚:《商周家族形态研究》(增订本),天津古籍出版社 2004 年版,第 61 页;韩江苏、江林昌:《〈殷本纪〉订补与商史人物徵》,中国社会科学出版社 2010 年版,第 398 - 415 页。
④ 杨升南:《甲骨文法律文献译注》,收入刘海年、杨一凡主编:《中国珍稀法律典籍集成》(甲编第一册),科学出版社 1994 年版,第 10 页。
⑤ 该条卜辞是占卜妇石生男孩之事,参见王子杨:《甲骨文字形类组差异现象研究》,中西书局 2013 年版,第 128 - 129 页。

卜辞"妇某"之"某"表示的是"该女子所自出之国名或族氏之名号，也就是父家之族名"。① 可见，"妇石"之"石"乃是国族名。考虑到卜辞有"羌係"，与"石係"的结构相同，故而"石係"亦有可能表示的是被缚系的石族人，至于是战争虏获还是刑罚抓捕，难以判断。

（20）丁酉卜，宾贞：我［来］係。（正面）▢［王］占［曰］▢［登人］▢。（反面）（《合集》1099，宾三）

"登人""供人"义相近，一般见于军事活动中，乃是商王征集兵员的方式。刘钊先生指出："所征集者都是族众，即所谓民兵。"②《合集》6168（典宾）："贞：登人三千呼伐舌方，受虫（有）又（祐）。"《合集》6173（典宾）："癸巳卜，殻贞：供人呼伐舌［方］，受［虫（有）又（祐）］。"据此推知，本版正面的"我"或为人名，可能参与了军事征伐。

事实上，"我"在卜辞有用作人名、族名、地名。人名方面，如《合集》5480正（典宾）："甲寅卜，宾贞：我由（堪）③王事。〇贞：我弗其由（堪）王事。"贞卜我能否胜任王事。《合集》6870（宾一）："呼我弐（翦）缶。"占卜呼命我能否消灭缶。地名方面，卜辞有"在我"，如《合集》8308、21742、21743等。

综上分析，本版卜辞有可能与军事战争有关，正面占卜的是我能否送来被缚系的战争俘虏。

三、羍、执

羍，甲骨文字形作"𡙕"（《合集》20528）、"𡙕"（《合集》5838）、

---

① 陈絜：《商周姓氏制度研究》，商务印书馆2007年版，第89页。
② 刘钊：《卜辞所见殷代的军事活动》，《古文字研究》（第16辑），中华书局1989年版，第94页。
③ "由（堪）"从陈剑先生读，参见氏著：《释"𡕥"》，刘钊主编：《出土文献与古文字研究》（第3辑），复旦大学出版社2010年版，第13-32页。

"🦑"（《合集》5867），一般认为象手铐之形。于省吾先生对之解释甚详：

> 🦑字本象施于手腕的械形，验之于实物而后知之。依据殷虚出土的陶俑，女俑的腕械在胸前，男俑的腕械在背后。🦑形中剖为两半作 🦑 形，将人的两腕纳入械中，然后用绳缚其两端。①

赵诚先生亦有相似的分析：

> 甲骨文的🦑写作🦑，象一种大约是木制的刑具之形。用时将人的两腕纳入此种刑具之中，然后用绳子将刑具的两端捆住，可以说是原始的手铐。或写作🦑、🦑，乃是文字向线条化发展的现象，后来隶写成了幸。②

于先生所说的殷墟出土陶俑，是 1937 年殷墟第 15 次发掘在灰坑 358 集中发现的。胡厚宣先生《殷墟发掘》、郭宝钧先生《中国青铜器时代》、李济先生《安阳》均有黑白照片，③但较为模糊，而且资料不全。今台湾"中研院"史语所历史文物陈列馆网站有高清彩照，使得我们可以仔细观摩这些陶俑，④如图一：

---

① 于省吾：《甲骨文字释林》，中华书局 1979 年版，第 292－293 页。
② 赵诚：《甲骨文行为动词探索（一）》，《古文字研究》（第 17 辑），中华书局 1989 年版，第 333 页。
③ 胡厚宣：《殷墟发掘》图版伍柒（上海学习生活出版社 1955 年版），收入《复旦百年经典文库》，复旦大学出版社 2015 年版，第 429 页；郭宝钧：《中国青铜器时代》，生活·读书·新知三联书店 1963 年版，第 216 页、图版贰伍；李济：《安阳》，商务印书馆 2011 年版，第 215、218 页。
④ 网址：https://ihp.openmuseum.tw/muse/digi_object/8deca04de3c5fd1d9eb2d578ec272348.

图一　殷墟小屯 H358 出土陶俑

图一中腕械陶俑有六尊,最后一排的左 1、左 2 保存较好,即于先生提及的男、女俑。最后一排的左 3 仅头部残失,手腕交于胸前,纳于械中,其中刑具的刻画最为完整清晰,今有单独正、侧面照片如下图二:

图二　正、侧面照片

图二所见陶俑的刑具造型与甲骨文"幸"之字形"" (《合集》20528)、"" (《合集》20378)高度相似,当为一物。值得注意的是,

刑具上下两端有绳索,分别与颈部、腰部绳索相系联,这在"牵"的字
形中也有反映,如""(《合集》127)、①""(《合集》5838),上下
两端中间的竖笔疑即此绳索,与出土文物契合。

　　"牵"在甲骨文中除了上述常见字形外,也有特殊的形体,见于非
王劣体类卜辞中,作""(《醉古》170②)。黄天树先生业已指出,此
牵字"下面加口,为劣体类特有的写法"。③ 王子杨先生从其说,并辨
析了该字与上加"口"形的"牵"(即"梏"字)的不同,认为"'牵'下之
'口'当是甲骨文中常见的加注'口'形符号,不一定有构形意
义"。④ 二位先生之说可信。

　　"执"与"牵"意义相近,构形亦相关,甲骨文字形作""(《合
集》5948)、""(《合集》32287)、""(《合集》32185),其字形均
从牵从丮,第二形加"又",第三形加"糸(或幺)",均属累加意符,乃
"执"之繁构或异体,⑤一般将之归为同一个字。至于添加"糸(或
幺)",于省吾先生指出"象以绳索系人之颈",⑥以上述出土陶俑来
看,其说可从。至于添加意符"又",于省吾先生认为"象以手扼人之
项",⑦杨升南先生提出"字义为以手扼被梏执之人的头",⑧手扼人
之头似较可能,颈部多系绳。

---

① 该字形采自李宗焜:《甲骨文字编》,中华书局 2012 年版,第 997 页。
② 林宏明:《醉古集:甲骨的缀合与研究》,万卷楼 2011 年版。本文简称《醉古》。
③ 黄天树:《非王"劣体类"卜辞》,原载《徐中舒先生百年诞辰纪念文集》(巴蜀书社
　 1998 年版),收入《黄天树古文字论集》,学苑出版社 2006 年版,第 116 - 117 页。
④ 王子杨:《甲骨文字形类组差异现象研究》,中西书局 2013 年版,第 114 - 116 页。
⑤ 参见于省吾主编:《甲骨文字诂林》,中华书局 1996 年版,第 2593、2597 - 2598 页;王
　 子杨:《甲骨文字形类组差异现象研究》,中西书局 2013 年版,第 115 页。
⑥ 于省吾:《甲骨文字释林》,中华书局 1979 年版,第 295 页。
⑦ 于省吾:《甲骨文字释林》,中华书局 1979 年版,第 295 页。
⑧ 杨升南:《甲骨文法律文献译注》,收入刘海年、杨一凡主编:《中国珍稀法律典籍集
　 成》(甲编第一册),科学出版社 1994 年版,第 61 页。

执，《说文》：“捕罪人也，从丮从幸，幸亦声。”①“执”以“幸”为声符，且均表拘执之义，故以往诸家多认为二字可通，或径直将“幸”读为“执”。② 姚孝遂先生曾指出：“契文‘幸’变体甚多，繁简不一，及至小篆，则孳乳分化为‘幸’‘执’‘圉’等等，卜辞则通用无别。”③黄天树先生则提出“幸”字“可以看作把‘执’的形旁‘丮’整个删除”，仅存声旁而已，是一种特殊的省形现象。④

　　近年，葛亮先生从卜辞用法上细致区分了“幸”“执”的不同，作为动词时前者所用否定副词为“不”“弗”，后者为“勿”“弜”，进而指出“‘幸’表示的应该是‘抓获’一类的客观结果，‘执’表示的则是‘抓捕’一类的主动行为”，⑤其说可信。

　　在甲骨文中，用作动词的“幸”“执”均可以带宾语，由此可判断出其行为性质，大致而言，划分为田猎、军事及法制三类。田猎方面，比如“幸逸麋”（《合集》10372）、“执豕”（《合补》1270 正）、“执兕”（《合集》10438 正）等；军事方面，比如“幸缶”（《合集》6875）、“幸舌方”（《合集》6334 正）、“执井方”（《合集》33044）等；法制方面，比如“幸寇”（《合集》575）、“执寇”（《合集》578）等。田猎、军事方面的研究成果颇丰，兹不赘述。这里仅对与法制相关的材料做一些说明。

　　限于甲骨文文辞简略，且多残辞，可以判断与法制相关的表拘执义的“幸”“执”材料似乎不多，其中以对寇贼的抓捕较为典型，⑥相关记载如下：

---

① 　许慎：《说文解字》（卷十下），中华书局 1963 年版，第 214 页。
② 　于省吾主编：《甲骨文字诂林》，中华书局 1996 年版，第 2575 页。
③ 　于省吾主编：《甲骨文字诂林》，中华书局 1996 年版，第 2585 页姚孝遂按语。
④ 　黄天树：《说殷墟卜辞中一种特殊的“省形”》，《古汉语研究》2009 年第 2 期。
⑤ 　葛亮：《甲骨文田猎动词研究》，刘钊主编：《出土文献与古文字研究》（第 5 辑），上海古籍出版社 2013 年版，第 92－97 页。
⑥ 　关于卜辞中的寇贼问题，可以参见周博：《卜辞所见商代寇贼的犯罪与惩罚》，《四川大学学报（哲学社会科学版）》2022 年第 2 期。

（21）癸丑卜，宾贞：令彗、郭以黄执寇。七月。（《合集》553，典宾）

（22）癸丑卜，宾贞：惠㠱令执寇。（《合集》578，典宾）

（23A）癸丑卜，宾贞：惠㠱令执寇。七月。

（23B）癸丑卜，宾贞：令邑、并执寇。七月。（《契合》1，①宾三）

（21）辞中率领黄族的"彗、郭"，蔡哲茂先生认为是"黄族族长"，②可从。上述诸辞的占卜时间、贞人及事项皆同，当系同一事所卜，即七月癸丑日贞卜命彗、郭还是㠱抑或邑、并去抓捕寇贼，乃是商王选派人员的记录。

（24）贞：呼求寇，牵。（《合集》572，典宾）

（25）癸丑卜：王呼疌寇，牵。五月。（《合集》576，典宾）

（26A）于［庚］午☐弗☐。

（26B）庚午：雀牵寇。（《合集》574，典宾）

（27A）贞：亘牵寇。

（27B）贞：亘弗其牵寇。（《合集》575，典宾）

（28A）甲寅卜，亘贞：寇牵。

（28B）贞：呼妇㜰。（正面）

（28C）王占曰：其牵，唯其不牵。（反面）（《拼五》1073，典宾）

（29）其牵寇。（《合集》577，宾三）

（30）［丙］戌卜，☐贞：弗其牵寇。七月。（《合集》579，典宾）

---

① 林宏明：《契合集》，万卷楼2013年版。本文简称《契合》。

② 蔡哲茂：《说卜辞中的"寇"与商王朝对异族的统治政策》，《古文字研究》（第33辑），中华书局2020年版，第21页。

以上诸辞皆是贞卜能否抓获寇贼,体现出商王对于抓捕结果的重视。(24)(25)的命辞有省略,原当分别作“呼求𡴘寇,𡴘”,“王呼疋𡴘寇,𡴘”。[1] (26A)(26B)干支相同,(26A)用否定副词“弗”,“弗𡴘”或“弗其𡴘”屡见于甲骨文,故(26A)(26B)可能是一组正反对贞的卜辞,占卜雀能否抓获寇贼。

除了对寇贼的抓捕外,商王朝的外服贵族亦有因叛逃罪行而被拘执的情况,比如:

(31) 己巳卜,王贞:史其执任。六月。允执。(《合集》5944,自宾间)

“史”字原篆“”省“又”,是自宾间类卜辞的一般写法,[2]易与“中”字相混。命辞占卜史能否拘执任,验辞言果真抓到了。“任”之“任”,典籍通作“男”,属于商王朝的外服职官之一。裘锡圭先生指出“任”是“率领人专门为王朝服役的一种职官”,“其本职是为王任事”,[3]是说可从。

《合集》6963(自宾间):“甲辰卜,王:雀获侯、任[在]方。”《合补》2240(自宾间):“甲辰[卜],王:雀弗其获侯、任在方。”“方”指商王朝的敌对方国“方方”。[4] 二辞贞卜雀能否抓获在方方的侯、任。裘锡圭先生结合这两条卜辞,对(31)辞有解说,认为是“卜问史能否

---

① 参见蔡哲茂:《说卜辞中的“寇”与商王朝对异族的统治政策》,《古文字研究》(第33辑),中华书局2020年版,第25页。

② 王子杨:《甲骨文字形类组差异现象研究》,中西书局2013年版,第54-55页。

③ 裘锡圭:《甲骨卜辞中所见的“田”“牧”“卫”等职官的研究——兼论“侯”“甸”“男”“卫”等几种诸侯的起源》,原载《文史》(第19辑)(中华书局1983年版),收入《裘锡圭学术文集》第五卷《古代历史、思想、民俗卷》,复旦大学出版社2012年版,第165-167页。

④ 参见朱凤瀚:《殷墟卜辞中“侯”的身份补证——兼论“侯”、“伯”之异同》,李宗焜主编:《古文字与古代史》(第4辑),“中研院”历史语言研究所2015年版,第10页;林沄:《商史三题》,“中研院”历史语言研究所2018年版,第34页。

拘执任,可见任有叛逃现象。这也许是由于让他们担任的王事太繁重而引起的"。① 任的叛逃可视作官员的犯罪行径,是对商王朝政治秩序的严重破坏,故而商王对之予以打击、抓捕。林沄先生认为(31)辞可反映出商王对任有"刑罚的权力",②颇为可信。

四、其他相关动词

在殷墟甲骨文中,与拘系意义相近的动词有获、擒(隻、雗)、俘,意为抓获、擒获、俘获,大量见于军事类、田猎类等卜辞,学者多已有揭示,兹不赘述。③ 此外,还有一些相类的动词,如取、得,需要注意。

"取"在甲骨文中一般表征取之义,如《合集》8797 正(典宾):"□辰卜,古贞:呼取马于𡊬,以。三月。"《合集》108(宾三):"☑ 取竹𦥑于丘。"但是,在有些卜辞中,"取"宜训为捕取,比如:

　　(32A) 癸未卜,贞:弜(勿)唯夢④令。一月。

　　(32B) 贞:令子夢取寇于若。

　　(32C) 乙未卜,贞:呼先取寇于□。

　　(32D) 贞:弜(勿)呼。(《缀汇》905,⑤宾三)

　　(33) 呼𠂤(师)般取逸自敦。(《合集》839,典宾)

　　(32A)(32B)与(32C)(32D)各为一组正反对贞的卜辞,其中"夢"

---

① 裘锡圭:《甲骨卜辞中所见的"田""牧""卫"等职官的研究——兼论"侯""甸""男""卫"等几种诸侯的起源》,原载《文史》(第 19 辑)(中华书局 1983 年版),收入《裘锡圭学术文集》第五卷《古代历史、思想、民俗卷》,复旦大学出版社 2012 年版,第 167 页。

② 林沄:《商史三题》,"中研院"历史语言研究所 2018 年版,第 34 页。

③ 参见刘钊:《卜辞所见殷代的军事活动》,《古文字研究》(第 16 辑),中华书局 1989 年版,第 122-127 页;李零:《甲骨军事刻辞整理与研究》,中华书局 2018 年版,第 399-400 页;葛亮:《甲骨田猎动词研究》,刘钊主编:《出土文献与古文字研究》(第 5 辑),上海古籍出版社 2013 年版,第 31-153 页。

④ 此字从宋镇豪先生读,参见氏著:《甲骨文中的梦与占梦》,《文物》2006 年第 6 期。

⑤ 蔡哲茂:《甲骨缀合汇编》,花木兰文化出版社 2011 年版。本文简称《缀汇》。

乃"子弔"之省称。"取寇"即捕取寇贼之义。《说文》："取，捕取
也。"①《诗经·豳风·七月》云："取彼狐狸，为公子裘。"②"取寇"意
同于"执寇"。（33）辞贞卜是否要呼命师般去捕取从敦地逃逸的人。

卜辞中的"得"作为动词，有时指的是抓获，如：

（34）甲子卜，㱿贞：得寇☒由。（《合集》601，典宾）

（35）贞：逸刍不其得。（《合集》131，典宾）

（36A）贞：逸羌得。

（36B）贞：逸羌不其得。（《合集》505 正，典宾）

（37A）乙酉卜，宾贞：州臣虫（有）逸自寰得。

（37B）贞：州臣得。

（37C）贞：州臣得。

（37D）贞：州臣不［其］得。（《缀汇》548，典宾）

（34）的"得寇"即抓获寇贼，相当于"牵寇"。（35）的"逸刍"指
逃逸的刍人，刍人即"打牧草的工作的人"，③可能不堪繁重的工作而
发生逃亡，故商王占卜能否抓获他们。（36A）（36B）是一组正反对贞
的卜辞，占卜能否抓获逃逸的羌人。（37A）的"州臣有逸自寰"意即
有从寰地逃逸的州臣，其中"臣"系奴隶身份，地位低下。（37）版诸
辞皆是贞卜能否抓获逃亡的州臣。综合来看，商王朝对于罪犯（如寇
贼）、逃亡者的打击与抓捕当属于法制活动。

五、小结

综上所述，殷墟卜辞所见的拘系动词有鞠、梏、係、牵、执，本文对

---

① 许慎：《说文解字》（卷三下），中华书局 1963 年版，第 64 页。
② 阮元校刻：《毛诗正义》（卷八之一），《十三经注疏》，中华书局 1980 年版，第 391 页。
③ 裘锡圭：《说殷墟卜辞的"奠"——试论商人处置服属者的一种方法》，《裘锡圭学术文集》第五卷《古代历史、思想、民俗卷》，复旦大学出版社 2012 年版，第 180 页。

其字形、用法等做了系统的梳理、探究。结合同版内容、受事主体等的分析，我们可以确知这些动词所表示的拘系行为大致分属军事、法制、田猎三类，性质彼此不同。从目前所见的甲骨文材料来看，最常用的拘系动词是牵、执，相关辞例甚为丰富。另外，与拘系意义相近的动词还有获、擒（罕、隼）、俘、取、得，所表示的行为及其性质亦与前者相近。

　　既然拘系动词可以用于军事、法制、田猎等行为活动中，若要区别不同的行为及其性质，则需要结合同版内容、受事主体等仔细甄别，注重吸收甲骨文字考释、甲骨缀合的新成果，而不能有先入为主的观念，亦不可强为解释。杨升南先生的《甲骨文法律文献译注》是系统辑录甲骨法制资料的专著，影响颇大。该书第一部分即"拘系之刑"，辑录的甲骨文材料主要是有係、牵、执等拘系动词的卜辞，其中有些卜辞确与法制相关，有些则不然，更有一些难以判断。可见，区分尚有瑕疵，亦属不易。

清华简《子犯子余》中的"桼"

——兼论秦简中的几种刑具

罗小华 *

内容摘要：清华简《子犯子余》简 12 中的"桼椁"，当指鼻子和手上的刑具。睡虎地秦墓竹简《秦律十八种·司空》简 134 和简 147 中的"枸椟欙杕"，《岳麓书院藏秦简（肆）》简 167、《岳麓书院藏秦简（伍）》简 220 和 223 均作"枸椟杕"。"枸""欙""杕"应该分别指鼻子、脖子、脚上的刑具，"椟"则对应整理者所说的"木械，如枷或桎梏之类"。

关键词：清华简《子犯子余》 秦 鼻子 刑具 枸

清华简《子犯子余》简 12："逡（后）殜（世）臱（就）受（纣）之身，杀三无殢（辜），为燺（炮）为烙，杀某（胚）之女，为桼（桎）椁（梏）三百。"①

"桼"之原篆写作"𣐰"。关于此字的释读，学界意见未能统一，主要有以下几种：

整理者指出："桼，疑读为'桎'，《说文》：'足械也。'椁，从木，辜

---

* 罗小华，长沙市文物考古研究所研究馆员。本文为国家社科基金重大项目"甲、金、简牍法制史料汇纂通考及数据库建设"（项目批准号 20&ZD180）阶段性成果。
① 李学勤主编：《清华大学藏战国竹简》（柒），中西书局 2017 年版，第 93 页。

声,读为'梏',《说文》:'手械也.'辛,'梏'的本字(参看赵平安:《释'𩏼'及相关诸字》,《新出简帛与古文字古文献研究》,商务印书馆,2009 年,第 119 页)。桎梏,《易·蒙》'用说桎梏',郑玄注:'木在足曰桎,在手曰梏.'纣用桎梏,也见于上博简《容成氏》:'不从命者从而桎辛(梏)之,于是虐(乎)复(作)为金桎三千.'"①

王挺斌先生指出:"'桊''桎'古音远隔,恐怕难以相通。'桊'字,可能是指圈束,《广雅》:'桊,枸也.'王念孙《疏证》:'枸,犹拘也……桊,犹圈束也。《说文》:桊,牛鼻中环也。《众经音义》卷四云:今江北曰牛拘,江南曰桊。《吕氏春秋·重己》篇:使五尺竖子引其棬,而牛恣所以之。棬与桊同.'这种意思的'桊''棬''圈'可能是同源词关系。'桊'本指牛鼻中环,类似圈束,有拘系作用。"②

马楠先生则认为:"桊当读为'拲'。梏,《说文》'手械也','拲梏'与'梏'义同,与'桎梏'指足械、手械不同。"③

王宁先生认为:"从文意上看,'桊'这个字很可能相当于'拲'字,或作'㭟'。《说文》:'拲,两手同械也。从手从共,共亦声。《周礼》:上辠,梏拲而桎。㭟,拲或从木.'《周礼·秋官·掌囚》郑司农注:'拲者,两手共一木也。在手曰梏,在足曰桎.''桊'有可能和'㭟'音近通假。……怀疑这里的'桊'可能读为'㭟(拲)','㭟梏'是同时铐住两只手的手械。"④

孟跃龙先生认为:"该字实为'棶'之讹字,从木、朕(朕字右旁所从)声,讹而从关(卷字上部所从)。朕声字古音侵部或蒸部,但又可

① 李学勤主编:《清华大学藏战国竹简》(柒),中西书局 2017 年版,第 98 页,注 51。
② 清华大学出土文献读书会:《清华七整理报告补正》,清华大学出土文献研究与保护中心网,首发时间 2017 年 4 月 23 日。
③ 清华大学出土文献读书会:《清华七整理报告补正》,清华大学出土文献研究与保护中心网,首发时间 2017 年 4 月 23 日。
④ 按:王宁先生的观点,见于《清华七〈子犯子余〉初读》第 56 楼跟帖,简帛网、简帛论坛、简帛研读,首发时间 2017 年 5 月 2 日。

读入职部，与质部之‘桎’语音相通。”①

范常喜先生指出：“简文 𣚊 还是应当释作‘桛’。……当读为‘錧’。……錧是装在车毂两端的毂饰，起加固束缚车毂的作用，早在西周就已出现。制作錧的材质多为铜，亦有木制者，字亦多写作‘輨’。……从出土实物来看，輨形如管，钉在毂端以管制轮毂，使之牢固，此即輨之得名的缘由。在这一点上，輨与钳锁犯人胫足的脚械十分相似。……虽然现存传世文献中未见‘錧’或‘輨’用作刑具之称，但‘官’声之字多有管束、抑止之意，如‘管’‘绾’‘棺’等。……如果再结合与‘錧’同义的‘釱’也可以表示刑具脚械之名推测，‘錧’或‘輨’应该也存在用作刑具脚械之名的可能。”②

对比以上几种意见，我们更倾向于同意王挺斌先生的意见，将“桛”理解为“牛鼻中棬”，亦称“牛拘”。《说文》木部：“桛，牛鼻中环也。”王筠句读：“《埤苍》：‘桛，牛拘也。’玄应曰：‘今江以北皆呼为拘，以南皆曰桛。’……言环者，以柔木贯牛鼻，而后曲之如环也。亦有用大头直木者。”③以物“贯牛鼻”是从古至今用于控制牛的常用方式。“贯”，传世文献或省作“穿”“决”。

一、贯牛鼻。《淮南子·主术训》：“今使乌获、藉蕃从后牵牛尾，尾绝而不从者，逆也；若指之桑条以贯其鼻，则五尺童子牵而周四海者，顺也。”④

二、穿牛鼻。《淮南子·原道训》：“络马之口，穿牛之鼻者，人

---

① 孟跃龙：《〈清华七〉“桛（桎）”字试释》，复旦大学出土文献与古文字研究中心网，首发时间 2017 年 5 月 11 日。

② 范常喜：《清华七〈子犯子余〉“錧梧”试解》，《中国文字学报》（第 9 辑），商务印书馆 2018 年版，第 81－85 页。

③ 王筠：《说文解字句读》，中华书局 1988 年版，第 213 页。

④ 刘文典撰，冯逸、乔华点校：《淮南鸿烈集解》，中华书局 1989 年版，第 305 页。

也。"①《庄子·秋水篇》:"落马首,穿牛鼻,是谓人。"②

三、决牛鼻。《淮南子·说山训》"髡屯犁牛,既㸷以牺,决鼻而羁",高诱注:"决鼻羁头而牵。"③

"贯""穿"和"决",都是表达同一行为的动词,"鼻"是宾语。"贯",亦当训为"穿"。《广雅·释言》:"贯,穿也。"④"决",应该是"抉"的通假字。《广雅·释诂》:"抉,穿也。"王念孙疏证:"《众经音义》卷二引《广雅》作决。"⑤于此可见,"贯鼻""穿鼻"和"决鼻",都是指的"用绳索或环贯穿鼻中隔"。⑥

"决鼻",亦见于西北汉简。《传马名籍》简 V1610②:10 和 16 均记有"传马一匹……决两鼻",14 记有"传马一匹……决右鼻"。整理者注:"决两鼻两耳数:鼻、耳有数处破裂处。"⑦"决两鼻"与"决右鼻",均指"穿鼻"。西北汉简中,亦有作"夬鼻"者:"亭官牛一,黑,㸷,齿八岁夬(决)鼻,车一两(辆)……"整理者注:"夬鼻:夬,通决。牛鼻子上穿孔以拴缰绳,决鼻指穿孔之处断裂。"⑧我们怀疑,"决两鼻""决右鼻"和"夬鼻",均指"牛鼻子上穿孔以拴缰绳"的现象,不见得是"穿孔之处断裂"。

里耶秦简 9－2346:"乘马一匹,骝,牡,两鼻……"⑨"两鼻",疑为"决两鼻"之省。汉代刑罚中的"斩右趾",可以省略动词"斩"作

① 刘文典撰,冯逸、乔华点校:《淮南鸿烈集解》,中华书局 1989 年版,第 20 页。
② 王先谦撰,沈啸寰点校:《庄子集解》,中华书局 2006 年版,第 144 页。
③ 刘文典撰,冯逸、乔华点校:《淮南鸿烈集解》,中华书局 1989 年版,第 543 页。
④ 王念孙:《广雅疏证》,中华书局 1983 年版,第 154 页。
⑤ 王念孙:《广雅疏证》,中华书局 1983 年版,第 76 页。
⑥ 汉语大词典编辑委员会、汉语大词典编纂处编纂:《汉语大词典》(第 8 卷),汉语大词典出版社 1993 年版,第 435 页。
⑦ 胡平生、张德芳编撰:《敦煌悬泉汉简释粹》,上海古籍出版社 2001 年版,第 81－82 页。
⑧ 胡平生、张德芳编撰:《敦煌悬泉汉简释粹》,上海古籍出版社 2001 年版,第 85 页。
⑨ 湖南省文物考古研究所编著:《里耶秦简》(贰),文物出版社 2017 年版,第 91 页。

"右趾"。尚德街东汉简牍 254:"与伯季父子奸,右止。"整理者指出:
"右止,刑罚名。《后汉书·明帝纪》'天下亡命殊死以下,听得赎论:
死罪入缣二十匹,右趾至髡钳城旦春十匹',李贤注引《汉书音义》
'右趾谓刖其右足'。"①

　　走马楼吴简 1529 中记有"□色夬鼻本蔡刘牛差民张客
养"。② 熊曲先生认为:"'夬鼻'中的'夬'通'决',指损伤,伤
坏。"③我们怀疑,此处"夬鼻",应当与西北汉简中的"夬鼻"是同一
回事。

　　以上所引传世文献与出土文献中的"贯鼻""穿鼻"和"决鼻",其
对象或为牛,或为马。而清华简《子犯子余》中的"桊",其对象则是
人。对象虽然不同,目的都是一样的,即控制牛、马和人。据此,则
《子犯子余》中的"桊",应该指的是鼻子的刑具,不必破读为"桎"或
"锴";"楺",指的是手上的刑具。这与上博简《容成氏》中的"桎
梏",虽然在文字上存在不同,而在实质上却是相同的。在传世文献
中,可以"枸"来训"桊"。这大概与"句""卷"二字均有"曲"义相关。
《说文》句部:"句,曲也。"④《诗·大雅·卷阿》:"有卷者阿,飘风自
南。"毛亨传:"卷,曲也。"⑤

　　此外,范常喜先生曾指出,睡虎地秦墓竹简《秦律十八种·司空》
简 134 和简 147 中均记有"枸椟欙杕"。⑥ 简 134:"公士以下居赎刑

---

① 长沙市文物考古研究所编:《长沙尚德街东汉简牍》,岳麓书社 2016 年版,第 224 页。
② 走马楼简牍整理组编著:《长沙走马楼三国吴简(肆)》(下册),文物出版社 2011 年
　　版,第 657 页。
③ 熊曲:《走马楼吴简中的官牛簿》,《出土文献研究》(第 11 辑),中西书局 2012 年版,
　　第 288 页。
④ 许慎撰,徐铉校定:《说文解字》,中华书局 1963 年版,第 50 页。
⑤ 阮元校刻:《十三经注疏》,中华书局 1980 年版,第 545 页。
⑥ 范常喜:《清华七〈子犯子余〉"锴梏"试解》,《中国文字学报》(第 9 辑),商务印书馆
　　2018 年版,第 84 页。

罪、死罪者,居于城旦舂,毋赤其衣,勿枸椸欙杕。鬼薪白粲,群下吏毋耐者,人奴妾居赎赀责(债)于城旦,皆其赤衣,枸椸欙杕,将司之;其或亡之,有罪。"整理者指出:"枸椸欙杕,均为刑具。枸椸应为木械,如枷或桎梏之类。欙读为缧(音雷),系在囚徒颈上的黑索。杕,读为銵(音第),套在囚徒足胫的铁钳。"简147:"城旦舂衣赤衣,冒赤帻(毡),枸椸欙杕之。"①刘海年先生认为:"杕即銵。字形书写的变化,表明刑具的用料发生了变化。这种刑具可能由最初的以铁为之,改变为后来的以木为之,或者铁木交互使用。"②从简文内容来看,整理者将"欙"读为"缧",理解为"系在囚徒颈上的黑索";将"杕"读为"銵",这都是可取的。而将"銵"理解为"套在囚徒足胫的铁钳",则有待商榷。睡虎地秦简中的"枸椸欙杕",岳麓书院藏秦简作"枸椸杕"。《岳麓书院藏秦简(肆)》简167:"司空律曰:城旦舂衣赤衣,冒赤毡,枸椸杕之。"《岳麓书院藏秦简(伍)》简220"诸当衣赤衣冒擅(毡),枸椸杕及当钳及当盗戒(械)而擅解衣物以上弗服者,皆以自爵律论之"。简223:"诸当钳枸椸杕者,皆以钱〈铁〉当(铛)盗戒(械),戒(械)者皆胶致桎梏。"③简220中的"枸椸杕及当钳",以及简223中的"诸当钳枸椸杕者",都反映出"钳"是与"杕"一样的刑具。据此,则"杕"不能理解为"套在囚徒足胫的铁钳"。"钳"与"銵"同时出现,还见于西汉简。居延汉简117.32"□居延所命髡钳銵左止洛都卅崔□"。简40.1"望幸苑髡钳銵左右止大奴冯宣"。简

①　睡虎地秦墓竹简整理小组:《睡虎地秦墓竹简》,文物出版社1990年版,第51页、第51-52页注7、第53页。按:简147中的"拘",系"枸"之误释。参陈伟主编:《秦简牍合集·释文注释修订本》(壹),武汉大学出版社2016年版,第121页。

②　刘海年:《秦简刑罚考析》,《云梦秦简研究》,中华书局1981年版,第179页。

③　陈松长主编:《岳麓书院藏秦简》(肆),上海辞书出版社2015年版,第123页;陈松长主编:《岳麓书院藏秦简》(伍),上海辞书出版社2017年版,第141、142页。

EPS4T2.69"坐施髡钳釱左止城旦昌□等"。① 走马楼西汉简0549、0596:"驾(加)论髡钳血娄、齐,血娄答一百、二百釱左右止(趾)。齐答百釱左止(趾),皆为城旦籍髡答。"②我们怀疑,"杕"读为"釱",应该是套在脚趾上的刑具,传世文献有载。《史记·平准书》:"敢私铸铁器煮盐者,釱左趾,没入其器物。"裴骃集解引韦昭曰:"釱,以铁为之,著左趾以代刖也。"③《晋书·刑法志》:"于是乃定甲子科,犯釱左右趾者易以木械,是时乏铁,故易以木焉。"④此外,结合《子犯子余》"桼桍"的记载来看,将睡虎地秦简中的"枸"理解为"桼",也是可行的。至于"枸""椟""檽""杕"等四字均从"木"旁,既有可能如刘海年先生所说,是"刑具的用料发生了变化",也不排除是"偏旁类化":"偏旁类化是指一字受另一字的影响(两字多连用)而误增其偏旁(甲原无其偏旁,乙原有其偏旁,甲类化于乙而误增其偏旁)"。⑤

　　综上所述,清华简《子犯子余》简12中的"桼桴",当指鼻子和手上的刑具。睡虎地秦墓竹简《秦律十八种·司空》简134和简147中的"枸椟檽杕",《岳麓书院藏秦简(肆)》简167、《岳麓书院藏秦简(伍)》简220和223均作"枸椟杕"。"枸""檽""杕"应该分别指鼻子、脖子、脚上的刑具,"椟"则对应整理者所说的"木械,如枷或桎梏之类"。

---

① 简牍整理小组编:《居延汉简》(贰),"中研院"历史语言研究所2015年版,第31页;简牍整理小组编:《居延汉简》(壹),"中研院"历史语言研究所2014年版,第131页;甘肃省文物考古研究所、甘肃省博物馆等编:《居延新简:甲渠候官》,中华书局1994年版,第248页。

② 欧扬:《走马楼西汉简刑制史料初探》,《简帛研究二〇一八》(秋冬卷),广西师范大学出版社2019年版,第221-222页。

③ 司马迁撰,裴骃集解,司马贞索隐,张守节正义:《史记》,中华书局1959年版,第1429页。

④ 房玄龄等撰:《晋书》,中华书局1974年版,第922页。

⑤ 参见张其昀:《〈读书杂志〉研究》(上),社会科学文献出版社2013年版,第166-172页。

胡家草场汉简《律令》与
文帝刑制改革

[日] 水间大辅 *

内容摘要： 由于张家山汉简《二年律令》的年代在汉文帝刑制改革前,刑制改革如何具体修订律令条文、改革后不久的情况如何,长期以来缺少直接材料。《荆州胡家草场西汉简牍选粹》登载了113支胡家草场汉简的图版与释文,为该课题的研究带来线索。这批《律令》涉及三族刑的再次制定、司寇等身份刑变为劳役刑、肉刑废止与隐官成为免老对象、赎刑改为罚金刑等改革,是认识汉文帝时期经过各种改革后的汉律令面貌的重要依据。

关键词： 胡家草场汉简　刑制改革　三族刑　身份刑　肉刑

前言

2018 年,湖北省荆州市荆州区胡家草场第 12 号墓出土了大批简

---

* 水间大辅,日本中央学院大学法学部教授。本文受国家社会科学基金重大项目"甲、金、简牍法制史料汇纂通考及数据库建设"(研究代表者：王沛,项目批准号为 20&ZD180)资助。本文原题为《胡家草场汉简"律令"と文帝刑制改革》,《中央学院大学法学论丛》36(1),2022 年。译文由作者本人完成。另,笔者发表拙文后,发现了几个错误之处,故由这篇译文修改。本文不逐一注明修改之处。关于修改之处,请参见《〈胡家草场汉简"律令"と文帝刑制改革〉修订》,《中央学院大学法学论丛》36(2),2023 年。

牍。① 据第 12 号墓的出土器物形制与竹简记载，可以认为墓主下葬的年代应为西汉文帝时期，不早于文帝后元元年（公元前 163 年）。

胡家草场汉简中包含各种文书，其中在本文要讨论的是《律令》。该文书在总计三千多支的竹简上记载了律令条文。其中"律"由"□律""旁律甲""旁律乙"三卷构成，"令"由"令散甲"与其他二卷构成。

2021 年，荆州博物馆、武汉大学简帛研究中心编著的《荆州胡家草场西汉简牍选粹》（以下略称为《选粹》）出版，胡家草场汉简的图版与释文的一部分由此公布。胡家草场汉简的图版、释文此前在胡家草场汉简的整理者所发表的论文等中已经被登载、引用，②但数量极少。由于《选粹》出版，我们才能开始看到一定分量的图版、释文。《选粹》共登载了 113 支《律令》竹简，虽然只不过是全部《律令》的三十分之一，但出现了多个对秦汉法制史研究而言非常重要的条文。

---

① 关于胡家草场汉简的概要，参见荆州博物馆：《湖北荆州市胡家草场墓地 M12 发掘简报》，《考古》2020 年第 2 期；李志芳、蒋鲁敬：《湖北荆州市胡家草场西汉墓 M12 出土简牍概述》，《考古》2020 年第 2 期；《荆州胡家草场西汉墓 M12 出土的简牍》，载中国文化遗产研究院编：《出土文献研究》（第 18 辑），中西书局 2020 年版；《湖北荆州胡家草场西汉墓》，载国家文物局：《2019 中国重要考古发现》，文物出版社 2020 年版；荆州博物馆、武汉大学简帛研究中心编著：《荆州胡家草场西汉简牍选粹》，文物出版社 2021 年版，前言等。

② 参见（1）《湖北荆州出土珍贵西汉简牍和战国楚简极具学术价值》，中国新闻网，https://www.chinanews.com.cn/cul/2019/05-06/8829027.shtml，首发时间 2019 年 5 月 6 日；（2）李志芳：《十大考古候选项目：湖北荆州胡家草场西汉墓地发现大量秦汉简牍》，中国文博微信，https://weibo.com/u/3896555376，首发时间 2020 年 1 月 13 日；（3）李志芳、蒋鲁敬：《湖北荆州市胡家草场西汉墓 M12 出土简牍概述》，《考古》2020 年第 2 期；（4）《荆州胡家草场西汉墓 M12 出土的简牍》，载中国文化遗产研究院编：《出土文献研究》（第 18 辑），中西书局 2020 年版；（5）《湖北荆州胡家草场西汉墓》，载国家文物局编：《2019 中国重要考古发现》，文物出版社 2020 年版；（6）何有祖、李志芳：《张家山汉简〈二年律令〉新编（二则）》，《江汉考古》2020 年第 3 期；（7）何有祖、刘盼、蒋鲁敬：《张家山汉简〈二年律令·赐律〉简序新探——以胡家草场汉简为线索》，《文物》2020 年第 8 期等。限于律令而言，在以上文章中，（2）、（3）、（5）、（6）中可见《选粹》未收录的竹简的图版或释文。

　　有些批次的简牍包括了多个律令条文在内,且其图版与释文已经全面公布,此前时代最晚的是张家山汉简《二年律令》。《二年律令》以吕后二年(公元前 186 年)的律令条文为内容。相对于此,如曹旅宁先生所指出的,胡家草场汉律令是于文帝十三年(公元前 167 年)所实施的废止肉刑等改革以后的。① 根据近年的研究,文帝自文帝元年(前 179 年)至十三年对从秦朝继承下来的刑罚制度进行了大规模的改革,如废止"收"制度与肉刑,② 以及将身份刑改为劳役刑而设定刑期(后文有述)等等。然而,今天已知的汉律令条文的绝对多数属于改革以前,此前未必可知该改革具体如何改变了各个条文的内容。可以说,对了解改革之后不久的具体情况来说,胡家草场汉律令的出土带来了不少线索。

　　《选粹》中只不过公布了该批次简牍的一部分,为了全面研究胡家草场汉简,应该等待其全面公布,但对笔者而言,尽管仅阅读该书,仍有不少发现。在这些发现中,本文拟对关于文帝刑制改革的几个问题进行讨论。

一、三族刑的再次制定

　　三族刑是对罪犯的"三族"即父母、妻子儿女、同产(同父的兄弟姊妹)处死的刑罚。胡家草场汉律令《贼律》中可见一个以其为法定刑的条文:

> 以城邑亭鄣反、降诸侯,及守乘城亭鄣,诸侯人来功(攻)盗,

① 曹旅宁:《从胡家草场汉律简〈贼律〉条文看秦汉髡刑及汉文帝废除肉刑》,简帛网,http://www.bsm.org.cn/?hanjian/8465.html,首发时间 2021 年。

② 《二年律令·收律》云:"罪人完城旦、鬼薪以上,及坐奸府(腐)者,皆收其妻子、财、田宅。"(第 174 号简)据此,"收"是罪犯被处完城旦、耐鬼薪及其以上的刑罚,或因奸罪被处腐刑(宫刑)的情况下,国家没收该罪犯的田宅、财物、妻子儿女。张家山汉简的简号、释文源自彭浩、陈伟、[日]工藤元男主编:《二年律令与奏谳书》,上海古籍出版社 2007 年版。

不坚守而弃去之,若降之,及谋反者,皆要(腰)斩。其城邑反、降,

及守乘城弃去若降之,及谋反者,父母、妻子、同产无少长皆弃市。

谋反者狱具,二千石官案掾移廷,廷以闻,有报,乃以从事。其坐谋

反者,能编(徧)捕,若先告吏,皆除坐者罪。(第 21－24 号简)

笔者曾对汉初三族刑的变迁陈述如下:汉朝当初继承了秦朝的三族刑,但废止于吕后元年(公元前 187 年)。吕后死于吕后八年(前 180 年),其后不久太尉周勃与朱虚侯刘章等人发动政变,杀光了此前掌握政权的吕氏一族,因此三族刑自然恢复。文帝即位后,于元年(前 179 年)再次废止了三族刑,但于后元元年(前 163 年)新垣平的案件被发觉,汉朝对新垣平处以三族刑。文帝在那时或至晚在后元七年(前 157 年)之前再次制定了三族刑。①

笔者将以上鄙见作为一篇论文最初发表是在 2012 年,属于胡家草场汉简出土以前。胡家草场汉简正是文帝时期的,故为了考察文帝时期再次制定三族刑的问题,这是很重要的史料,笔者需要对以上鄙见进行重新探讨。

值得关注的是,与该条律文相似的条文又可见于《二年律令·贼律》:

以城邑亭鄣反、降诸侯,及守乘城亭鄣,诸侯人来攻盗,不坚守而弃去之,若降之,及谋反者,皆要(腰)斩。其父母、妻子、同产无少长皆弃市。其坐谋反者,能徧(徧)捕,若先告吏,皆除坐者罪。②

---

① 水间大辅:《汉初三族刑的变迁》,载朱腾、王沛、水间大辅:《国家形态·思想·制度——先秦秦汉法律史的若干问题研究》,厦门大学出版社 2014 年版(初刊于 2012 年)。

② 《二年律令》是吕后二年的,但其中却有三族刑的规定,乍一看来,似乎与鄙见矛盾,即三族刑被废止于吕后元年。然而,可认为《二年律令》中又包括废止后的条文在内。请详见水间大辅:《汉初三族刑的变迁》,载朱腾、王沛、水间大辅:《国家形态·思想·制度——先秦秦汉法律史的若干问题研究》,厦门大学出版社 2014 年版(初刊于 2012 年)。

（第 1-2 号简）

进而言之,《选粹》出版后,彭浩先生发表一篇论文,其中引用此前未公布的张家山第 336 号墓出土汉简《贼律》一个条文的释文,指出与这些条文相似:

> 以城邑亭鄣反、降诸侯,及守乘城亭鄣,诸侯人来攻盗,不坚守而弃去之,若降之,及谋反者,皆要(腰)斩。①

众所周知,《二年律令》是 1983 年至 1984 年从湖北省荆州市荆州区张家山第 247 号墓出土的文书,1986 年又从其附近的张家山第 336 号墓出土了竹简,其中包括以律令条文为内容的文书。据第 336 号墓出土竹简的记载内容与陶器造型、组合,可认为其下葬年代的上限为文帝七年(公元前 173 年),下限不晚于文帝十三年(前 167 年)。② 关于第 336 号墓汉简的图版与释文,虽然似乎预定在近年之内出版《张家山汉墓竹简(三三六号墓)》,③但目前未全面公布,该竹简的整理者等人在各自论文中仅引用释文的一部分。

总而言之,《二年律令》、张家山第 336 号墓出土汉律、胡家草场汉律令中都可见相同样的条文。比较这三个条文,就可整理如下。"二"是指《二年律令》,"三"是指张家山第 336 号墓汉律,"胡"是指胡家草场汉律令。并且,以下将三者所记的该条律文分别略称为"二

---

① 彭浩:《读胡家草场汉简札记两则》,简帛网,http://www.bsm.org.cn/?hanjian/8462.html,首发时间 2021 年。

② 荆州地区博物馆:《江陵张家山两座汉墓出土大批竹简》,《文物》1992 年第 9 期。该文中不称为"第 336 号墓"而称为"第 136 号墓",但在该文之前所发表的陈跃钧《江陵县张家山汉墓竹简》(载中国考古学会编:《中国考古学年鉴》1987,文物出版社 1988 年版)称为"第 336 号墓",至今为止各位学者亦依此。

③ 彭浩:《读胡家草场汉简札记两则》,简帛网,http://www.bsm.org.cn/?hanjian/8462.html,首发时间 2021 年。

年律令版""第 336 号墓版""胡家草场版"。

二　以城邑亭鄣反、降诸侯，及守乘城亭鄣，诸侯人来攻盗，

三　以城邑亭鄣反、降诸侯，及守乘城亭鄣，诸侯人来攻盗，

胡　以城邑亭鄣反、降诸侯，及守乘城亭鄣，诸侯人来功盗，

二　不坚守而弃去之，若降之，及谋反者，皆要斩。

三　不坚守而弃去之，若降之，及谋反者，皆要斩。

胡　不坚守而弃去之，若降之，及谋反者，皆要斩。

二　其

三

胡　其城邑反、降，及守乘城弃去若降之，及谋反者，

二　父母、妻子、同产无少长皆弃市。

三

胡　父母、妻子、同产无少长皆弃市。谋反者狱具，

二

三

胡　二千石官案掾移廷，廷以闻，有报，乃以从事。

二　其坐谋反者，能偏捕，若先告吏，皆除坐者罪。

三

胡　其坐谋反者，能编捕，若先告吏，皆除坐者罪。

　　可见三者之间有完全或几乎相同的部分，又有完全缺乏记载本身的部分。对于这些差异的原因，彭浩先生认为是在于时

代差异。^① 他根据以下三个理由认为第 336 号墓版公布于文帝元年：其一，第 336 号墓版中不见"父母、妻子、同产无少长皆弃市"，即三族刑的规定；其二，根据第 336 号墓出土的《七年质日》，可认为第 336 号墓汉律的年代下限是文帝七年（公元前 173 年）；其三，《史记》《汉书》都记载缘坐刑被废止于文帝元年。他又根据二年律令版以"其"字替代胡家草场版的"其城邑反、降，及守乘城弃去若降之，及谋反者"，文字更简练，推测胡家草场版的年代应在二年律令版之前，或是高祖时期。相对于此，曹旅宁先生认为，胡家草场版应晚于第 336 号墓版，是文帝以后的条文。^②他又说"连坐犯罪家属的法令在文帝统治后期或者景帝统治初期可能得以恢复"，故似乎认为胡家草场版的具体年代是文帝后期或景帝初期。

对于以上问题，笔者认为如下：如彭浩先生所指出，二年律令版似乎比胡家草场版简练。笔者补充他的解释，则胡家草场版记载"①以城邑亭鄣反、降诸侯，及守乘城亭鄣，诸侯人来功（攻）盗，不坚守而弃去之，若降之，及谋反者，皆要（腰）斩。其②城邑反、降，及守乘城弃去若降之，及谋反者，父母、妻子、同产无少长皆弃市"。即下限②中再次记载下线①中已经说明的事情，虽然稍微有所省略。然而，二年律令版中用"其"的代词避免重复。

并且，二年律令版与第 336 号墓版都作"攻盗"，而胡家草场版作"功盗"。"功"为"攻"的通假字，从本来的意义来看，当作"攻"。因此，二年律令版与第 336 号墓版都在用字的方面亦似乎比较精练。

---

① 彭浩：《读胡家草场汉简札记两则》，简帛网，http：//www.bsm.org.cn/？hanjian/8462.html，首发时间 2021 年。
② 曹旅宁：《胡家草场汉简〈贼律〉"以城邑亭障反"条应是文帝以后汉律》，简帛网，http：//www.bsm.org.cn/？hanjian/8476.html，首发时间 2021 年。

然而,胡家草场版早于二年律令版的观点,不得不让人产生以下疑问:

其一,如下一部分以后所探讨,胡家草场汉律令中随处可见经过文帝刑制改革的痕迹。虽然如此,只有该条律文的年代才属于高祖时期,到底可能有这样的事吗?

其二,假使胡家草场版的年代早于二年律令版,则为何胡家草场汉律令中不收录比较精练的二年律令版,而收录胡家草场版?

其三,虽然二年律令版与第336号墓版都比胡家草场版简练,但后者有前者所没有的规定,即"谋反者狱具,二千石官案掾移廷,廷以闻,有报,乃以从事"的部分,这规定了审判谋反罪的程序(后文有述),本来应是必须不可缺的规定。虽然如此,却特地删除此部分,制定了二年律令版或第336号墓版,则难以想象。

从上所述,笔者认为,胡家草场版的年代不早于二年律令版与第336号墓版,却晚于二年律令版与第336号墓版。在这一点上,鄙见与曹旅宁先生的观点比较近似。进而言之,胡家草场版可认为是伴随着文帝后元元年(公元前163年)以后再次制定三族刑而制定的条文。文帝下诏再次制定了三族刑,官吏在抄写再次制定的部分时,大概不省略为"其",而直接编入到原有的律文中,故胡家草场版的文句这么不简练。胡家草场第12号墓的下葬年代以文帝后元元年为上限。笔者曾指出,文帝再次制定三族刑的年代应是文帝后元元年或至晚在后元七年(前157年)之前,可见与上述探讨结果没有矛盾。

胡家草场版中有"谋反者狱具,二千石官案掾移廷,廷以闻,有报,乃以从事"的规定,可翻译如下:

> [县、道]审理完谋反案件,则"二千石官"(郡守)审查它而向廷尉送文书,廷尉上奏皇帝,如果皇帝做出回答而命令执行刑罚,则[相关部门]按其执行。

　　秦汉时期,刑事案件的审理原则上首先由各地的县、道实施。然而,对于谋反案件,县、道都无权做出最终判决而执行刑罚,必须向郡送审理结果,郡守再审查它。郡又向中央的廷尉送文书。该条律文中只载"移廷,廷以闻",乍一看来,廷尉似乎仅直接将从郡收到的文书的内容上书皇帝,然而廷尉是以司法为专业的机关、官吏,故大概可认为廷尉亦审理它。廷尉上书皇帝,皇帝做出回答而命令执行刑罚,则相关部门执行刑罚。

　　总而言之,当时已经实施近代以前中国法所见的"必要性覆审制"。这是由滋贺秀三先生创造的词汇,"首先让下级机关处理所有的案件,但其决定权按照案件的重要性由一定的上级机关保留,因此重要案件必须自动地经过几级审级",这样规定的结构称为必要性覆审制。①例如在清代,县或州首先审理案件,但嫌疑人的行为在应处徒以上刑罚的情况下,县、州都无权做出判决而执行刑罚,必须将已经认定的事实与适用法律的原案写成文书,将其与嫌疑人本人送到府。

　　必要性覆审制至晚在汉初已经存在,在《选粹》出版以前由相关学者所周知。《二年律令·兴律》云:

　　　县道官所治死罪及过失、戏而杀人,狱已具,勿庸论,上狱属所二千石官。二千石官令毋害都吏复案,问(闻)二千石官。二千石官、丞谨掾,当论,乃告县道官以从事。徼候邑上在所郡守。(第396－397号简)

　　这条律文规定,属于死罪及"过失杀人"(因过失致人死亡)、"戏杀人"(双方在同意的情况下,互相戏要时,错误地致死对方)的案件

---

① ［日］滋贺秀三:《清代中国の法と裁判》,创文社1984年,第23－29页(初刊于1960年)。

的情况下,①即使县、道审理完后也不能执行刑罚,必须向该县、道所属的郡守报告;郡守命令都吏再次审理,都吏向郡守报告其结果;郡守与丞审理其结果,②认定应处执行刑罚,则通知并命令县、道执行刑罚。胡家草场版的"谋反者狱具,二千石官案掾移廷,廷以闻,有报,乃以从事"可以说是上引律文的特别规定,谋反亦本来属于死罪,但此部分特别制定,不仅谋反案件必须由郡再次审理,而且经过由廷尉审理并由皇帝批准。

《二年律令》第396－397号简规定必要性覆审制,至少就"死罪"而言,目的可认为是慎重适用死刑,以防止冤案。③ 在胡家草场版中,谋反案件不仅必须由县、道及郡审理,而且由廷尉审理、由皇帝批准,目的又应是期望更慎重的审理。对于谋反案件,确定有罪,按照法定刑执行刑罚,则招致杀尽罪犯与其三族的重大结果。而且,谋反是"反"即实施叛逆之前的阶段,需要慎重地判断嫌疑人是否真的图谋叛逆。因此,对于谋反,加以廷尉审理、皇帝批准的程序,以加强必要性覆审制。

另一反面,对于"以城邑亭鄣反、降诸侯,及守乘城亭鄣,诸侯人来功(攻)盗,不坚守而弃去之,若降之"即"反"或向敌方投降、放弃防卫设施等行为,不是廷尉审理、皇帝批准的对象。原因可认为是与谋反不同,已经实施犯罪,罪状比较明确的情况多。

"谋反者狱具,二千石官案掾移廷,廷以闻,有报,乃以从事"的部分不见于二年律令版与第336号墓版。然而,此部分未必是至文帝

---

① 关于当时的"过失杀人""戏杀人",请详见水间大辅:《秦汉刑法研究》,知泉书馆2007年,第103－109页(初刊于2003年)。
② "二千石官丞"可读为"二千石官之丞",又可读为"二千石官与丞",而后者正确。参见水间大辅:《秦汉时期承担覆狱的机关与官吏》,载武汉大学简帛研究中心编:《简帛》(第7辑),上海古籍出版社2012年版。
③ 水间大辅:《秦汉时期承担覆狱的机关与官吏》,载武汉大学简帛研究中心编:《简帛》(第7辑),上海古籍出版社2012年版。

后元元年以后才制定的。《二年律令》与第 336 号墓汉律中都可能是在另一条律文规定这种法规，或者抄写人省略而已。

最后，对于胡家草场版，笔者想提出一个问题。胡家草场版中记载"其城邑反、降，及守乘城弃去若降之，及谋反者"，如上所述，这可认为是重复记载开头的"以城邑亭鄣反、降诸侯，及守乘城亭鄣，诸侯人来功（攻）盗，不坚守而弃去之，若降之，及谋反者"的部分，但也有不相同之处。开头记载"以城邑亭鄣反、降诸侯"，而重复部分仅记载"城邑反、降"。重复部分没有"诸侯"，这可认为是省略而已，但重复部分还没有"亭鄣"。因此，严格来解释，胡家草场版与二年律令版不同，守卫亭、鄣之人叛逆，或向诸侯国方投降，则都不是三族刑的对象。并且，开头部分记载"守乘城亭鄣，诸侯人来功（攻）盗，不坚守而弃去之，若降之"，而重复部分记载"守乘城弃去若降之"，还是没有关于亭、鄣的规定。然而，谋反属于图谋的阶段，连谋反亦应处三族刑，故以亭、鄣举旗造反的情况下，不能认为是不应处三族刑。由此可知，重复部分只不过省略"亭鄣"。

二、从身份刑到劳役刑

秦汉时期设有从事劳役的刑罚，如"城旦舂""鬼薪白粲""隶臣妾""司寇"等。这些都是刑罚名称的同时，又是服这些刑罚之人的名称。据关于汉代的传世文献，这些刑罚都设有刑期。1975 年睡虎地秦简出土，其后不久释文公布，由此可知秦国亦设有这些刑罚，学界当初自然认为秦国的这些刑罚亦设有刑期。[①]然而，若将这些刑罚

---

① 关于睡虎地秦简出土以后的城旦舂、鬼薪白粲、隶臣妾、司寇的研究动态，以下参见［日］籾山明《秦汉刑罚史研究の现状——刑期をめぐる论争を中心に——》，籾山明《中国古代诉讼制度の研究》，京都大学学术出版会 2006 年（初刊于 1995 年）；李力译：《秦汉刑罚史的研究现状——以围绕刑期的争论为中心》，载《中国古代诉讼制度研究》，上海古籍出版社 2009 年版；陈中龙：《秦汉刑徒研究评述》，《简牍学报》第 18 期，2002 年；水间大辅：《21 世纪日本秦汉律令研究的动态》，载朱勇编：《中华法系》（第 6 卷），法律出版社 2015 年版等。

理解为有期劳役刑,则出现许多明确矛盾的问题,故后来学界一般认为,在秦及文帝十三年之前的汉,这些刑罚都未设有刑期。进而言之,2001年《二年律令》的图版与释文初次公布后,有些学者认为,在秦及文帝十三年以前的汉,城旦舂以下分别为一种身份,降级为这些身份就是作为刑罚的城旦舂以下。也就是说,城旦舂以下是所谓"身份刑"。然而,于文帝十三年设定刑期,这些身份刑变为服一定期间劳役的劳役刑,可以说以上就是今天学界的定见。

胡家草场汉律令中可见证实这些刑罚确实因文帝刑制改革而变为劳役刑的几个条文。

（一）司寇与耐

秦汉律令中可见一种称为"耐"的刑罚。耐为刮胡子的刑罚,原则上与鬼薪白粲、隶臣妾、司寇的某一种一起适用。《二年律令·具律》云:

> 有罪当耐,其灋不名耐者,庶人以上耐为司寇,司寇耐为隶臣妾。（第90号简）

这条律文规定,法定刑仅记载"耐"的情况下,身份庶人以上之人应处耐司寇,司寇应处耐隶臣妾。例如,《二年律令·贼律》云:

> 船人渡人而流杀人,耐之。（第6号简）

《二年律令·亡律》云:

> 吏民亡,盈卒岁,耐。……其自出殹（也）,笞五十。给逯事,皆籍亡日。辴数盈卒岁而得,亦耐之。（第157号简）

以上两条律文中仅记载"耐"或"耐之",但这些都应该理解为庶人以上应处耐司寇,司寇应处耐隶臣妾。这种规定方式似乎在秦国

亦一样,例如睡虎地秦简《秦律杂抄》云:

> ·分甲以为二甲蒐者,耐。① (第 7 号简)

但是,有些条文中作为法定刑明确记载耐隶臣妾。例如,《二年律令·贼律》云:

> 毁封,以它完封印印之,耐为隶臣妾。(第 16 号简)

该条律文所设想的不是司寇犯耐罪的情况,而是即使庶人以上亦应处耐隶臣妾。在此情况下,不将法定刑省略为“耐”。相对于此,《二年律令》及其以前的律令中不见“耐为司寇”作为法定刑记载在法律条文的例子。

然而,在胡家草场汉律令中,限于已经公布的部分而言,各个条文逐一作为法定刑明确记载“耐为司寇”,而不见作为法定刑仅记载“耐”的例子。如《贼律》云:

> 船人渡人而流杀人,耐为司寇。(第 26 号简)

《亡律》云:

> 吏民亡,盈卒岁,耐为司寇。……其自出也,罚金一两。拾(给)逋事,皆籍亡日。觕数盈卒岁而得,亦耐为司寇。(第 33 -
> 34 号简)

前者是几乎与上引《二年律令》第 6 号简相同的条文,后者是几乎与第 157 号简相同的条文。虽然如此,这两条胡家草场汉律令的条文中不省略为“耐”,而逐一明确记载“耐为司寇”。

胡家草场汉律令中明确记载“耐为司寇”,原因是反映司寇因文

---

① 睡虎地秦简的简号、释文源自陈伟主编:《秦简牍合集:释文注释修订本》(壹),武汉大学出版社 2016 年版。

帝刑制改革而变为劳役刑。在文帝刑制改革之前，被处以司寇的人，除非因遇大赦而被赦免，否则其身份一生一直为司寇。因此，司寇的人数相当多，故对他们重犯制定处罚规定的需要性大。然而，文帝刑制改革的结果，对司寇仅规定两年的刑期，可认为司寇的人数锐减。因此，人数少的司寇仅在两年之间犯一般人应处耐司寇的罪，对这种极其特殊的情况规定法规的必要性应小了。但是，对于作为刑徒服役的人犯罪的情况下，仍应加以与一般人不同的某种制裁，其可推测规定于另一条文。

（二）耐鬼薪白粲的一般化

在秦律令与《二年律令》及其以前的汉律令，耐鬼薪白粲是限于特殊身份的人适用的刑罚。① 例如，《二年律令·具律》云：

> 上造、上造妻以上，及内公孙、外公孙、内公耳玄孙有罪，其当刑及当为城旦舂者，耐以为鬼薪白粲。（第 82 号简）

这条律文规定，爵位"上造"以上之人与其妻子，及皇族与其外戚的一部分，所犯之罪应处肉刑或城旦舂的情况下，应处耐鬼薪白粲。也就是说，他们都享有特权，即被免除适用肉刑与城旦舂，减刑为耐鬼薪白粲。

然而在胡家草场汉律令中，可见作为犯罪的法定刑规定耐鬼薪白粲的条文，适用对象不限于特殊身份之人：

> 盗臧（赃）直（值）六百钱以上，髡为城旦舂。不盈到五百，完为城旦舂。不盈到四百，耐为鬼薪白粲。不盈到三百，耐为隶

---

① ［日］宫宅洁：《中国古代刑制史の研究》，京都大学学术出版会 2011 年，第 96－102 页（初刊于 2006 年）；杨振红、单印飞、王安宇、魏永康译：《中国古代刑制史研究》，广西师范大学出版社 2016 年版，第 82－88 页。

臣妾。不盈到二百,耐为司寇。不盈到百,罚金八两。不盈到一钱,罚金(《盗律》,第14－15号简)

这条律文是规定盗窃罪处罚的,按照所窃取的财物价值,规定法定刑。据此可知,窃取的财物相当于未满500钱且400钱以上的情况下,应处耐鬼薪白粲。另,《二年律令·盗律》云:

> 盗臧(赃)直(值)过六百六十钱,黥为城旦春。六百六十到二百廿钱,完为城旦春。不盈二百廿到百一十钱,耐为隶臣妾。不盈百一十到廿二钱,罚金四两。不盈廿二钱到一钱,罚金一两。(第55－56号简)

可见相当于该条的条文,但不作为法定刑规定耐鬼薪白粲。

这样,在胡家草场汉律令的时期,耐鬼薪白粲已经与身份没有任何关系,作为法定刑之一使用。原因应是耐鬼薪白粲只变为劳役刑,事实上仅有显示刑期的指标的意义。

(三) 系城旦春的废止

"系城旦春"见于秦律令与《二年律令》及其以前的汉律令,是暂时作为城旦春服役的刑罚。如上所述,当时的城旦春本来是降级身份的刑罚,但系城旦春是服役期满后就被赦免。

然而在胡家草场汉律令中已经公布的部分,不见系城旦春。而且有这样的例子,即《二年律令》处以系城旦春的行为,在胡家草场汉律令中处以别的刑罚。《二年律令·亡律》云:

> 吏民亡,盈卒岁,耐。不盈卒岁,毄(系)城旦春。(第157号简)

这条律文规定,吏、民逃亡,逃亡期间未满一年的,应处系城旦春。几乎与此相同的条文见于胡家草场汉律令《亡律》:

吏民亡,盈卒岁,耐为司寇。不盈卒岁,作官府,偿亡日。
（第 33 号简）

这条律文规定,逃亡期间未满一年的,应在官府从事劳役,以抵逃亡日数的劳役。这样,系城旦舂改为别的刑罚,原因应是文帝十三年以后城旦舂本身改为有期劳役刑,暂时处以城旦舂没有意义了。虽然胡家草场汉律令全都公布以后才能断言如上所述,但笔者目前推测系城旦舂被废止于文帝十三年。

三、肉刑的废止与隐官

《汉书》卷二三《刑法志》云：

> 丞相张苍、御史大夫冯敬奏言："……臣谨议请定律曰：'……当黥者,髡钳为城旦舂。当劓者,笞三百。当斩左止者,笞五百。当斩右止,及杀人先自告,及吏坐受赇枉法,守县官财物而即盗之,已论命复有笞罪者,皆弃市……'"制曰："可。"

即肉刑被废止于文帝十三年,"斩右趾"改为弃市,"斩左趾"改为"笞五百","劓"改为"笞三百","黥"改为"髡钳"（剃光头发,戴上枷具）。胡家草场汉律令中明确可见废止肉刑后的条文：

> 盗臧（赃）直（值）六百钱以上,髡为城旦舂。不盈到五百,完为城旦舂。不盈到四百,耐为鬼薪白粲。不盈到三百,耐为隶臣妾。不盈到二百,耐为司寇。不盈到百,罚金八两。不盈到一钱,罚金（《盗律》,第 14-15 号简）

> 贼燔寺舍、民室屋、庐舍、积寂（聚）,髡为城旦舂。其失火延燔之,罚金四两,责所燔。（《贼律》,第 25 号简）

《二年律令》可见与这些相当的条文：

盗臧(赃)直(值)过六百六十钱,黥为城旦舂。六百六十到二百廿钱,完为城旦舂。不盈二百廿到百一十钱,耐为隶臣妾。不盈百一十到廿二钱,罚金四两。不盈廿二钱到一钱,罚金一两。(《盗律》,第 55－56 号简)

贼燔寺舍、民室屋、庐舍、积寂(聚),黥为城旦舂。其失火延燔之,罚金四两,责所燔。(《贼律》,第 4－5 号简)

如上所述,胡家草场汉律令第 14 号简中按照所窃取的财物价值规定刑罚。与《二年律令》第 55－56 号简比较起来,尽管两者之间在构成要件与法定刑上有所不同,但适用最重刑罚的条件在胡家草场汉律令为 600 钱以上,而在《二年律令》为超过 660 钱,钱数近似。对于这些行为,前者的法定刑为"髡为城旦舂",后者的法定刑为"黥为城旦舂"。另外,胡家草场汉律令第 25 号简与《二年律令》第 4－5 号简之间,除了"髡"与"黥"以外,连一字都没有不同之处。

综上可见《二年律令》中有些条文以"黥"为法定刑,而胡家草场汉律令皆改为"髡"。这意味着胡家草场汉律令是已经经过文帝十三年刑制改革之后的。另,"髡"本来应当记载"髡钳",但这些条文中都应省略"钳"字。

但是,乍一看来,胡家草场汉律令中有个条文可窥见肉刑的存在:

大夫以上年五十八,不更六十二,簪袅六十三,上造六十四,公士六十五,士五(伍)六十六,隐官六十七,皆为免老。(《傅律》,第 86 号简)

这条律文按照身份规定"免老"的年龄。免老谓因达到一定年龄而被免除徭役之人。可见身份越高,免老的年龄越早。此处值得关注的是,这条律文中有"隐官"。隐官是遭受肉刑之人被赦免后赋予的身份。也就是说，隐官以肉刑的存在为前提。然而，文帝十三年以前遭受肉刑之人，在废止肉刑后亦应一定程度地在世，故暂时需要如这条律文那样的规定。

另，《二年律令·傅律》云：

　　大夫以上年五十八，不更六十二，簪袅六十三，上造六十四，公士六十五，公卒以下六十六，皆为免老。（第 356 号简）

可见几乎与上引胡家草场汉律令《傅律》相同的条文，胡家草场汉律令作"士五（伍）六十六，隐官六十七"，而《二年律令》作"公卒以下六十六"。《二年律令·户律》云：

　　关内侯九十五顷，大庶长九十顷，驷车庶长八十八顷，大上造八十六顷，少上造八十四顷，右更八十二顷，中更八十顷，左更七十八顷，右庶长七十六顷，左庶长七十四顷，五大夫廿五顷，公乘廿顷，公大夫九顷，官大夫七顷，大夫五顷，不更四顷，簪袅三顷，上造二顷，公士一顷半顷，公卒、士五（伍）、庶人各一顷，司寇、隐官各五十亩。（第 310－312 号简）

这条律文规定，国家对吏、民按照爵位或身份所分发的田地面积。按照面积由大至小排列，故可知按照爵位、身份由高至下列出。因此，结尾的"公卒、士五（伍）、庶人各一顷，司寇、隐官各五十亩"亦显示身份由高至下顺序是公卒、士伍、庶人、隐官。照字面解释，《二年律令·傅律》的"公卒以下"不仅是指公卒、士伍、庶人、司寇、隐官，而且是指身份比司寇、隐官更下之人，即隶臣妾、鬼薪白粲、城旦春。

然而，从国家来看，刑徒的存在意义就是从事劳役，故很难认为国家还以司寇、隶臣妾、鬼薪白粲、城旦春为免老的对象。如果还以他们为免老的对象，即使已经达到免老年龄之人犯应处身份刑之罪，也无需从事劳役了，没有道理。①由此可以认为，至少司寇等刑徒不被包括在"公卒以下"内。

　　相对于此，隐官是从刑徒身份解放的人，故被作为免老的对象也不足为奇。然而在胡家草场汉律令，隐官的免老年龄为 67 岁，与士伍的 66 岁有差异。假使《二年律令》的"公卒以下"中包括隐官在内，则《二年律令》以后特地区别隐官与公卒以下，使隐官达到免老年龄推迟一年，然而难以认为有理由实施这种改革。并且，若胡家草场汉律令第 86 号简的规定制定于文帝刑制改革时或其以后，则使隐官达到免老年龄推迟一年与文帝刑制改革的减轻刑罚的倾向有矛盾，如废止"制"制度、肉刑，及身份刑改为劳役刑。由此可以认为，《二年律令》的"公卒以下"不包括隐官在内，仅是指公卒、士伍、庶人。

　　那么说来，关于隐官的免老，可以提出以下可能性。虽然在《二年律令》的时期尚有关于隐官的免老规定，但为《二年律令》第 356 号简的抄写人所省略，或者规定于另一个条文。假使如此，则可推测隐官的免老年龄为 67 岁，与公卒、士伍、庶人设有区别。或者并非不能

---

①　《二年律令·具律》云："公士、公士妻及□□行年七十以上，若年不盈十七岁，有罪当刑者，皆完之。"（第 83 号简）这条律文规定，70 岁以上之人犯应处"刑"（肉刑）之罪的情况下，免除肉刑，但不免除身份刑。在秦律令与《二年律令》及其以前的汉律令，不见因老龄免除身份刑的规定。但是，于文帝十三年身份刑改为劳役刑之后，可见因老龄免除刑罚本身的规定。《汉书》卷八《宣帝纪》元康四年条云："四年春正月，诏曰：'……自今以来，诸年八十以上，非诬告杀伤人，佗皆勿坐。'"武威市磨咀子第 18 号墓出土《王杖十简》云："制诏御史曰：'年七十受王杖者，比六百石，入官廷不趋，犯罪耐以上毋二尺告劾。'"（第 2 号简）武威市磨咀子汉墓出土《王杖诏令册》云："制诏御史：年七十以上，人所尊敬也。非首（手）杀伤人，毋告劾，它毋所坐。"（第 1 号简）武威市旱滩坡汉墓出土《王杖断简》云："制诏御史：秦年七十以上，比吏六百石，出入官府不趋，毋二尺告刻〈劾〉。"（第 1 号简）据这些法规，80 岁以上之人，后来 70 岁以上之人，除了犯罪的一部分以外，不被论罪。《王杖十简》的简号、释文源自中国科学院考古研究所、甘肃省博物馆著：《武威汉简》，文物出版社 1964 年版；《王杖诏令册》的简号、释文源自武威县博物馆：《武威新出王杖诏令册》，载甘肃省文物工作队、甘肃省博物馆编：《汉简研究文集》，甘肃人民出版社 1984 年版；《王杖断简》的简号、释文源自武威地区博物馆：《甘肃武威旱滩坡东汉墓》，《文物》1993 年第 10 期。

认为在《二年律令》的时期未以隐官为免老的对象，因文帝十三年废止肉刑而以隐官为免老的对象。

笔者认为胡家草场汉律令是经过文帝十三年刑制改革之后的，其中可见隐官与这种观点没有矛盾。但是，胡家草场汉简的图版、释文目前还只不过公布一部分，未公布的部分可能包括关于肉刑的规定在内，即使如此，也可认为那只不过是遗留已经化为空文的。

四、赎刑与罚金刑

"赎"是财产刑之一，至少在汉代是缴纳黄金或与此相当的钱的刑罚。①秦汉时期的赎刑有代替刑（换刑）与法定刑两种：前者是让缴纳黄金等财物，以免除本来应当适用的刑罚；后者是在各个条文中作为各种犯罪的法定刑规定的。②

赎刑以"赎"+刑罚名称表示，具体如"赎黥""赎耐"等。《二年律令·具律》云：

> 赎死，金二斤八两。赎城旦舂、鬼薪白粲，金一斤八两。赎斩、府（腐），金一斤四两。赎劓、黥，金一斤。赎耐，金十二两。赎耐（迁），金八两。（第119号简）

---

① 《二年律令·金布律》云："有罚、赎、责（债）当入金，欲以平贾（价）入钱，及当受购、偿而毋金，及当出金、钱县官而欲以除其罚、赎、责（债），及为人除者，皆许之。"（第427号简）据此可知，赎刑可以用钱代替黄金缴纳。

② ［日］角谷常子：《秦汉时代の赎刑》，载梅原郁编：《前近代中国の刑罚》，京都大学人文科学研究所1996年版；陈青、胡平生译：《秦汉时代的赎刑》，载李学勤、谢桂华主编：《简帛研究2001》，广西师范大学出版社2001年版；［日］冨谷至：《秦汉刑罚制度の研究》，同朋舍1998年版，第69－74页；柴生芳、朱恒晔译：《秦汉刑罚制度研究》，广西师范大学出版社2006年版，第38－43页；［韩］林炳德：《张家山汉简"二年律令"의刑罚制度（Ⅰ）——肉刑과罚金刑·赎刑——》，（韩国）《中国史研究》（第19辑），2002年；张建国：《论西汉初期的赎》，《政法论坛》2002年第5期；李均明：《张家山汉简所见刑罚等序及相关问题》，载饶宗颐编：《华学》（第6辑），紫禁城出版社2003年版；水间大辅：《秦汉刑法研究》，第64－65页等。

　　这条律文规定赎刑的种类,及应当缴纳的黄金重量。作为法定刑的赎刑,与作为代替刑的赎刑不同,本来应当适用的刑罚是赎刑本身,故在"赎"+刑罚名称中,刑罚名称的部分,如"赎黥""赎耐"等,没有刑罚本来的意义,只不过是显示赎刑轻重的指标。

　　除了赎刑以外,《二年律令》还有一名称为"罚金"的刑罚,这亦是让缴纳黄金或与此相当的钱的刑罚。① 罚金有一斤、八两、四两、二两、一两的等级。笔者曾提出过一个疑问,即在这些等级中,一斤是在赎劓、赎黥也需要缴纳的黄金重量,八两是在赎迁也需要缴纳的重量,赎刑与罚金刑之间有所重复。②

　　关于此问题有这样的例子,即《二年律令》以赎刑为法定刑的条文,在胡家草场汉律令中将法定刑改为罚金,原因可能是解除这种重复情况:

　　　　船人渡人而流杀人,耐之。船啬夫、吏主者赎耐。其杀马牛及伤人,船人赎耐。船啬夫、吏赎鼜(迁)。(《二年律令·贼律》,第6号简)

　　　　船人渡人而流杀人,耐为司寇。船啬夫、吏主者罚金十二两。其杀马牛及伤人,船人罚金十二两。船啬夫、吏罚金八两。(胡家草场汉律令《贼律》,第26-27号简)

　　　　当戍,已受令而逋不行盈七日,若戍盗去署及亡过一日到七日,赎耐。(《二年律令·兴律》,第398号简)

　　　　诸当戍,已受令而逋不行盈五日,若盗去署及亡过一日到五日,罚金十二两。(胡家草场汉律令《兴律》,第49-50号简)

---

① 据上引《二年律令·金布律》的条文可知,罚金亦可以用钱缴纳。
② 水间大辅:《秦汉刑法研究》,知泉书馆2007年版,第70-72页(初刊于2004年)。

　　越邑、里、官、市院垣，若故坏决道出入，及盗启门户，皆赎
黥。（《二年律令·杂律》，第 182 号简）

　　越邑、里、官、市院垣，若故坏决道出入，及盗启门户，皆罚金
一斤。（胡家草场汉律令《杂律》，第 56 号简）

可见赎黥改为罚金一斤，赎耐改为罚金十二两，赎迁改为罚金八
两。但是，黄金的重量本身没有变化，故可知事实上仅改定了刑罚的
名称。如笔者曾所指出，除上以外还有一例，即一个《二年律令》的条
文以赎刑为法定刑，而后代改为罚金刑：①

　　殴兄姊及亲父母之同产，耐为隶臣妾。其奏谳署之，赎黥。
（《二年律令·贼律》，第 41 号简）

　　殴亲父母及〈之〉同产，②耐为司寇、作如司寇。其奏谳署
之，罚金一斤。（悬泉汉简Ⅱ0115③∶421）

在悬泉汉简所记的纪年中，最早的为西汉武帝元鼎六年（公元前
111 年），最晚的为东汉安帝永初元年（公元 107 年），尤其最多的为
西汉后期的宣帝、元帝、成帝时期。③无论如何，悬泉汉简的年代远远
晚于《二年律令》，可见赎黥改为罚金一斤。

　　然而，似乎并不是从吕后二年的《二年律令》到文帝刑制改革
之后的胡家草场汉律令之间，废止作为法定刑的赎刑，全都改为罚

---

① 　水间大辅：《秦汉刑法研究》，知泉书馆 2007 年版，第 71–72 页（初刊于 2004 年）。
② 　"及"当为"之"之误。参见水间大辅：《秦汉刑法研究》，知泉书馆 2007 年版，第 94 页
　　（初刊于 2003 年）。
③ 　甘肃简牍博物馆、甘肃省文物考古研究所、陕西师范大学人文社会科学高等研究院、
　　清华大学出土文献研究与保护中心编：《悬泉汉简》（壹），中西书局 2019 年版，前言；
　　戴春阳：《大漠雄风：丝路瑰宝——敦煌悬泉置汉晋驿站遗址考古发掘》，载《悬泉汉
　　简》（壹），中西书局 2019 年版。后者认为，纪年最早的为武帝太始三年（公元前 94
　　年），最晚的为和帝永元十三年（公元 101 年）。然而，这篇论文原来是 2000 年发表
　　的，其后伴随着悬泉汉简的整理进展，应明确了纪年最早的为元鼎六年，最晚的为永
　　初元年。

金刑。实际上，胡家草场汉律令中亦可见一例作为法定刑的赎刑：

匿罪人，各与同罪。舍若取亡罪人为庸，不智（知）其亡，盈五日，罪司寇以上，各以其赎论之。（《亡律》，第35－37号简）

这条律文的大意如下：藏匿罪人的，应处与罪人相同的刑罚；不知逃亡中的罪人而让住宿，或雇他让工作，这些行为达到五日以上，且罪人之罪属于司寇以上的，分别“以其赎论之”。“以其赎论之”应是例如罪人犯耐司寇之罪而逃亡的情况下，有人不知逃亡中的罪人而让住宿，或雇他让工作，这些行为达到五日以上的，应处赎耐。

另外，武帝时期的走马楼汉简云：①

九月丁卯，仓啬夫午行鄮丞事，敢告临湘丞主：案赎罪以下写府辟报爰书移书到令史可问它言史（第8号简）

其中可见“赎罪以下”的语句。这意味着赎刑在当时亦被置于刑罚等级上。《晋书》卷三〇《刑法志》引《新律序略》云：

其死刑有三，髡刑有四，完刑、作刑各三，赎刑十一，罚金六，杂抵罪七。

基于汉律令而制定的三国魏《新律》中，赎刑还是与死刑、劳役刑、罚金刑等被并举。可知赎刑在汉代从头至尾被置于正规的刑罚。

冨谷至先生曾提出了一个观点，即作为正刑的赎刑因文帝十三年的刑制改革而被吸收到劳役刑中，并消失。② 相对于此，笔者曾提

① 郑曙斌、张春龙、宋少华、黄朴华编著：《湖南出土简牍选编》，岳麓书社2013年版，第266－268页。简号、释文亦源自同书。

② 冨谷至：《秦汉刑罚制度の研究》，同朋舍1998年版，第194－206页；柴生芳、朱恒晔译：《秦汉刑罚制度研究》，广西师范大学出版社2006年版，第125－133页。

出过一个观点，即赎刑被吸收到罚金刑而非吸收到劳役刑。① 查胡家草场汉律令，则可见赎刑改为罚金刑的几个例子，故似乎可以说赎刑倾向于被吸收到罚金刑。然而，作为法定刑的赎刑并非因文帝刑制改革消灭，而其后亦留存下来。进而言之，作为法定刑的几个赎刑改为罚金刑的未必是文帝时期，而也不能否定实施于吕后二年以后的吕后时期的可能性。

结语

本文通过对胡家草场汉律令已经公布的部分进行分析，明确了关于刑罚的几个问题。有些学者可能提出批评，认为我们应该等待胡家草场汉律令的图版、释文全面公布再开始研究，但学界不能忽视已经公布的简文对秦汉刑法研究的价值。当全面公布时，笔者希望再对本文内容进行探讨。

---

① 　水间大辅：《秦汉刑法研究》，知泉书馆 2007 年版，第 71－72 页（初刊于 2004 年）。

胡家草场汉简《律令》与张家山
汉简《二年律令》对照表

［日］水间大辅*

内容摘要：汉文帝时期的胡家草场汉简律令条文的图版与释文已部分刊载于《荆州胡家草场西汉简牍选粹》一书，以及该书出版前整理者所发表的论文。胡家草场汉简律令与吕后二年的张家山汉简《二年律令》有许多共同的条文，但这些共同的条文往往在犯罪构成要件、法定刑、用字等方面存在差异。对二者的逐条对照有利于对西汉法律制度的进一步了解。

关键词：胡家草场汉简　《二年律令》　对照表

前言

　　2018 年，湖北省荆州市荆州区胡家草场第 12 号墓出土了大批简

---

* 水间大辅，日本中央学院大学法学部教授。本文受国家社会科学基金重大项目"甲、金、简牍法制史料汇纂通考及数据库建设"（研究代表者：王沛，项目批准号为 20&ZD180）资助。本文原题为《胡家草场汉简"律令"と张家山汉简"二年律令"对照表》，《中央学院大学法学论丛》36（1），2022 年。译文由作者本人完成。另，笔者发表拙文后，发现了几个错误之处，故由这篇译文修改。本文不逐一注明修改之处。关于修改之处，请参见《〈胡家草场汉简律令と文帝刑制改革〉修订》，《中央学院大学法学论丛》36（2），2023 年。

牍,其中有以西汉文帝时期的律令条文为内容的文书。① 2021 年,荆州博物馆、武汉大学简帛研究中心编著的《荆州胡家草场西汉简牍选粹》(以下略称为《选粹》)出版,简牍的图版与释文的一部分由此公布。值得关注的是,该简牍中多有与西汉吕后二年(公元前 186 年)的《二年律令》共同的条文。另一方面,两者的各个条文比较起来,可见在犯罪构成要件、法定刑、用字等方面有所相异,探讨这些相异之处的意义就成为胡家草场汉律令研究的课题之一。笔者在着手胡家草场汉律令的研究之前,为可一眼掌握胡家草场汉律令与《二年律令》各个条文的异同,编写了胡家草场汉律令与《二年律令》的对照表,本是作为笔者的私用资料编写的,今将其公布,以为立志从事胡家草场汉律令研究的诸位同仁提供方便。

凡例

一、《二年律令》的简号、释文源自彭浩、陈伟、[日] 工藤元男主编:《二年律令与奏谳书》,上海古籍出版社 2007 年版;胡家草场汉律令的简号、释文源自《选粹》。但是,在《选粹》出版之前,由整理者发表的论文等中引用、登载的胡家草场汉简的一些图版、释文,又有未收录于《选粹》的。未收录于《选粹》的竹简的简号、释文源自这些论文。

本文所引《二年律令》与胡家草场汉律令的释文中有根据图版修

---

① 关于胡家草场汉简的概要,参见荆州博物馆:《湖北荆州市胡家草场墓地 M12 发掘简报》,《考古》2020 年第 2 期;李志芳、蒋鲁敬:《湖北荆州市胡家草场西汉墓 M12 出土简牍概述》,《考古》2020 年第 2 期;《荆州胡家草场西汉墓 M12 出土的简牍》,载中国文化遗产研究院编:《出土文献研究》(第 18 辑),中西书局 2020 年版;《湖北荆州胡家草场西汉墓》,载国家文物局编:《2019 中国重要考古发现》,文物出版社 2020 年版;荆州博物馆、武汉大学简帛研究中心编著:《荆州胡家草场西汉简牍选粹》,文物出版社 2021 年版,前言等。

改的地方,逐一注明。另外,《选粹》的释文比较严格地隶定,如用"髲""疾""賊""宬""劈""庤""賜"等字。然而有些汉字又使用通行字体,如"暜""丛"作"智""亡",隶定的标准不尽统一。本文按照已有的简牍整理本的惯例,尽量使用通行字体。因此,本文所引《选粹》的有些释文改为通行字体,但不逐一注明。

　　本文适当地修改了《二年律令》与胡家草场汉律令的释文的标点,不逐一注明。

　　一、本文按照《选粹》的简号顺序排列条文。另外,由整理者发表的论文等中引用、登载的与《二年律令》共同的胡家草场汉律令条文,其未收录于《选粹》的,登载于本文结尾。

　　一、各行开头的"**二**"指《二年律令》,"**胡**"指胡家草场汉律令。

　　一、胡家草场汉律令中可见仅记载律令篇目的竹简,如"贼律""少府令"等,①但这些本身非律令条文,故本文不敢探讨。

1.《二年律令》第 55－56 号简(盗律)、胡家草场汉律令第 14－15 号简(盗律)

二　盗臧直过六百六十钱,　　黥为城旦舂。

胡　盗臧直　六百　　钱以上,髡为城旦舂。

二　六百六十到二百廿钱,完为城旦舂。

胡　不盈　　到五百,　完为城旦舂。

二

胡　不盈到四百,耐为鬼薪白粲。

---

①　关于胡家草场汉律令与《二年律令》所见篇目的共同点、相异点,有陈伟《秦汉简牍所见的律典体系》(《中国社会科学》2021 年第 1 期)等论考。

二　不盈二百廿到百一十钱，耐为隶臣妾。

胡　不盈　　　到三百，　　　耐为隶臣妾。

二　不盈百一十　　　　　　　　　到廿二钱，罚金四两。

胡　不盈到二百，耐为司寇。不盈到百，　罚金八两。

二　不盈廿二钱到一钱，罚金一两。

胡　不盈　　　到一钱，罚金

2.《二年律令》第 65－67 号简（盗律）、胡家草场汉律令第 16－17 号简（盗律）

二　群盗及亡从群盗，殴折人枳，胅体，及令仳窭，

胡

二　若缚守将人而强盗之，及投书、县人书，恐猲人以求钱财，

胡　　　　　　　　　　　　　　　　　　猲人以求钱财，

二　盗杀伤人，盗发冢，①略卖人若已略未卖，桥相以为吏，

胡　盗杀伤人，盗发冢，　略卖人若已略未卖，挢相以为吏，

二　自以为吏以盗，皆磔。

胡　自以为吏以盗，皆磔。

---

① "盗发冢"的"冢"，《二年律令与奏谳书》的释文作"塚"。据图版，不见土字旁。

二　智人略卖人而与贾，①与同罪。不当卖而和为人卖，
胡　智人略卖人而与贾，　与同罪。不当卖而和为人卖，

二　卖者皆黥为城旦舂。　买者智其请，　与同罪。
胡　卖者　　　　　　　　　及智其请而买者，皆弃市。

3.《二年律令》第 78－79 号简（盗律）、胡家草场汉律令第 18－20 号简（盗律）

二　诸有叚于县道官，事已，叚当归弗归，盈廿日，
胡　诸有叚于县道官，事已，叚当归弗归，盈廿日，

二　以私自假律论。②　其叚别在它所，有物故毋道归叚者，
胡　以私自假律论。　　其叚别在它所，有物故毋道归叚者，

二　自言在所县道官，县道官以书告叚在所县道官收之。
胡　自言在所县道官，县道官以书告叚在所县道官收之。

二　其不自言，盈廿日，亦以私自假律论。其叚已前入它官，
胡　其不自言，盈廿日，亦以私自假律论。其叚已前入它官，

二　及在县道官非
胡　及在县

────────────

① 在胡家草场汉律令中，"皆磔"之下直接书写"智人略卖人而与贾"以下的内容，但在《二年律令》中，据图版，"皆磔"之下有十字左右的空格（第 66 号简），"智人略卖人而与贾"以下在另一竹简书写（第 67 号简）。参见何有祖、李志芳：《张家山汉简〈二年律令〉新编（二则）》，《江汉考古》2020 年第 3 期。

② "私自假律"的"假"，《二年律令与奏谳书》的释文作"叚"。据图版，该字的左边可见人字旁。

**4.《二年律令》第 1－2 号简（贼律）、胡家草场汉律令第 21－24
号简（贼律）**

二　以城邑亭鄣反、降诸侯，及守乘城亭鄣，①诸侯人来攻盗，
胡　以城邑亭鄣反、降诸侯，及守乘城亭鄣，　诸侯人来功盗，

二　不坚守而弃去之，若降之，及谋反者，皆要斩。
胡　不坚守而弃去之，若降之，及谋反者，皆要斩。

二　其
胡　其城邑反、降，及守乘城弃去若降之，及谋反者，

二　父母、妻子、同产无少长皆弃市。
胡　父母、妻子、同产无少长皆弃市。

二
胡　谋反者狱具，二千石官案掾移廷，廷以闻，有报，乃以从事。

二　其坐谋反者，能偏捕，若先告吏，皆除坐者罪。
胡　其坐谋反者，能编捕，若先告吏，皆除坐者罪。

**5.《二年律令》第 4－5 号简（贼律）、胡家草场汉律令第 25 号简
（贼律）**

二　贼燔城、官府及县官积聚，弃市。
胡

---

① 　"以城邑亭鄣反"与"及守乘城亭鄣"的"鄣"，《二年律令与奏谳书》的释文作"障"。
　　据图版，明确作"鄣"。

二　贼燔寺舍、民室屋、庐舍、积寂,①黥为城旦舂。

胡　贼燔寺舍、民室屋、庐舍、积寂,　髡为城旦舂。

二　其失火延燔之,罚金四两,责所燔。

胡　其失火延燔之,罚金四两,责所燔。

二　乡部、官啬夫、吏主者弗得,罚金各二两。

胡

6.《二年律令》第 6－8 号简(贼律)、胡家草场汉律令第 26－29 号简(贼律)

二　船人渡人而流杀人,耐之。

胡　船人渡人而流杀人,耐为司寇。

二　船啬夫、吏主者赎耐。

胡　船啬夫、吏主者罚金十二两。

二　其杀马牛及伤人,船人赎耐。

胡　其杀马牛及伤人,船人罚金十二两。

二　船啬夫、吏赎罨。　　其败亡粟米、它物,出其半,

胡　船啬夫、吏罚金八两。其败亡粟米、它物,出其半,

---

①　"县官积寂"与"民室屋、庐舍、积寂"的"寂",《二年律令与奏谳书》的释文作"冣"。据图版,后者的"冣"缺少竹简的左半部分,无法判读是宝盖儿还是秃宝盖。但是,前者的"寂"明确可知是宝盖儿。

二 以半负船人。舳舻负二,徒负一。其可纽毂而亡之,
胡 以半负船人。舳舻负二,徒负一。其可纽毂而亡之,

二 尽负之。舳舻亦负二,徒负一。罚船啬夫、吏金各四两。
胡 尽负之。舳舻亦负二,徒负一。罚船啬夫、吏金各四两。

二 流杀伤人,杀马牛,有亡粟米、它物者,不负。
胡 流杀伤人,杀马牛,有亡米粟、它物者,不负。

7.《二年律令》第71－73号简(盗律)、胡家草场汉律令第30号简(贼律)

二 相与谋劫人、劫人,而能颇捕其与,若告吏,吏捕颇得之,
胡 相与谋劫人、劫人,而能颇捕其与,若告吏,吏捕颇得之,

二 除告者罪,有购钱人五万。所捕告得者多,以人数购之,
胡 除告者罪,有购钱人五万。所捕告得者多,以

二 而勿责其劫人所得臧。所告毋得者,若不尽告其与,
胡

二 皆不得除罪。诸予劫人者钱财,及为人劫者,
胡

二 同居智弗告吏,皆与劫人者同罪。劫人者去,未盈一日,
胡

二　能自颇捕,若偏告吏,皆除。

胡

8.《二年律令》第 162－163 号简(亡律)、胡家草场汉律令第 31 号简(亡律)

二　奴婢为善而主欲免　者,许之。奴命曰私属,婢为庶人,

胡　民欲免奴婢以为私属者,许。

二　　　　皆复使及筭事之,　如奴婢。主死若有罪,

胡　其有罪　　　　及筭事之,皆如奴婢。主死若

二　以私属为庶人,刑者以为隐官。所免不善,

胡

二　身免者得复入奴婢之。其亡,有它罪,以奴婢律论之。

胡

9.《二年律令》第 160 号简(亡律)、胡家草场汉律令第 32 号简 (亡律)

二　奴婢亡,自归主、主亲所智,

胡　奴婢亡,自归主、主亲所智,

二　及主、主父母、子若同居求自得之,　其当论畀主,

胡　及主、　父母、子若同居求自得之,①其当论畀主,

---

① "主、父母、子若同居求自得之"的"主、父母",《选粹》的释文作"主父母"。 （转下页）

二　而欲勿诣吏论者,皆许之。

胡　而欲勿诣吏

10.《二年律令》第 157 号简(亡律)、胡家草场汉律令第 33－34 号简(亡律)

二　吏民亡,盈卒岁,耐。　　　　不盈卒岁,鬵城旦舂。

胡　吏民亡,盈卒岁,耐为司寇。不盈卒岁,

二　公士、公士妻以上作官府,皆偿亡日。其自出殴,笞五十。

胡　　　　　　　　　　　作官府,　偿亡日。其自出也,罚金一两。

二　给逋事,皆籍亡日。鞫数盈卒岁而得,亦耐之。

胡　拾逋事,皆籍亡日。鞫数盈卒岁而得,亦耐为司寇。

11.《二年律令》第 167 号简和第 172 号简(亡律)、①胡家草场汉律令第 35－37 号简(亡律)

二　匿罪人,死罪,黥为城旦舂,它各与同罪。

胡　匿罪人,　　　　　　　　　各与同罪。

(接上页) 据《选粹》的释文,"主父母"以下的意思应是"主人之父母、子,或(与主人)'同居'之人,亲自抓住逃亡中的奴婢"。如此说来,该条律文中却没有规定主人亲自抓住逃亡中奴婢的情况,这是难以想象的。因此,"主父母"当读为"主、父母","主、父母、子"解释为"主人及(主人之)父母、子"之意。但是,在《二年律令》,"主"之下有重文符号,可解释为"主、主父母、子"即"主人及主人之父母、子"之意。胡家草场汉律令的"主父母"的"主"或是掉重文符号。

① 何有祖先生根据胡家草场汉律令第 35－37 号简,认为《二年律令》第 167 号简的下一简是第 172 号简,两简可连读。参见《〈荆州胡家草场西汉简牍选粹〉读后记》,载武汉大学简帛研究中心编:《简帛》(第 23 辑),上海古籍出版社 2021 年版。其说可从。

二　其所匿未去而告之,除。诸舍匿罪人,罪人自出,若先自告,
胡

二　罪减,亦减舍匿者罪。所舍、取亡罪人为庸,不智其亡,
胡　　　　　　　　　　　　舍若取亡罪人为庸,不智其亡,

二　　　　　　　　　　　　　以舍亡人律论之。
胡　盈五日,罪司寇以上,各以其赎　论之。

二　所　　舍、取未去,若已去后智其请,而捕告,及詗告,
胡　所匿、舍、取未去,若已去后智其请,而捕　若詗告吏,

二　吏捕得之,
胡　吏捕得之,及所匿、舍、取者自出,若先自告,

二　皆除其　　　罪,毋购赏。
胡　皆除匿、舍、取者罪,勿购赏。亡入匈

12.《二年律令》第 140－143 号简(捕律)、胡家草场汉律令第 38－41 号简(捕律)

二　群盗杀伤人、贼杀伤人、强盗,即发县道,
胡

二　县道亟为发吏徒足以追捕之。尉分将,令兼将,
胡

二　　巫诣盗贼发及之所，以穷追捕之，毋敢□界而环。
胡

二　　吏将徒，追求盗贼，必伍之。盗贼以短兵杀伤其将及伍人，
胡　　　　　　　　　　　　　必伍之。盗贼以短兵杀伤其将及伍人，

二　　而弗能捕得，皆戍边二岁。卅日中能得其半以上，
胡　　而弗能捕得，皆戍边一岁。卅日中能得其半以上，

二　　尽除其罪。得不能半，得者独除。·死事者，置后如律。
胡　　尽除其罪。得不能半，得者独除。　死事者，置后如律。

二　　大痍臂臑股胕，或诛斩，除。与盗贼遇而去北，
胡　　大痍臂臑股胕，或殊斩，除。与盗贼遇而去北，

二　　及力足以追逮捕之 而回随详勿见 ， 及 逗留畏奥弗敢就，①
胡　　及力足以追津捕之而回避详勿见，及逗留畏奥弗敢就，

二　　夺其将爵一络，免之。毋爵者戍边二岁，
胡　　夺其将爵一级，免之。毋爵者戍边一岁，

二　　 而罚其所将吏徒以卒戍边各一岁 。兴吏徒追盗贼，
胡　　而罚其所

---

① "而回随详勿见，及"，《二年律令与奏谳书》的释文作" 而宜 □□□□□"，但何有祖先
生根据残笔与胡家草场汉律令改为如此。参见《〈荆州胡家草场西汉简牍选粹〉读后记》，
载武汉大学简帛研究中心编：《简帛》（第 23 辑），上海古籍出版社 2021 年版。其说可从。

二　已受令而遗,以畏耎论之。

胡

13.《二年律令》第 118 号简(具律)、胡家草场汉律令第 42 号简(囚律)

二　毋敢以投书者言毄治人。不从律者,以鞠狱故不直论。

胡　毋敢以投书者言毄治人。不从律者,以鞠狱故不直论。

14.《二年律令》无该当、胡家草场汉律令第 43－44 号简(囚律)

15.《二年律令》无该当、胡家草场汉律令第 45 号简(囚律)

16.《二年律令》第 88－89 号简(具律)、胡家草场汉律令第 46 号简(具律)

二　有罪当黥,故黥者剿之,故剿者斩左止,斩左止者斩右止,

胡

二　斩右止者府之。女子当磔若要斩者弃市,当斩为城旦者黥为舂,

胡　　　　　　　　女子当磔若要斩者弃市,

二　当赎斩者赎黥,当耐者赎耐。

胡

二

胡　当为司寇者作县官及它,皆如司寇。

17.《二年律令》第 269－270 号简(行书律)、胡家草场汉律令第 47－48 号简(兴律)

二　发征及有传送,若诸有期会而失期,乏事,罚金二两。

胡　发征及有传送,若诸有期会而失期,乏事,罚金二两。

二　　非乏事也,及书已具,留弗行,行书而留过旬,

胡　　非乏事殹,及书已具,留弗行,行书而留过旬,

二　　皆盈一日,罚金二两。

胡　　皆　　　　罚金一两。

18.《二年律令》第 398 号简（兴律）、胡家草场汉律令第 49－51 号简（兴律）

二　　　当戍,已受令而逋不行盈七日,

胡　　诸当戍,已受令而逋不行盈五日,

二　　若戍盗去署及亡过一日到七日,赎耐。　　　　过七日,

胡　　若　盗去署及亡过一日到五日,罚金十二两。过五日,

二　　耐为隶臣。过三月,完为城旦。

胡　　耐为隶臣。过三月,完为城旦。其闻有急而亡若盗去署,

二

胡　　及为詐伪以避事,皆要斩。有罪司寇复诣署,免,乃罢,赎

19.《二年律令》无该当、胡家草场汉律令第 52－54 号简（兴律）

20.《二年律令》第 183 号简（杂律）、胡家草场汉律令第 55 号简（杂律）

二　　捕罪人及以县官事征召人,

胡　　捕罪人及以县官事征召人,

二　所征召、捕越　　邑、里、官、市院垣，

胡　所征召、捕越城、邑、里、官、市院垣，

二　追捕、征者得随迹出入。

胡　追捕、征

21.《二年律令》第 182 号简（杂律）、胡家草场汉律令第 56 号简（杂律）

二　越邑、里、官、市院垣，若故坏决道出入，及盗启门户，

胡　越邑、里、官、市院垣，若故坏决道出入，及盗启门户，

二　皆赎黥。　　其垣坏高不盈五尺者，除。

胡　皆罚金一斤。其垣坏

22.《二年律令》第 347－348 号简（效律）、胡家草场汉律令第 57－58 号简（效律）

二　县道官令长及官毋长而有丞者节免、徙，

胡　县道官令长及官毋长而有丞者节免、徙，

二　二千石官遣都吏效代者。唯不免、送，居官盈三岁，

胡　二千石官遣都吏效代者。虽不免、徙，居官盈三岁，

二　亦辄遣都吏案效之。效案官而不备，其故吏不效新吏，

胡　亦辄遣都吏按效之。

二　新吏居之不盈岁，新吏弗坐。

胡

23.《二年律令》无该当、胡家草场汉律令第 59－60 号简（朝律）

24.《二年律令》第 251－252 号简（田律）、胡家草场汉律令第 61 号简（田律）

二　诸马牛到所，

胡　诸马牛到所，

二　皆毋敢穿窜及　　　　穿窜及置它机能害人、马牛者，

胡　皆毋敢穿窜及置它机，穿窜及置它机能害人、马牛者，

二　虽未有杀伤也，耐为隶臣妾。杀伤马牛，与盗同灋。

胡　虽未有杀伤也，罚金十二两。杀

二　杀人，弃市。伤人，完为城旦舂。

胡

25.《二年律令》第 322 号简（户律）、胡家草场汉律令第 62 号简（户律）

二　代户、贸卖田宅，乡部、田啬夫、吏留弗为定籍，盈一日，

胡　代户、贸卖田宅，乡部、田啬夫、吏留弗为定籍，盈一日，

二　罚金各二两。

胡　罚金各二两。

26.《二年律令》第 318 号简（户律）、胡家草场汉律令第 63 号简（户律）

二　未受田宅者,乡部以其为户先后次次编之,久为右。久等,

胡　未受田宅者,乡部以其为户先后次次编之,久为右。久等,

二　以爵先后。有籍县官田宅,上其廷,令辄以次行之。

胡　以爵先后。有籍县官田宅,上其廷,

27.《二年律令》第 271 号简（行书律）、①胡家草场汉律令第 64 号简（户律）

二　□□□不以次,罚金各四两,

胡　行田宅不以次,罚金各四两。故不以次,为不平端,

二　　更以次行之。

胡　皆更以次行之。

28.《二年律令》第 314－316 号简（户律）、胡家草场汉律令第 65－67 号简（户律）

二　　宅之大方卅步。　　彻侯受百五宅,关内侯九十五宅,

胡　一宅之　方卅步。　·彻侯受百五宅,关内侯九十五宅,

---

① 李志芳先生、蒋鲁敬先生根据《二年律令》第 271 号简与胡家草场汉律令第 64 号简对应,以及由此可知《二年律令》第 271 号简的"□□□"是"行田宅",认为第 271 号简非《行书律》而是《户律》的条文,原来排列于第 318 号简的下一简。参见李志芳、蒋鲁敬:《湖北荆州市胡家草场西汉墓 M12 出土简牍概述》,《考古》2020 年第 2 期。

二　大庶长九十宅,驷车庶长八十八宅,大上造八十六宅,

胡　大庶长九十宅,驷车庶长八十八宅,大上造八十六宅,

二　少上造八十四宅,右更八十二宅,中更八十宅,左更七十八宅,

胡　少上造八十四宅,右更八十二宅,中更八十宅,左更七十八宅,

二　右庶长七十六宅,左庶长七十四宅,五大夫廿五宅,公乘廿宅,

胡　右庶长七十六宅,左庶长七十四宅,五大夫廿五宅,公乘廿宅,

二　公大夫九宅,官大夫七宅,大夫五宅,不更四宅,簪裹三宅,

胡　公大夫九宅,官大夫七宅,大夫五宅,不更四宅,簪裹三宅,

二　上造二宅,公士一宅半宅,公卒、士五、庶人一宅,

胡　上造二宅,公士一宅半宅,　　　　士五

二　司寇、隐官半宅。欲为户者,许之。

胡

29.《二年律令》第 377 号简（置后律）、胡家草场汉律令第 68 号简（置吏律）

二　父母及妻不幸死者,已葬卅日。

胡　父母、妻不幸死,　予宁卅日。

二　子、同产、大父母、父母之同产十五日之官。

胡　子、同产、大父母、父母之同产十五日。

30.《二年律令》第 219－220 号简（置吏律）、胡家草场汉律令第 69 号简（置吏律）

二　县道官有请而当为律令者,各请属所二千石官,

胡　县道官有请而当为律令者,各请属所二千石官,

二　二千石官上相国、御史,相国、御史案致,当请,请之,

胡　二千石官上相国、御史,相国、御史案致,当请,请之,

二　毋得径请者。径请者,罚金四两。

胡　毋得径请。　　径请者

31.《二年律令》第 211－212 号简（置吏律）、胡家草场汉律令第 70－71 号简（置吏律）

二　　□□□,若有事县道官而免斥,事已,属所吏辄致事之。

胡　诸除有为,若有事县道官而免斥,事已,属所吏辄致事之。

二　其弗致事,及其人留不自致事,盈廿日,　罚金各二两,

胡　其弗致事,及其人留不自致事,盈廿日,吏罚金　二两,

二　有以亡律驾论不自致事者。

胡　　以亡律　论不自致事者。

32.《二年律令》第 282－285 号简（赐律）、胡家草场汉律令第 72－74 号简（赐律）

二　赐衣者六丈四尺、缘五尺、絮三斤,

胡

二
胡　　襦二丈二尺、缘丈、絮二斤。绔二丈一尺、絮一斤半,

二
胡　　衾五丈二尺、缘二丈六尺、絮十一斤。五大夫以上锦表,

二
胡　　公乘以下缦表,皆帛里。司寇以下布表、里。

二
胡　　二月尽八月赐衣、襦,勿予里、絮。

二　　二千石吏　　不起病者,赐衣襦、棺及官衣常。郡尉,
胡　吏二千石　以上不起病者,赐衣襦、棺及官衣常。

二　赐衣、棺及官常。千石至六百石吏死官者,居县赐棺及官衣。
胡　　　　　　　　　千石至六百石吏死官者,居县赐棺及官衣。

二　五百石以下至丞、尉死官者,居县赐棺。官衣一,
胡　五百石以下至丞、尉死官者,居县赐棺。官衣一,

二　用缦六丈四尺,帛里毋絮。常一,用缦二丈。
胡　用缦六丈四尺,帛里毋絮。常一,用缦二丈。

二

胡　赐棺享而欲受贵者,卿以上,予棺钱级千、郭级六百。

二
胡　五大夫以下,棺钱级六百、享级三百。毋爵者,棺钱三百。

二
胡　一室二牂

33.《二年律令》第 378 号简(置后律)、胡家草场汉律令第 75 号简(置后律)

二　同产相为后,先以同居,毋同居乃以不同居,皆先以长者。
胡　同产相为后,先以同居,毋同居乃以不同居,皆先以长者。

二　其或异母,虽长,先以同母者。
胡　　或异母,虽长,先以同母者。

34.《二年律令》第 379－380 号简(置后律)、胡家草场汉律令第 76 号简(置后律)

二　死毋　　　子男代户,令父若母,毋父母令寡,毋寡令女,
胡　死代户次,子男、　　　父　母、　　　寡、　　　女、

二　毋女令孙,毋孙令耳孙,毋耳孙令大父母,
胡　　　　孙、　　　耳孙、　　　大父母、

二　毋大父母令同产子　　　　　　　　　　　代户。
胡　　　　　　同产子、同产子父母、父母同产子。

二　同产子代户,必同居数。

胡　同产子同居者,毋此次,而相与同居

二　弃妻子不得与后妻子争后。

胡

35.《二年律令》第 369 - 371 号简(置后律)、胡家草场汉律令第 77 号简及第 78 号简(置后律)①

二　□□□ □为县官有为也,以其故死,若伤二旬中死,

胡　吏民战,若为县官有为也,以　故死,若伤二旬中死,

二　皆为死事　　　者,②令子男袭其爵。毋爵者,其后为公士。

胡　皆为死事。死事者, 令子男袭其爵。毋爵

二　毋子男以女,毋女以父,毋父以母,毋母以男同产,

胡

二　毋男同产以女同产,毋女同产以妻。诸死事当置后,

胡　　　　　　　　女同产以妻。诸死事当置后,

---

① 胡家草场汉律令第 77 号简与第 78 号简分别对应《二年律令》第 369 - 371 号简的开头
与结尾,但没有开头与结尾之简的记载。第 77 号简与第 78 号简之间还应有一支竹
简,但目前未明确该竹简是否出土于胡家草场第 12 号墓。

② "若伤二旬中死,皆为死事者",《二年律令与奏谳书》的释文作"若伤二旬中死,□□□
皆为死事者"。何有祖先生根据张家山二四七号汉墓竹简整理小组编著:《张家山汉墓
竹简(二四七号墓)》,文物出版社 2001 年版的图版及胡家草场汉律令,认为没有
"□□□"三字。参见《〈荆州胡家草场西汉简牍选粹〉读后记》,载武汉大学简帛研究中
心编:《简帛》(第 23 辑),上海古籍出版社 2021 年版。其说可从。

二　毋父母、妻子、同产者,以大父。毋大父,

胡　毋父母、妻子、同产者,以大父。毋大父,

二　以大母与同居数者。

胡　以大母与同居数者。

36.《二年律令》无该当、胡家草场汉律令第 79 – 80 号简(仓律)

37.《二年律令》无该当、胡家草场汉律令第 81 号简(行书律)

38.《二年律令》第 427 – 428 号简(金布律)、胡家草场汉律令第 82 号简(金布律)

二　有罚、赎、责当入金,欲以平贾入钱,及当受购、偿而毋金,

胡　有罚、赎、责当入金,欲以平贾入钱,

二　及当出金、钱县官而欲以　除其罚、赎、责,及为人除者,

胡　若当出金、钱县官而欲以自除　　　　　　　　者,

二　皆许之。各以其　二千石官治所县十月金平贾予钱,为除。

胡　　许之。各以其属

39.《二年律令》第 434 号简(金布律)、胡家草场汉律令第 83 号简(金布律)

二　亡、毁、伤县官器、财物,令以平贾偿。入毁伤县官,

胡　亡、毁、伤县官器、财物,令以平贾偿。入毁伤县官,

二　贾以减偿。

胡　贾以减偿。其乘舆器也,有罚金二两。

40.《二年律令》第 354 号简（傅律）、胡家草场汉律令第 84 号简（傅律）

二　大夫以上　　九十，不更九十一，簪裹九十二，上造九十三，
胡　大夫以上年九十，不更九十一，簪裹九十二，上造九十三，

二　公士九十四,公卒、士五九十五以上者,稟鬻米月一石。
胡　公士九十四,　　　　士五九十五以上者,稟鬻米　一石。

41.《二年律令》第 355 号简（傅律）、胡家草场汉律令第 85 号简（傅律）

二　大夫以上年七十,不更七十一,簪裹七十二,上造七十三,
胡　大夫以上年七十,不更七十一,簪裹七十二,上造七十三,

二　公士七十四,公卒、士五七十五,皆受仗。
胡　公士七十四,　　　　士五七十五,皆受仗。

42.《二年律令》第 356 号简（傅律）、胡家草场汉律令第 86 号简（傅律）

二　大夫以上年五十八,不更六十二,簪裹六十三,上造六十四,
胡　大夫以上年五十八,不更六十二,簪裹六十三,上造六十四,

二　公士六十五,公卒以下六十六,　　　　　　皆为免老。
胡　公士六十五,　　　　士伍六十六,隐官六十七,皆为免老。

胡家草场汉律令第 87 号简以下各简皆在《二年律令》中无该当。

以下三简出自何有祖、李志芳文。①

43.《二年律令》第232－237号简，第230号简，第229号简（传食律）；胡家草场汉律令第2717号简，第2808号简，第2816号简②

二　丞相、御史及诸二千石官使人，若遣吏，新为官，
胡

二　及属、尉佐以上征若迁徙者，及军吏、县道有尤急言变事，
胡

二　皆得为传食。车大夫粺米半斗，参食，从者糲米，皆给草具。
胡

二　车大夫酱四分升一，盐及从者人各廿二分升一。食马如律，
胡

二　禾之比乘传者马。使者非有事其县道界中也，皆毋过再食。
胡

二　其有事焉，留过十日者，禀米令自炊。以诏使及乘置传，
胡

二　不用此律。县各署食尽日，前县以谁续食。食从者，
胡

---

① 何有祖、李志芳：《张家山汉简〈二年律令〉新编（二则）》，《江汉考古》2020年第3期。
② 何有祖先生、李志芳先生根据胡家草场汉律令第2717号简、第2808号简、第2816号简，将《二年律令》的排列顺序改为第232－237号简、第230号简、第229号简。其说可从。

二　二千石毋过十人，千石到六百石毋过五人，

胡

二　五百石以下到三百石毋过二人，二百石以下一人。使非吏，

胡

二　食从者，卿以上比千石，五大夫以下到官大夫比五百石，

胡

二　大夫以下比二百石。吏皆以实从者食之。

胡

二　诸吏乘车以上及宦皇帝者归休，若罢官而有传者，

胡　诸吏乘车以上及宦皇帝者归休，若罢官而有传者，

二　县舍食人马如令，而以平贾责钱。非当发传所也，

胡　县舍食人马如令，$\boxed{而}$以平贾责钱。非当发传所殹，

二　毋敢发传食焉。为传过员，及私使人而敢为食传者，

胡　毋敢发传食焉。为传过员 ☒①　　　　　敢为食传者，

二　皆坐食臧为盗。发传所相去远，

胡　皆坐食臧为盗。发传所相去远，

---

① "为传过员"的"员"，据图版仅可见如点那样的残笔，但此处姑且依据何有祖先生、李志芳先生的释文。

| 二 | 度其行不能至者□□□□□长官皆不得释新成。使非有事， |
| 胡 | 度其行不能至者财赍 |

| 二 | 及当释驾新成也，毋得以传食焉。 |
| 胡 | |

胡家草场汉简蛮夷诸律管窥

欧　扬[*]

内容摘要：胡家草场汉简蛮夷诸律八条是研究西汉初期蛮夷问题的重要史料，通过与睡虎地秦简、长沙走马楼西汉简的相关内容对读，总结秦汉国家蛮夷治理制度演变的若干个侧面。"臣邦""属邦""徼中蛮夷"是秦简所见蛮夷政区的不同称谓，而胡家草场汉简所见汉初蛮夷政区只有蛮夷邑。汉初有居住于蛮夷邑的蛮夷，也有居住在县道乡里的蛮夷，两者的徭役赋税义务有一定差别。从蛮夷诸律可见蛮夷邑的户籍、授田等事务已由郡县官吏接管，蛮夷邑是乡里体制确立前的过渡政区。汉初对"真"蛮夷君长的判定标准与秦不同，只将从外蛮夷归义的君长视为"真"，享受相关优待。

关键词：胡家草场汉简　蛮夷律　蛮夷邑

整理者指出："在迄今所见同类资料中，胡家草场汉律体系最为完备；而多种汉令成规模地集中出土，胡家草场汉令是唯一一例……律令简中有不少条文是首次发现，内容新颖，仅以新见涉蛮夷的诸种律令为例，有望在较大程度上丰富、深化我们对于西汉早期少数民族

---

* 欧扬，湖南大学法学院副教授。

政策与边疆治理理念的认知。"①《荆州胡家草场西汉简牍选粹》披露了若干简的图版与释文,其中整理者归入"蛮夷(诸)律"的有 9 枚简,含 8 条律文,部分律文不完整。② 这仅是"新见涉蛮夷的诸种律令"的一部分。下文试从分条解释律文入手,并结合对读材料,初步分析律文的功能与意义。

第一条

【完整句子】

　　亡道外蛮夷及略来归、自出,外蛮夷人归羕(义)者,皆得越边塞徼入。(97·1272)③

为讨论方便,补充条文省略内容之后,律文大意:逃亡至外蛮夷区域者前往汉境自首、被略者来归汉境、外蛮夷人归义汉朝者,都允许越过汉与外蛮夷之间的边塞徼来进入汉境。

表 1　第一条分析表

人 员 分 类	共同点	规 则
"亡……自出",指之前从汉境逃亡至外蛮夷区域者入汉境自首	身在外蛮夷区域,而心想进入汉境	都允许越过边塞徼进入汉境
"略来归",指之前在汉境被人掠至外蛮夷区域者回归汉境		
"外蛮夷入归义者"(已按本文理解改"人"为"入")		

---

① 荆州博物馆、武汉大学简帛研究中心编著:《荆州胡家草场西汉简牍选粹》,文物出版社 2021 年版,第 3 页。
② 荆州博物馆、武汉大学简帛研究中心编著:《荆州胡家草场西汉简牍选粹》,文物出版社 2021 年版,第 196、197 页。按:为避文繁,下文将《荆州胡家草场西汉简牍选粹》蛮夷(诸)律第 X 条"省称为"蛮夷律第 X 条"或"第 X 条"。
③ 97·1272:指此简是《荆州胡家草场西汉简牍选粹》卷内号 97,整理号 1272。下同。

"外蛮夷"指汉境外的蛮夷区域。道,从,"道外蛮夷"即从外蛮夷区域。辞例如下。

A **道徼中蛮夷来诱**者,黥为城旦舂。（后文略）岳麓肆102·0187①

B ·数人共捕**道故塞徼外蛮夷来为间**及来盗略人∟、以城邑反及舍者若诇告,皆共其赏∟。欲相移,许之。岳麓伍180·1908②

C 捕**从诸侯来为间**者一人。（后文略）《二年律令·捕律》第150简③

D （前文略）吏议:阑与清同类,当以**从诸侯来诱**论。（后文略）《奏谳书·案例三》第25简④

四则引文的罪状文字已加粗,其中A、B见于岳麓书院藏秦简,⑤用"道"字。C、D见于张家山汉简,用"从"字。"徼中蛮夷""故塞徼外蛮夷""诸侯"都指区域或政区。蛮夷律第一条的"道"字用法源于秦,而汉初律令杂用"道""从"。第一条"外蛮夷"对应秦简的"故塞徼外蛮夷"。

秦汉注重管理边关塞徼,维持人员与物资出入边塞的合规与有序,参见《二年律令·津关令》涉及"越塞阑关""阑出入塞"等行为的规定。⑥ 然而第一条提及的三类人的行为受到汉官府鼓励,因此允许他们"越边塞徼入"汉境,即使其行为在一定程度上违反了涉及边关塞徼管理的相关法令。

围绕边塞徼有内外之分,第一条所见"外蛮夷"都指地域。然而

---

① 陈松长主编:《岳麓书院藏秦简》(肆),上海辞书出版社2015年版,第72页。

② 陈松长主编:《岳麓书院藏秦简》(伍),上海辞书出版社2017年版,第128页。

③ 张家山二四七号汉墓竹简整理小组编著:《张家山汉墓竹简(二四七号墓)》(释文修订本),文物出版社2006年版,第29页。

④ 张家山二四七号汉墓竹简整理小组编著:《张家山汉墓竹简(二四七号墓)》(释文修订本),文物出版社2006年版,第93页。

⑤ 下文省称为"岳麓秦简"。

⑥ 张家山二四七号汉墓竹简整理小组编著:《张家山汉墓竹简(二四七号墓)》(释文修订本),文物出版社2006年版,第93页。

蛮夷身份当不分"内""外"。另外,汉简"人""入"字书写混淆现象常见。因此第一条"外蛮夷人归羛(义)者",不能排除"人"字实为"入"字的可能。"外蛮夷入归义者",承前文省"道"字,而蛮夷人"入"汉境才能实现归义。"入归义"对应第八条"来入者为真","来入者为真"之"入"正是"入归义"之省。

第二条

【完整句子】

　　蛮夷长以上,其户不賨;其邑人及戎、翟(狄)邑,岁出賨,户百一十二钱,欲出金八朱(铢)者,许。(98·1582)

表 2　第二条分析表

人 户 分 类	岁 出 賨
"蛮夷长以上"之户	"不賨"
"蛮夷长以上"之邑人户	"户百一十二钱";"欲出金八朱(铢)者,许"
"戎、翟(狄)邑"人户	

　　大意:蛮夷长以上的君长之户不缴纳賨,而蛮夷长以上所统领的邑人以及戎、翟(狄)邑人,每户每岁缴纳賨一百一十二钱,想要缴纳金八铢来抵偿的,准许。

　　以每户每岁缴纳 112 钱为规则,既不是秦《盗律》所见 110 钱及其倍数,①又不是胡家草场汉简《盗律》所见 100 钱及其倍数,②也不

---

① 参见睡虎地秦简《法律答问》"盗过六百六十钱""不盈六百六十到二百廿钱",陈伟主编:《秦简牍合集:释文注释修订本》(壹),武汉大学出版社 2016 年版,第 181 页。

② 胡家草场汉简《盗律》的赃值区间以"六百""五百""四百""三百""二百""百"划分,荆州博物馆、武汉大学简帛研究中心编著:《荆州胡家草场西汉简牍选粹》,文物出版社 2021 年版,第 191 页。

是"一算"120 钱及其倍数。① 然而 112 钱是 16 钱的 7 倍，户赋 16 钱相关材料见下引。

> 金布律曰：出户赋者，自秦庶长以下，十月户出刍一石十五斤；五月户出十六钱，其欲出布者，许 118 · 1287 之。十月户赋，以十二月朔日入之，五月户赋，以六月望日入之，岁输秦守。十月户赋不入刍而入钱 119 · 1230 者，入十六钱。　吏先为？印，敛，毋令典、老挟户赋钱。120 · 1280《岳麓书院藏秦简（肆）》第二组②

> 卿以下，五月户出赋十六钱，十月户出刍一石，足其县用，余以入顷刍律入钱。《二年律令·田律》第 255 简③

可见秦及汉初的编户民"五月户赋"缴纳 16 钱，"十月户赋"，秦"户出刍一石十五斤"，"十月户赋不入刍而入钱者，入十六钱"。而汉"十月户出刍一石"。可见秦及汉初的户赋每年分两次缴纳，分别以入钱与入刍为原则，但从秦允许入 16 钱抵偿入刍来看，16 钱是户赋制度的入钱基数。第二条所见实以每户每岁缴纳 112 钱为规则，112 钱与 16 钱有倍数关系，当非偶然。

另外，112 钱是 56 钱的两倍，后者涉及《奏谳书》案例一的相关文字如下。

> · 毋忧曰：蛮夷大男子岁出五十六钱以当徭赋……

> · 诘毋忧，律蛮夷男子岁出賨钱，以当徭赋……

> 毋忧曰：有君长，岁出賨钱，以当徭赋，即复也，存吏，毋解。

---

① 《汉书·惠帝纪》颜师古引应劭注："汉律人出一算，算百二十钱，唯贾人与奴婢倍算。"（汉）班固：《汉书》卷 2《惠帝纪》，中华书局 1962 年版，第 91 页。

② 陈松长主编：《岳麓书院藏秦简》（肆），上海辞书出版社 2015 年版，第 107 页。

③ 张家山二四七号汉墓竹简整理小组编著：《张家山汉墓竹简（二四七号墓）》（释文修订本），文物出版社 2006 年版，第 43 页。

　·鞫之：毋忧蛮夷大男子,岁出賨钱,以当徭赋……

　　《奏谳书·案例一》,案例起首纪年为"十一年",整理者注认为是汉高祖十一年。[1]

　　毋忧与吏多次征引"蛮夷律"一条文,律文大意是由(蛮夷)君长统领的蛮夷大男子每年缴纳賨五十六钱,以抵徭赋,"賨"以56钱的形式缴纳,因此称"賨钱"。

　　秦及汉初的编户民一户每年缴纳16钱外加大致等值的刍。而汉高祖时期蛮夷大男子一人每年缴纳56钱,年代下限为文帝时期的胡家草场汉律令规定蛮夷邑户每年缴纳112钱。[2] 首先,16与112以及56与112之间存在倍数关系,可知16是源于秦的户赋缴纳基础金额。其次,汉高祖时有君长的蛮夷大男子按人来缴纳賨,而至晚在文帝时期蛮夷邑户以户为单位缴纳賨。这两种缴纳賨的方式都是针对由蛮夷君长统领的人,两者或有新制替代旧制的关系,或是汉初两者并行不悖。本文认为并行不悖的可能性极低,成年蛮夷男子同时缴按人、按户征收的两种賨钱,殊不可解。再次,蛮夷大男子或蛮夷邑户的賨钱数是秦汉编户之户赋的好几倍。而《奏谳书》所见缴賨"以当徭赋",这四个字当在蛮夷律原文中,因此司法官吏也不反驳此点。因此相差钱数的功能是抵偿"徭赋"。另外,蛮夷邑户与戎、翟(狄)邑户都要缴纳賨,可见无论作为赋税的賨得名于哪个部族或地域,文帝时期缴纳賨钱制度的适用地域已经相当广阔,不仅适用于设置"蛮夷邑"的地域,也适用于设置"戎、翟(狄)邑"的地域,对应北大

---

① 张家山二四七号汉墓竹简整理小组编著:《张家山汉墓竹简(二四七号墓)》(释文修订本),文物出版社2006年版,第91页。

② 整理者前言:"胡家草场西汉简牍……将对秦汉史特别是秦昭襄王至西汉文帝一百多年间若干种历史、地理问题,西汉早期法制史与政治史,西汉早中期历术的认识产生重大影响。"荆州博物馆、武汉大学简帛研究中心编著:《荆州胡家草场西汉简牍选粹》,文物出版社2021年版,第3页。

汉简《苍颉篇》:"戎翟给賨,百越贡织。"①

　　第二条涉及作为赋税的賨,最重要对读材料是正在整理的长沙走马楼西汉简,其有关缴纳賨的简至少有数十枚,大多数涉及一桩被整理小组暂定名为"无阳乡啬夫襄人敛賨案"的司法案例。② 整理小组成员杨芬、王博凯、王勇、宋少华等诸位先生先后发表论文,解读此案若干简文,进而分析西汉中期长沙国蛮夷治理相关问题。③ 引"襄人敛賨案"的一简文如下。

　　　　五年九月丁巳,狱史巴人、胡人讯襄人,要道辞曰:府调无阳四年賨,糒(粜)卖取钱输临沅食官、厩,偿所赎童贾(价)钱,皆急缓。夷聚里相去离远,民贫难得,襄人令译士五(伍)搞收责漾溪史人,环(还),言:得五桴船一艘士五(伍)定所,当米八斗;肠七十五斤,士五(伍)强秦、麿、仆各廿五斤,非搞家賨肠。襄人自责得士五(伍)共吸为小男共来予肠十五斤,士五(伍)工期为☐(简 1792+0017)④

　　"襄人敛賨案"所见缴纳賨与胡家草场第二条的规定存在若干

① 朱凤瀚主编:《北京大学藏西汉竹书》(壹),上海古籍出版社 2015 年版,第 15 页。

② 参见长沙简牍博物馆、长沙市文物考古研究所(发掘领队宋少华执笔):《长沙市走马楼西汉古井及简牍发掘简报》,《考古》2021 年第 3 期;陈松长:《长沙走马楼西汉古井出土简牍概述》,《考古》2021 年第 3 期;陈松长、陈湘圆:《长沙走马楼西汉简整理与研究的新进展》,《中国史研究动态》2022 年第 1 期。

③ 杨芬:《读长沙走马楼西汉简札记——纪年与证律》,《简帛研究二〇一八》(秋冬卷),广西师范大学出版社 2019 年版;王博凯:《走马楼西汉简所见"译人"及相关问题试论》,《简帛研究二〇一九》(春夏卷),广西师范大学出版社 2019 年版;王勇:《走马楼西汉简中的"别治醴陵"与"别治长赖"》,《简帛》(第 23 辑),上海古籍出版社 2021 年版;王勇:《从走马楼汉简看西汉归附蛮夷的编户化管理》,《简帛研究二〇二一》(秋冬卷),广西师范大学出版社 2022 年版;王勇、杨芬、宋少华:《西汉国家权力对蛮人族群的渗透——基于走马楼西汉简所见无阳蛮人的探讨》,《社会科学战线》2022 年第 8 期。

④ 简文据王勇、杨芬、宋少华:《西汉国家权力对蛮人族群的渗透——基于走马楼西汉简所见无阳蛮人的探讨》,《社会科学战线》2022 年第 8 期。

差异。第一,征收的区域是蛮夷邑还是乡里。第二条规定的是蛮夷邑户的缴賨,邑由蛮夷君长管理。而长沙国"襄人敛賨案"发生在无阳县,襄人为脞夷乡之啬夫。襄人收賨的对象居住在各里中,因此本案中缴纳賨的蛮夷居住于乡里而不是蛮夷邑。不过此乡里有不少蛮夷,脞夷乡名有"夷"就体现了这一点,文书称:"夷聚里相去离远,民贫难得。""夷聚里"泛称蛮夷聚居之里,这些里之间距离较远,而蛮夷民贫困,难以征得賨。这些互相之间距离较远的里更像"自然村(里)",而不是"行政村(里)"。简文所述的蛮夷民贫难以征得賨米的情况较为普遍,是官府允许以米以外的其他实物缴賨的原因之一。总之,此乡汉夷杂居,汉编户民缴纳赋税而蛮夷民缴纳賨,两制并行。第二,征收对象是人还是户。第二条缴纳賨的是蛮夷邑户。王勇、杨芬、宋少华三位先生据简文推测"无阳乡啬夫襄人敛賨案"所见賨是按人缴纳的,"一石四斗和一石估计分别是蛮人成年与未成年女子一年应纳的賨米数。……蛮人成年男子与未成年男子一年应纳的賨米可能分别是二石五斗和一石五斗。……无阳蛮人应纳賨米大概是其一个月的口粮"。[①] 第三,折钱与折米。《奏谳书》所引蛮夷律文与胡家草场蛮夷律第二条所见賨的主要缴纳方式是钱,因此可称賨钱,第二条还规定可用"金八朱(铢)者"缴纳。材料所限,不知是否能以其他实物的形式缴纳,但即使可以,在统计时也须折算为律令规定的钱。而在走马楼西汉简中,长沙国县道治下蛮夷用以缴纳賨的实物形式多种多样,主要有船、肠、钱、米等,都折算为米进行统计。[②]

---

① 王勇、杨芬、宋少华:《西汉国家权力对蛮人族群的渗透——基于走马楼西汉简所见无阳蛮人的探讨》,《社会科学战线》2022 年第 8 期。

② 参见王博凯:《走马楼西汉简所见"译人"及相关问题试论》,《简帛研究二○一九》(春夏卷),广西师范大学出版社 2019 年版。

第三条

【完整句子】

蛮夷人不可令乘城亭鄣者,勿令戍边;其有罪当戍,令居＝(居居)县道。(99·2596)

大意:蛮夷人有不可让他乘城亭鄣的情形的,不要令他戍边;如果是有罪而罚戍边,让他居作于其"居县道",以抵偿有罪罚戍。

本条规制的蛮夷人都有"居县"。陈伟先生逐条分析秦汉简牍"居县"辞例,认为其指名籍所在县。① 可从。本条蛮夷人都由县道治理。律文不提侯国、汤沐邑与陵邑等县级政区,可能是都在"县道"指代对象的范围内。本条不提任何蛮夷政区如他条多见的"蛮夷邑",包括与县道并立的县级蛮夷政区。然而,岳麓秦简所见"徼中蛮夷"是与"县道"并立的政区,见岳麓秦简《亡律》"诱隶臣、隶臣从诱以亡故塞徼外蛮夷,皆黥爲城旦舂;亡徼中蛮夷,黥其诱者,以为城旦舂;亡县道,耐其诱者,以为隶臣。101·2065+0780"。②

本条涉及的蛮夷人都有"居县",而且至少本条规制的一部分蛮夷人有戍的义务。而前文分析了第二条蛮夷邑户缴賨规定,认定其高于黔首户赋的金额有抵偿"徭赋"的意义。综合考虑以上两个因素,基本可以认定本条仅规制县道治下蛮夷人,不涉蛮夷邑人,其可能属于"蛮夷诸律"中涉及县道蛮夷人的篇章。

关于蛮夷邑人与县道蛮夷人在徭役赋税上的区别。首先,蛮夷邑人按户缴賨,金额明显高于户赋。而其人是否有戍的义务,汉初律令对此有缴纳賨钱"以当徭赋"的表述,大致可以理解为蛮夷邑人以

---

① 陈伟:《秦汉简牍"居县"考》,《历史研究》2017 年第 5 期。
② 陈松长主编:《岳麓书院藏秦简》(肆),上海辞书出版社 2015 年版,第 72 页。

賨钱抵偿了戍的义务,但相关律文不是特别明确,引发实践中的争论。如前引《奏谳书》毋忧案,尉窘"遣毋忧为屯""即屯卒"。① "屯戍"是戍的一种,《岳麓书院藏秦简(柒)》有"当屯戍、更戍故徼"的提法。② 毋忧认为自己作为有君长的蛮夷邑大男子,依律缴賨"以当徭赋",官吏对此没有反驳。然而尉窘指出:"蛮夷律不曰勿令为屯",即蛮夷律文没有明文规定不能发遣蛮夷邑人为屯戍。③ 其次,县道蛮夷人有戍的义务,如本条。再次,如前所述,走马楼西汉简所见县道蛮夷按人缴賨,金额大致为一个月的口粮,当有代役钱的意义,即用以抵偿每年一个月的戍守义务。

"蛮夷人不可令乘城亭鄣者",即官府不能将某些戍或罚戍的蛮夷人指派到"乘城亭鄣"岗位,似官府猜疑某些蛮夷人有盘踞"城亭鄣"反汉的可能。可能包含的其他若干情形可参考《岳麓书院藏秦简(柒)》第一组的若干条文。一,严重疾病。"(前文略)有赀赎责(债)賨当戍,病当为罢 022・0446 瘚(癃)废殹(也),当归居居县。其不当瘚(癃)而病,未智(知)瘳时,当传归居县,居县月诊,瘳,遣之署,如律 。023・0483"。④ 病重到"罢癃"而无治愈可能的程度,允许"归居居县"。没到这种程度,那就暂时遣归居县,由居县长吏每月诊视病情,待到痊愈即遣送回戍的岗位。二,老与身高不足者。"有赀赎责(债)賨当戍新地,其年过六十岁者,勿遣。年十七岁以上及有它罪而当戍故 038・0491 徼,高不盈六尺七寸者,皆作县以当戍日,勿遣行戍。当屯戍、更戍故徼,其高不盈六尺 039・0380 七寸

---

① 张家山二四七号汉墓竹简整理小组编著:《张家山汉墓竹简(二四七号墓)》(释文修订本),文物出版社 2006 年版,第 91 页。

② 陈松长主编:《岳麓书院藏秦简》(柒),上海辞书出版社 2022 年版,第 74 页。

③ 张家山二四七号汉墓竹简整理小组编著:《张家山汉墓竹简(二四七号墓)》(释文修订本),文物出版社 2006 年版,第 91 页。

④ 陈松长主编:《岳麓书院藏秦简》(柒),上海辞书出版社 2022 年版,第 68 页。

者,亦勿行。040・0394"。① 上引秦令虽可参考,但秦令没有直接对应"不可令乘城亭鄣者"的内容。

第四条

【有头无尾】

蛮夷君当官大夫,公诸侯当大夫、右大夫、左大夫,胡②䞦劘（彻）公子当不更,籍（100・2597）

大意: 蛮夷之"君"对应官大夫,"公诸侯"对应大夫、右大夫、左大夫,"胡䞦劘（彻）公子"对应不更,籍……

表3　第四条分析表

蛮夷身份	对应的爵	对应《汉书・百官公卿表上》载二十等爵
君	官大夫	"六官大夫"
公诸侯	大夫、右大夫、左大夫	"五大夫"
胡䞦劘（彻）公子	不更	"四不更"

第四条将三大类蛮夷身份对应汉爵,并不是授予他们汉爵或将汉爵名目记录于其蛮夷户籍上,而是让他们享有所对应汉爵在律令中规定的优待。可参照第八条规定了判定蛮夷君长"真"的标准,而"真"能享受相关优待。

长沙走马楼西汉简有若干简涉及蛮夷诸身份的继承与傅籍相关问题,似是抄录汉律令条文,内容与第四条有相似之处。长沙国多蛮

① 陈松长主编:《岳麓书院藏秦简》(柒),上海辞书出版社2022年版,第73、74页。
② 胡:简文此字为上下结构,从古、月。整理者释为上"古"下"月"之字。

夷,官吏抄录这些条文有实用意义。详情有待走马楼西汉简整理工作的进一步推进。

第五条

【有头无尾】

　　蛮夷百户以上为大邑,不盈百户为中邑,卌(卅)户以下为小邑。令其长有车马者閒岁(101·2601)

大意:蛮夷百户以上的邑为大邑,不满百户的为中邑,四十户以下的为小邑。令蛮夷邑长有车马者,閒岁……

第六条

【完整句子】

　　蛮夷长死,欲入禾粟戎葬者,许之∟。邑千户以上,入四千石;不盈千户,入二千石;不盈百户,(102·2621)入千五百石;不盈五十户及冊(无)邑人者,入千石。(103·2630)

大意:蛮夷邑长死,家族或邑人想要入禾粟于官府来请求以戎俗下葬的,准许。邑千户以上,入四千石;不满千户,入二千石;不满百户,入一千五百石;不满五十户以及没有邑人的,入一千石。

表4　第五条、第六条分析表

蛮夷邑的户数 X	蛮夷邑的分类	蛮夷邑长死,"欲入禾粟戎葬者"的缴纳石数
X≥1 000	大邑	4 000
100≤X<1 000		2 000

续表

蛮夷邑的户数 X	蛮夷邑的分类	蛮夷邑长死,"欲入禾粟戎葬者"的缴纳石数
50≤X<100	中邑	1 500
40<X<50		1 000
X≤40(包括邑仅有邑长一户的情况)	小邑	

　　第五条与第六条都涉及蛮夷邑的户数,合并讨论。可见存在千户以上的"巨无霸邑",也有仅有邑长一户的"迷你邑"。第六条见千户以上的邑,户口规模超过了若干县道治理的编户数量。王勇先生据里耶秦简 8-1519 等简记载指出秦始皇三十五年迁陵县正式编户为 152 户。[①] 迁陵县置于地广人稀的"荆新地"地区,其军事据点与水路交通枢纽的价值比较重要,因此其编户明显少于纯粹治民之县。但通过第六条所见千户以上蛮夷邑与秦下辖编户不到一千的若干县道的对比,可知汉文帝时期存在户口殷实的蛮夷邑,其邑长必然家财丰厚,因此千户以上邑长死"欲入禾粟戎葬者"的缴纳石数高达 4000。

　　第五条规定不盈百户为中邑,四十户以下为小邑。这两类蛮夷邑,从户数看大致对应里。可对读《岳麓书院藏秦简(肆)》所见一条文起首简"·尉卒律曰:里自卅户以上置典、老各一人,不盈卅户以下,便利,令与其旁里共典、老,其不便者,予之典 142·1373",[②]秦规定三十户以上的里要置典、老,而不到三十户的里,置典、老要考虑具体情况。条文涉及的秦里更像是"自然村(里)"。如果有一个六十户的里,就按照条文划分为各辖三十户的两部,分别置典、老,有点类

似一个居民小区被划分为两个居委会辖区。相较而言,胡家草场所见蛮夷邑不论其户数多寡,其邑长只有一个,这从第六条规定缴纳石数对应户数规模就可确认。

另一对读材料是前引走马楼西汉简所见"夷聚里",其与蛮夷邑的差别明显,蛮夷邑存在具有一定权势的邑长,大邑之长还有缴纳数千石禾粟的雄厚实力,而长沙国"夷聚里"的乡里制度与户籍制度已经确立,乡官里吏都服从郡县指令。

第七条

【完整句子】

　　蛮夷邑人各以户数受田ㄴ,平田,户一顷半ㄴ;山田,户二顷半。阪险不可狠(垦)者,勿以为数。(104·2636)

大意:蛮夷邑人各以户来计受田数,每户受平田一顷半,每户受山田二顷半。阪险到不可耕的田,不要计数。

蛮夷邑户受田,可见官府想要将蛮夷邑户的主业确立为种植业。侯旭东先生指出秦汉北方民众有多种谋生手段,在农耕之外有商业与渔采狩猎等,官方颁行律令与政策驱使民众定居务农,秦汉农耕定居社会由此逐步形成。[①] 第七条将蛮夷邑户受田作为普遍的原则,与侯旭东所论官方驱使民众定居务农的战略相合。蛮夷的农耕传统不如华夏,其渔采狩猎传统悠久,蛮夷邑的定居化、农耕化需要更长的时间,而进展顺利的蛮夷邑当会被改为乡里。

可见汉初的蛮夷邑不是邑长拥有绝对权威的自治共同体,而与乡里有很多共同点。蛮夷邑推行按户受田制度,也必然有户籍制度

---

① 侯旭东:《渔采狩猎与秦汉北方民众生计——兼论以农立国传统的形成与农民的普遍化》,《历史研究》2010 年第 5 期。

作为按户受田制度的基础。蛮夷邑的户籍当然与汉民乡里户籍存在区别,但其意义重大,据前引《奏谳书》案例一可以推断汉高祖十一年南郡就有蛮夷邑人的名籍。如果尉窑没有掌握毋忧的名籍,如何知道毋忧的名字、所居蛮夷邑及其已到"大男子"年龄的情形,并且将遣屯之文书送到无忧手中?①

条文涉及对"平田""山田"的评定与丈量计算,评定、丈量之后的结果要记录在相关簿籍上。这些工作不可能仅靠邑长家族就能办好,需要若干有读写能力的人员,这些人必须具备一定律令知识与基本丈量计算能力,而能派这些人来蛮夷邑的只能是汉郡县。

既然蛮夷邑施行了户籍制度与按户受田制度,而秦汉民户受田者必然要缴纳田租,那么蛮夷邑户很可能也要缴纳田租,至少郡县官府有了从蛮夷邑征收田租的能力。而蛮夷邑田租征缴的基础工作就是前述田地评定与丈量。至于蛮夷邑人田租分为哪几类,与民户田租有多大的差异,还有待胡家草场蛮夷诸律的完整披露。

可以肯定,郡县官吏已经接管了蛮夷邑户籍、授田、田租征收等事务。西汉初期的蛮夷邑是改制为乡里前的过渡政区。

第八条

【有尾无头】

> 以上,令赎。为汉以来=(来,来)入者为真∟。子产汉而为后者,不用此律。(105・1584)

大意:以上,令赎罪。"为汉以来",从外蛮夷区域来进入汉境的为"真"。子女生于汉而为蛮夷君长后子的,不适用此律。

---

① 张家山二四七号汉墓竹简整理小组编著:《张家山汉墓竹简(二四七号墓)》(释文修订本),文物出版社 2006 年版,第 91 页。

表5　秦《法律答问》与汉《蛮夷律》涉"真"内容对照表

材　料	判定"真"的标准	对"真"的优待
睡虎地秦简《法律答问》第113、114、177、178号简	父母都是"臣邦"，以及生于"它邦"，这两种情况是"真"。	**原则**："真臣邦君公"有罪，当处"耐罪"以上刑罚，令以赎罪替代。 **具体规定**："臣邦真戎君长"爵对应上造以上，有罪（依律令）当赎，为群盗当处鬼薪鋈足，令赎鬼薪鋈足。有腐罪，令赎宫。
荆州胡家草场西汉简蛮夷诸律	1. "为汉以来"由外蛮夷区域进入汉境的为"真"。 2. 子女生于汉而为蛮夷君长后子，进而继承为君长的，不适用此律。	**原则**：……以上刑罚，用赎罪的方式替代。

睡虎地秦简《法律答问》涉及"真"的有两则答问。

可（何）谓"赎鬼薪鋈足"？可（何）谓"赎宫"？·臣邦真戎君长，爵当上造以上，有罪当赎者，其为群盗，令赎鬼薪鋈足；其有府（腐）罪，【赎】宫。其他罪比群盗者亦如此。①

"真臣邦君公有罪，致耐罪以上，令赎"，可（何）谓"真"？臣邦父母产子及产它邦而是谓"真"。·可（何）谓"夏子"？·臣邦父、秦母谓殹（也）。②

罗新先生指出判定"真"的标准是确定的，"只有那些其父母血统都与华夏无关的臣邦'君公'（罗注：无论他们出生在臣邦还是出生在它邦）才可以算作'真'"。而判定"真"是为了给予"真臣邦君公"以刑罚执行上的优待。"优待对象，并不包括臣邦那些没有'君

---

① 陈伟主编：《秦简牍合集：释文注释修订本》（壹），武汉大学出版社2016年版，第226页。
② 陈伟主编：《秦简牍合集：释文注释修订本》（壹），武汉大学出版社2016年版，第250页。

公'身份的人,也不包括它邦的人"。罗还推测了"真"的得名之由,描述"秦代的国际秩序",不仅"真""夏"在其中,还涉及关东六国即所谓"诸侯"等。①

首先,搁置"真"的得名之由的讨论,这不影响对"真"判定标准的归纳。

其次,"臣邦父母产子及产它邦而是谓'真'"。在秦汉律令中的"及"在多数情况下表并列,列举了两类认定"真"的情况。前者是血统纯粹,后者是生于它邦而被秦官府判定为真,省略的中间环节就是由它邦来入秦归义。

再次,简文语境局限于"臣邦君公"家族。"真"指一类君公,"夏子"指君公一类子女,可以说辈分不同,两者不是同一层级的称谓,若干前辈学者并称"真""夏",不是很精确。秦律令维护父死子继的继承秩序,《答问》两则简文也没有承认或提及母系社会的习俗。睡虎地秦简的若干前辈研究者提到"秦父、臣邦母"的情形。"臣邦父、秦母"与"秦父、臣邦母"用现代眼光看都是所谓"混血",但"臣邦父"与"秦父"的父系血缘不同。"秦父、臣邦母"之户当不在"君公"家族中,因此"秦父、臣邦母"子女身份称谓与继承等相关问题当另有律令规定,相关条文应该不在以"蛮夷"命名的诸律令篇章中。因此《答问》未提及"秦父、臣邦母"完全可以理解。但不能说"秦父、臣邦母"子女的相关问题在当时社会毫无疑问或不存在这一问题。② 若干前辈学者的观点预设了秦人身份"非真则夏",他们既然认为"秦父、臣

---

① 罗新:《"真吏"新解》,《中华文史论丛》2009 年第 1 期。
② 于豪亮基于其对秦国当时父权、夫权已经达到顶点的认识,提出:"'秦父、臣邦母'所生的儿子,必然认定为'夏子'。《法律答问》没有提出这个问题,是因为这在当时是不成问题的。"吴永章否定了于豪亮对"不成问题"原因的解读,并指出:"在当时的现实生活中并不存在这一问题。"转引自陈伟主编:《秦简牍合集:释文注释修订本》(壹),武汉大学出版社 2016 年版,第 251 页。

邦母"不是"真",那么就必然是"夏子"。本文认为该预设完全不成立。"秦父、臣邦母"子女著录于秦人户籍,自然适用秦户籍的相关身份称谓,"秦父"又没有"臣邦君公"的身份可以继承,其子女绝不可能被评为"真"。本文认为秦官府就没有判定这些子女是否"夏子"的必要。

另外,《答问》只提及了"臣邦父、秦母"一种跨族群通婚形式。并未提及"秦母"之"秦"的指代,其是指关中秦人还是指兼并六国之后的秦代之人,材料所限,不得而知。由此推演的"秦代国际秩序"的材料基础不牢固。

第八条同样涉及对"真"蛮夷长以上人群的刑罚优待,解析如下。一,"以上,令赎罪"。前文缺,大意当与《答问》对应部分相同,即真蛮夷长以上身份者,其有罪当耐以上,可以用赎罪的方式抵偿刑罚。二,"为汉以来ᵗ(来,来)入者为真"。这是汉初对"真"的判定标准,与父母血统无涉,与《答问》所见秦制不同。以"为汉"为时间标准而没有列出精确的纪年诸如"汉元年""高帝五年"等,是因为汉之各郡"为汉"年份各异。当具体的政区适用此条时,就代入本区"降为汉"年份。"为汉"之后"来入"指蛮夷入汉境归义,如此才有可能被汉官府评为"真"。三,"子产汉而为后者,不用此律",出生于汉的儿子,被立为"后"即继承人,进而成为蛮夷长,那么这类人不适用律文规定的优待。这一规定排除一类人的受优待资格,即使他们满足前文认定"真"的标准。这有堵住规定漏洞的功能,既然从外入汉归义就定"真",那么生于汉境的蛮夷就可能通过出塞而后入境归义的行为来谋求成"真",这必然扰乱边关秩序,违背了律令的初衷。

综上,秦定"真"的情形有血统纯粹者与新归义者两类,而到汉初定"真"的就只有新归义者了。

结语

胡家草场汉简蛮夷诸律八条揭示了汉初蛮夷治理的若干方面,是研究西汉初期蛮夷问题的重要材料,可与睡虎地秦简、长沙走马楼西汉简的相关内容对读,总结秦汉国家蛮夷治理制度的沿革。

"臣邦""属邦""徼中蛮夷"是秦简所见蛮夷政区的不同称谓,而胡家草场汉简所见西汉初期蛮夷政区只有蛮夷邑一种。除了在蛮夷邑居住的蛮夷人,也有居住在县道乡里的蛮夷人,两者的徭役赋税义务存在差别。而从蛮夷诸律可见蛮夷邑的户籍、授田等事务已由郡县官吏接管,蛮夷邑是乡里体制确立前的过渡政区。

本文初步解析了《荆州胡家草场西汉简牍选粹》所见蛮夷诸律八条,尝试讨论若干问题,必有疏漏与谬误。期待相关材料整理报告的面世。

会议综述

第十二届"出土文献与法律史研究"
国际学术研讨会会议纪要

聂子衿[*]

内容摘要：2022 年 8 月 25 - 26 日，第十二届"出土文献与法律史研究"国际学术研讨会在华东政法大学举办，来自国内外 25 个高校和单位的专家学者参与会议，结合传世史籍和出土文献，围绕诸多中国法律史问题展开了探讨。本次研讨会共发表了 27 篇学术报告，既有对新出土法律文献的解读，也有对旧材料的新探索。中国法律史是一门兼有历史学和法学双重属性的人文社会科学，承担着重述中国法律发展史、发扬和继承传统法律文明的重要使命，出土法律文献的整理和研究对于重现中国古代早期法制的面貌有特别重大的意义。本次交流会上，各位专家学者共聚云端，讨论过程史论交融、热烈深入，充分展现了出土文献与法律史研究的活力与价值。

关键词：出土法律文献　学术会议　秦汉

华东政法大学举办的第十二届"出土文献与法律史研究"国际学术研讨会（线上）于 2022 年 8 月 25 - 26 日在上海顺利召开。本

---

* 聂子衿，华东政法大学法律史专业硕士研究生。

次会议以"秦汉新出简牍所见法律问题研究"为主题，由中国法律史学会法律古籍整理专业委员会主办，华东政法大学法律史研究中心、华东政法大学法律古籍整理研究所、国家社科基金重大项目"甲、金、简牍法制史料汇纂通考及数据库建设"课题组承办。来自中国社会科学院、清华大学、吉林大学、武汉大学、庆北大学、中国政法大学、华东政法大学、早稻田大学、中国海洋大学、湖南大学、上海社会科学院、南昌大学、长沙文物考古研究所、中国人民大学、台湾大学、上海师范大学、浙江师范大学、西安社会科学院、中南财经政法大学、武汉大学、西南政法大学、大连海事大学、西北大学、信阳师范学院、中国海洋大学的六十余位专家学者参加了本次会议。参会学者围绕主题，结合传世史籍和新出土文献对秦汉时期的诸多法律史问题展开了探讨。我们根据学者的书面评议和录音资料，将本次研讨会情况综述如下。

本次会议由华东政法大学法律古籍所陈迪老师主持，全国外国法制史研究会副会长、华东政法大学法律史研究中心主任李秀清教授致开幕式辞，李秀清教授指出："'出土文献与法律史研究'国际学术研讨会已经有十二年的历史，殊为不易。古籍所于1986年经司法部批复，自成立始就经常性地开展活动，到现在还活跃在研究平台。如今的古籍所有了非常完整的体系，并且有着非常浓郁的研究氛围。法律古籍所已经成为了华政法律史学科的一张名片，令华政法史人自豪。从出土文献去研究中国早期的法律史，也就是在追寻中国法律史的基因和童年期，即使是不研究中国法律史，也可以从中汲取营养，触类旁通。希望法律古籍所无论是在人才的培养，还是在法律材料的集成等方面做出更大的贡献，期待各位老师能够继续支持我们的华政古籍所，也期待我们能在法律古籍的整理研究、法律史学科建设、人才培养等方面做出更大的贡献。"

一、主题演讲

主题演讲由吉林大学的刘晓林教授主持,李均明教授、陈伟教授和琴载元教授分别进行了主题演讲。

(一)《五一简所见与"君教"相关的三种文书形式》

清华大学李均明教授发表了以《五一简所见与"君教"相关的三种文书形式》为题的演讲,探讨了五一简所见主管首长批示相关的"君教"文书。李均明教授指出,"君教"指主管长吏的指示、批示,具有强制性,此类批示常见于"君教"木牍、"君教"竹简及"君教"两行三种不同的文书形式。

"君教"木牍书写在比较宽的模板上,一般分为三栏,第一栏是曹史,也就是这里的"左贼史"之类,第二、三栏是文书的具体内容,关于"君教"木牍的讨论已经比较多,重点需要介绍的是后两种类型的文书。"君教"木两行多书写在一枚木两行者,在五一简出现的次数多于"君教"木牍,以往相关的出版物将这种木两行称作"君教"木牍的做法是不正确的,二者的区别在于方向不同,"君教"木牍是内部文件,并在内部运行,而木两行是对外来文件的批示,外来文件送达后经县令批准,就形成了木两行这种文书形式,如果县令无法批示,也会在文书中说明。由于外来文件较多,"君教"木两行出现的机会多于"君教"木牍。"君教"竹简与"君教"木牍的起草人与它们所反映的行政流程相类,都是某一机构的内部文件,二者的关系有两种可能:一是相互独立;二是前者是后者的草稿。

对于这三种"君教"文书形式,李均明教授认为三者之间有共同的用语特征,但是载体形式是不一样的;三者是独立的,分属于不同的行政过程,但彼此亦有因果或承袭关系。

（二）《〈岳麓书院藏秦简（柒）〉》校读

陈伟教授作《〈岳麓书院藏秦简（柒）〉校读》为题的主题演讲，《岳麓书院藏秦简（柒）》的问世给岳麓秦简的首次整理和刊布画上了一个句号，陈伟教授对其中的六个问题进行了深入探讨。

第一，"自今以来，吏及黔首有赀赎万钱以下而谒解爵一级以除"条。"其皆"一段文字原释文释作"其皆谒以除亲及它人及并自为除，毋过三人。赀赎不盈万钱以下亦皆许之"。应当改读为"其皆谒以除亲及它人及并自为除毋过三人、赀赎不盈万钱以下，亦皆许之"。令文"自今以来"至"亦皆许之"共说三种情况，第二、三层均以"其"开头，三层文句皆以"许之"结尾，第三种情况是同时请求解除亲属、他人和本人，但总共不超过三人，并且赀赎总额不超过万钱，这里的争议之处在于究竟是支出总额不超过万钱，还是每人不超过万钱，陈伟教授倾向性于前者。关于文献的断读标准，陈伟教授认为分为原则性的标准和习惯性的标准。

第二，"十九年八月辛丑"条，此条是关于畴人的规定，畴人就是秦汉时期世袭的、家庭式的、技术性的人员。"鬏骚"下，原释文用句号，这样后面的处分仅只针对"医"而言，是不正确的，因此"鬏骚医"应连读，指兽医或特指马医。

第三，"自今以来，诸有罪输蜀及前令有罪输蜀者"条，这一条是关于有罪输蜀以及有罪者的家属输材官的规定。原释文在"徙蜀处不可亡所"之后用了句号，这条令文所讲的对象有二，一是有罪输蜀者，徙蜀处不可亡所；一是连坐被收的妻、子、奴婢者，原释文的句号，不能体现前后的关联，故应当连读。

第四，"新黔首未习事"条，原释文"交"如字读，其下用逗号。对于文意的理解造成了困难。疑是"文"字之讹，与下文连读。"文理"

大略指礼仪、道理。汉简屡见要求以文理对待兵卒、民众。

第五,"廷岁以郡狱"条。原释文在两处"人数"下用逗号,"课"字属下读。令文大概是说用郡狱计的合计人数除该郡谳奏移送廷尉的人数所得的商进行考课,因而改读。最后一字,原释文作"人",文意难以理解。该字呈一左高右低的斜书横画,与其他"一"字相似。

第六,"□□道非(诽)谕〈谤〉诅詈者"条:"某坐"之后一段文字,原释文作:"某坐某物,其罪云某。置县官即入者云……""云"有语末助词的用法,似乎表示据说的语气。无,原释文作"先",费解。这里"无知"盖即无闻、无视的意思,即对这类"闲言"不予置理。

（三）《家传的简牍文书——再论睡虎地秦简法律文书性格》

庆北大学琴载元教授发表了以《家传的简牍文书——再论睡虎地秦简法律文书的性格》为题目的演讲,指出了睡虎地秦简的典型性和特殊性,探讨了睡虎地秦简中法律文书的实效性。简牍法律文书的研究,始于1975年在湖北省孝感市云梦县睡虎地发现的十一号秦墓里出土的大量法律文书,琴载元教授认为睡虎地秦墓及秦简在战国、秦汉时期广泛的墓葬文化中,只不过是个别事例。睡虎地秦简《编年纪》反映墓主的死亡时间是秦始皇三十年,但只随葬了战国秦时期的法律文书,这和张家山汉简《二年律令》以及岳麓秦简的特征完全相反,即文书形成和埋葬时间几乎一致。琴载元教授进一步指出,睡虎地秦简中记载的秦律反映的是战国秦的法律,在秦帝国时期已经失效,由于这些文书失去了利用价值,"喜"将之传授给家人。睡虎地秦简给我们提供了比典型性更具有特异性的启示,因为这样,睡虎地秦简法律文书的特殊性更有价值。

二、秦汉出土法制史料研究

(一)《岳麓秦简律文字词补遗》

华东政法大学邬勖老师发表了题为《岳麓秦简律文字词补遗》的演讲,在前人的基础上,对岳麓秦简律文部分提出了个人的见解,主要涉及八则材料。

第一,《岳麓秦简(肆)》简 180－120,邬勖老师认为这条律文放在最后,与前面的律文相比具有独立性的是在征集"户赋钱"的时候由吏来做一系列工作,在征集的过程中避免"令典、老挟户赋钱"的情况。其中"为"漫化严重,初步认为应该是"部"字;"印",比对后可能为"即"字,那么可以重新做出以下理解:"即敛"与"会敛"相对;"吏先部,即敛":吏先部署,再分别前往民里中征收户赋,以防止"典、老挟户赋钱"。

第二,《岳麓秦简(肆)》简 169－170,在陈伟老师校正基础上,此句可读为"即蘠(牆)财(裁)为候,晦令人宿候上,以备火"。"即蘠"理解为就着墙。原释为"二"的字更接近"上"字;"人"可能为"以"。

第三,《岳麓秦简(肆)》简 198－206,其中两个"义"字难以理解,整理小组解读为平,指平价。京大研读班对"义"有三种解释:买卖双方都同意;向皇帝献上马牛羊,作为忠诚;为公益做贡献且不寻求回报的行为。邬勖老师认为两种解读都有产生疑惑的地方,认为"义"当读为"牺","买以为义(牺)"应当理解为:购买百姓的马牛作为国家祭祀的牺牲。"取义(牺)"应当理解为:征用百姓的牛马为牺牲。

第四,《岳麓秦简(肆)》简 212－214,其中"计籍"放在此处略显奇怪,会涉及上计的问题,根据"计"的图版,左旁和"言"差别还是很明显的,因此原释作"计"的字应该释作"命"。"命"即"论命""亡命"之"命",本是有罪判决的一部分,是对身份的减等或限制,不限于逃亡、缉捕、重罪的场合。

第五,《岳麓秦简(肆)》简 215－219,其中"捕"字存疑,根据字形,邬勖老师推测为"逆"。"臣逆"犹如《唐律疏议·名例》"谋叛"之"背国从伪",这里"逆"可能是指和秦国并列的其他政权,包括诸侯、少数民族政权。

第六,《岳麓秦简(肆)》简 220－222,"卒"的图版与"行"相近,"行能"即履历、才能,是重要的人才考察标准。可句读为"節(即)有军殿(也),遣。行能令自占",整条文字都是关于选拔军吏的规定,与卒无涉。

第七,《岳麓秦简(肆)》简 257－261,其中"食"或为"先","作"或为"食"。"令先居食"即让居赀赎责而贷食者先以劳动抵偿所贷物,构词与《司空律》"居其衣""衣食而令居之"一致。

第八,《岳麓秦简(陆)》简 264－266,根据"徵"的图版,可释为"律"。根据"□"的图版,可释为"穷"。"律穷论之"即"谨穷以法论之""必尽得,以法论"。

评议人李婧嵘副教授指出,诸如辨析字意、释读文本等基础研究非常重要,邬勖老师的这八则内容读来十分受益,尤其是第二则,简169－170 是关于保护官府存粮的内容,整理小组版本的一些内容读来确实十份费解,而邬勖老师根据字形、图片的释读,畅通、合理地解释了官府的仓库如何防火、蓄水等问题。第三则的理解非常有见地,从文字上将"义"字解读为"牺"字,并且进行了法律上的解读。李婧嵘副教授还提出了两则疑问,首先,第五则《岳麓秦简(四)》简215－219 中,邬勖老师将"捕"字解释为"逆"字,那么这个罪行程度非常严重,结合上文"其身有罪耐以上",转折过大,文意的跳跃性有些大;其次,第六则《岳麓秦简(肆)》简 220－222,整理小组释作"卒",邬勖老师释作"行",如果释作"行",理解上有些疑惑,因为前文讲到要军兴了,这时才上报"行能"是否合适?

(二)《胡家草场汉简所见汉文帝时期赎刑调整》

华东政法大学硕士研究生刘智明发表了以《胡家草场汉简所见汉文帝时期赎刑调整》为题目的演讲,探讨了汉文帝时期赎刑调整的内容、原因和影响。将张家山汉简与胡家草场汉简中的赎刑进行比较,可见具体的赎刑转变为了罚金刑,规定的期限、罚金金额也发生了变化。文中列举的律文只看到三种具体赎刑转化为罚金刑,可以推测胡家草场汉简律文中的具体赎刑都被罚进刑取消,但是"以赎论"制度仍然存在,刘智明进一步推测,汉文帝刑事改革之后,赎刑以"以赎论"的方式试用。考察这种转变背后的原因,一方面,赎刑调整和废肉刑有关,另一方面,可能是出于赎刑稳定性的需要,因此赎刑被唐律适用。赎刑的调整造成了赎罚不分的观念,体现在二罪数额的重叠和适用方式相同。

评议人雷倩博士生认为本文特别精彩之处有两点,一方面,本文在论述赎刑调整的时间、原因、影响十分清晰;另一方面,本文引用的史料资料十分充分。此外,雷倩还提出几点疑惑,第一,本文提到汉初具体赎刑可以直接适用,因此发挥着高额罚金刑的作用,但是五刑相互配合,赎刑是如何发挥独立作用的呢;第二,"以赎论"是否可以理解为"换刑";第三,文章适用了"赎刑体系"这个概念,是否过大,"赎刑体系的稳定性"又该做如何理解;第四,关于促进赎刑调整的原因,还可以做补充。

(三)《胡家草场汉简蛮夷律零拾》

湖南大学欧扬副教授发表了以《胡家草场汉简蛮夷律零拾》为题

的演讲,对胡家草场中与蛮夷有关的八条律文进行了分析,并总结了秦汉国家蛮夷治理制度的沿革。

第一条材料:"亡道外蛮夷及略来归、自出,外蛮夷人归羛(义)者,皆得越边塞徼入。"本条对人员进行了分类,"亡"指之前从汉境逃亡至外蛮夷区域者;"略"指之前在汉境被人略至外蛮夷区域者;"外蛮夷人归义者",二者的共同之处在于都身在蛮夷区域,而心想回归汉境或归义汉朝,并且都允许越过边塞缴进入汉境。

第二条材料:"蛮夷长以上,其户不賨;其邑人及戎、翟(狄)邑,岁出賨,户百一十二钱,欲出金八朱(铢)者,许。"本条是对人户的分类:"蛮夷长以上"之户;"蛮夷长以上"之邑人户;"戎、翟(狄)"人户。欧扬副教授还着重解读了关于賨的问题,他认为秦及汉初的编户民一户每年缴纳 16 钱外加大致等值的刍,而汉高祖时期有君长的蛮夷大男子一人每年缴纳 56 钱,年代下限为文帝时期的胡家草场汉律规定蛮夷邑户每年缴纳 112 钱,《奏献书》所见缴賨"以当徭赋",这四个字在蛮夷律原文中,司法官吏也不否认。因此其高出编户户赋的钱数功能是抵偿"徭赋",走马楼西汉简"襄人敛賨案"所见缴纳賨与胡家草场汉简蛮夷律第二条的规定存在若干差异:折钱与折米,征收对象是人还是户,征收区域是蛮夷还是乡里。

第三条材料:"蛮夷人不可令乘城亭鄣者,勿令戍边;其有罪当戍,令居＝(居居)县道。"此条涉及四个问题:第一,这一条涉及的蛮夷人都有其"居县道"。第二,这一条的蛮夷人不在县道级蛮夷邑。第三,是否所有的蛮夷人都归本条规制?第四,交了"以当徭赋"的賨,是否还要去戍边?

第四条材料:"蛮夷君当官大夫,公诸侯当大夫、右大夫、左大夫,胡㵖劈(彻)公子当不更,藉。"本条记载了蛮夷身份与对应的爵位,结合《汉书·百官公卿表上》载二十等爵,此条还有深入的思考价值。

第五、六条材料分别为："蛮夷百户以上为大邑。不盈百户为中邑，卅户以下为小邑。令其长有车马者阅岁。""蛮夷长死。欲入禾粟戎葬者许之ㄴ。邑千户以上，入四千石;不盈千户，入二千石;不盈百户，入千五百石;不盈五十户及毋(无)邑人者，入千石"。第五条是关于蛮夷邑大小的规定，大的蛮夷邑大到有一千户以上，小的蛮夷邑只有蛮夷邑长一户。第六条是关于不同规模的蛮夷长要戎葬需要额外缴纳的禾粟数量。这两条都有进一步研究的空间。

第七条材料:"蛮夷邑人各以户数受田ㄴ，平田，户一顷半ㄴ;山田，户二顷半。阪险不可狠(垦)者，勿以为数。"本条是汉廷让蛮夷邑人回归农耕，蛮夷邑农耕程度较高后，就改编为乡里。

第八条材料:"以上，令赎。为汉以来ㄥ(来，来)入者为真ㄴ。子产汉而为后者，不用此律。"睡虎地秦简《法律答问》113、114、177、178与本条对比，关于判定"真"的标准，前者父母都是"臣邦"、生于"它邦";后者"为汉以来"由外蛮夷区域进入汉境的为"真"，子女生于汉而为蛮夷君长后子，进而继承为君长的，不适用此律。关于"真"的优待方面，前者"真臣邦君公"有罪，当处"耐罪"以上刑罚，令以赎罪替代，"臣邦真戎君长"爵对应上造以上，有罪(依律令)当赎，为群盗当处鬼薪鋈足。有腐罪，令赎宫;后者"(耐)以上"刑法，用赎罪的方式替代。

评议人王馨振华老师认为欧扬老师把关键性字眼分析得透彻、深入，但是还存在四个疑惑。第一，"子产汉"人应该用什么律？这部分人归邑程度比较深，是否也有优待的地方？第二，关于补的内容，文章第270页引的《法律答问》关于"真"的内容，补的这几个字是否应该斟酌。第三文章最后一段指出秦比较注重血统，因此对"产他邦"进行了判定，分为血统和归邑，到了汉只有"归邑"，而引的《法律答问》有"城邦父母"，既然已经有"城邦"，那么该蛮夷邑就应该已经向秦称臣了，是否已经隐含了"归邑"的意思在其中呢？第四，"产他邦"人的具体身份存在疑惑,这部分人是城邦父母流落在外邦产下子女,还是城邦父母和他邦父母产下子女?

（四）《岳麓秦简中律令简所见的秦司法程序》

中国海洋大学李勤通教授发表了以《岳麓秦简中律令简所见的秦司法程序》为题目的演讲,对秦司法程序中的侦查程序、诉讼资格、上奏程序、监察程序和特别审判程序等方面进行了研究。

司法程序方面,"有狱论,征书到其人存所县官"中的"有狱论"的理解有不同方式,李勤通教授认为是案件在侦查、调查的过程中,还未判的情形。"征书"和司法审判程序中的侦查有关,也可能和讯狱有关,侦查和讯狱难说是否能分开,并且侦查是否属于司法程序也值得再考虑,从古人角度也很难去区分前文所引条是对特殊事件侦查的规定,即办案时需要他县来协调,通过法律的方式把这种协调变得更加有效。

对诉讼资格的规定方面,秦律中对诉讼资格的规定包括了很多内容,包括"公室告""非公室告"的关系等,就"公室告""非公室告"的关系等的研究已经非常深入,如所刊上水间大辅老师的文章,本文中也涉及了一些对诉讼资格的规定:告诉人是否有资格告,特定诉讼资格的获得需要完成官方特定的手续、程序等。

司法管辖方面,司法管辖分为属地管辖——基于案件当事人或审理者的分类、身份管辖——基本案件当事人的分类、诏狱管辖——基于案件当事人或审理者的分类,对于现有的司法管辖分类比较常用的是属地管辖、级别管辖这样的两分法,同时还包括审级管辖,李勤通教授对审级管辖是否可以运用在传统中国的司法程序存在很强的质疑,一个审级要有独立完整的审判权,不同层级郡县乃至中央是拥有完整审判权的,但是我们会发现一个案件可能是由郡、县,乃至中央共同完成的,很难说存在审级制度,李勤通教授认为用属地管辖、身份管辖、诏狱管辖来说明当时的司法管辖情况更为妥当。

上奏程序方面,李勤通教授对岳麓秦简中的上奏制度做了整理,包括上奏案件的分流等,秦上奏制度的分流可能就是导致秦司法案件过于庞杂的原因。

司法检察制度方面,秦设计了很多监督措施,防止司法擅断,避免司法腐败。

特别审判程序方面,李勤通教授主要讲述了"论令出会之",认为这是秦汉时期的缺席审判制度,并且可能和户籍制度有联动关系。

评议人王安宇老师认为,一般研究古代中司法和诉讼程序很容易用现代的框架来构建体系,再放材料,而李老师用材料说话,实事求是。首先,王安宇老师十分认同李老师使用的程序术语,并指出秦汉基本没有现代意义上的审判,但是秦时已经有了事实调查和法律上的论罪分开的倾向。其次,秦司法程序的具体内容方面,王安全老师认为关于诉讼资格的规定中还可以补充一则材料"诸有罪当迁",被"迁"的人在"迁所"没有告发资格;王安宇老师也对发现地原则有疑惑,并且认为可以和《唐律》中的"系囚"比较研究;王安宇老师也认为"都官治狱"值得研究;王安宇老师指出大部分管辖都是根据爵位和职级来定的初审,都官系统和地方系统有一定差别。再次,王安宇老师对诏狱管辖有一些不同理解。最后王老师总结道,简牍呈现的这些零散的特征反映了战国末期至汉法律变化的渐进过程,因此我们研究的眼光应当是动态的,另外,用唐律反推秦汉律仍然是必要的,在唐代系统化的法律可能在秦汉已经以碎片化的形态出现了。

(五)《五一广场东汉简牍所见黄详案相关简牍初理》

西北大学王馨振华老师的报告题目为《五一广场东汉简牍所见

黄详案相关简牍初理》,对"黄详案"的文书编连、语词考释、文书复原进行了细致阐述。王馨振华老师指出,已经出版的五一广场东汉简牍中出现了一例县吏遇刺案,遇刺的县吏名黄详,因此研究者一般称之为"黄详遇刺案"。陈伟先生最早将《长沙五一广场东汉简牍选释》中的简141与简5编连起来,这是该案第一次进入研究者的视野。其后,蔡雨萌又找到简529、1260及1279+1272三枚简,可以与上述二简连读,最终又找到简1707可以与上述简牍编连。根据肇迹对比等,可以大致判断为两封文书。杨小亮也对这两封文书进行了编连,由于他看到了一些未经发表的简牍,所以编连得更加详审。王馨振华老师认为黄详案的编连与标点还有补充和完善的空间,案例涉及的一些语词和内容也有讨论的价值,故而对黄详案相关简牍进行了初步整理,在此基础上推动该事件真实面貌的复原。在发言中,王馨振华老师详细地讲述了编连的方案、"行丞事"" 盾"等词的语词考释以及事件的复原。最后,王馨振华老师认为,这些残碎的重复是有意义的,它们恰恰说明由于不同机构的参与,此案应该形成了很多文书,每个文书都会对之前的案件发生情况经过进行归纳概括,所以有很多重复性的描述,对于册书复原而言,它们为一份册书的复原增添了难度,但对于事件复原而言,这恰恰是一个突破口。

评议人姚远老师认为王老师带领的读书班对黄详案的整理非常详细,值得钦佩,并提出了五个问题。第一,在这个已经审结的案件中,这个男子似乎没有姓名,那么这个男子可能死亡,推测可能是被黄详所杀,那么黄详对这个男子究竟是格杀还是过失杀,或者是贼杀,深入分析这个杀的行为,可能让我们对这个案件的理解更加顺利。第二,记载黄详案的大多数简出自第三层261到268之间,但是唯有一只简是出自第一层,除了考古出土时整理混乱的原因,这一支简还可能出自另一份文书。第三,王老师整理的大量简中,有很多是单行简,这种单行简是否可能是李均明老师讲到的草稿形式的文书,我们或许可以猜测这些单行文书属于君教类。第四,关于"行丞事"的问题,姚老师非常认同王老师对"行丞事"的理解,但是两汉基层官吏任职变化非常大,因此此处可以再进行考量。第五,关于刑讯的合法性,拷问和刑讯难以等同,我们在研读法律史材料时,应当避免用现代司法的思维模式来解读。

王馨振华老师对姚远老师的评议做了回应,第一,男子不是被格杀和贼杀,可能是当时直接被黄详砍死,因此没有姓名的记载。第二,王老师认为姚老师关于第一册的第 85 枚简可能属于另一份文书的猜测很有道理,一般来说挨的比较近的简才是同一份文书,但是五一广场简埋藏比较深,可以分为若干层,这几份简可能离得不是很远。对于姚老师的其他意见,王老师表示赞同。

（六）《悬泉汉简所见的一则"使奴"史料》

信阳师范学院姚磊副教授发表了以《悬泉汉简所见的一则"使奴"史料》为题的演讲,对悬泉汉简中的"使奴""使婢"的身份、工作、报酬等情况进行了阐述,为汉代边地基层治理带来了新的认识。

姚磊副教授认为这枚简记载的史料发生在西汉晚期,其中的"使奴"是一位未成年的私人奴婢,这份史料第一次直观呈现了西汉晚期未成年奴婢按日作价受雇参加劳作赚取佣金的现象,对于我研究秦汉经济史以及儿童史有很重要的参考价值。这位"使奴"被雇佣的原因和悬泉置缺乏人手的情况有关,结合悬泉置简牍的其他材料,当时悬泉置人手的缺乏是一种常态化现象。结合传世文献和其他学者的研究,当地吏员拥有相当规模的"使奴""使婢",根据效谷县与悬泉置的距离分析,可能是来自效谷县的吏员家的"使奴""使婢"被悬泉置雇佣。

"使奴"是"奴产子"或"家生奴"的可能性较大,使奴可能从事邮书传递、迎送过客、驾驭车马、喂养牲畜、修葺馆舍、车辆保修、粮草转运、警卫保护等需要一定体力的工作,"使婢"可能从事客房清扫、餐饮帮厨类似的馆舍生活以及伺候女宾等性质的服务工作。可以想象的是,因为他们的身份比较低,这些工作的劳作强度应该是比较大的。

通过对比当时的鸡价、吏俸、佣价、日常物价,"使奴"的雇佣价格是比较低的,"使婢"可能更低,说明当时边地有未成年人以非常低廉的价格在从事着社会劳动。关于当时奴婢的钱如何计算,姚磊副教授认为奴隶的主人和他本人分割这笔佣金,但是材料中"使奴"的主人可能是效谷县的官员,而效谷县又是悬泉置的主管机构,即下属机构人手短缺,上边的主管官员正好把自己的奴婢派过去收取佣金,从而影响了驿站的效率,滋生了腐败。

评议人刘鸣老师认为姚老师的文章从一个小的缀合简出发,第一部分讨论了汉代雇佣奴婢劳作的情形,认为简文中雇佣的是"使奴",第二部分分析了雇佣"使奴"的原因,第三部分讨论了使奴使婢的来源及劳作情况,第四部分很精细地分析了雇佣"使奴""使婢"的价格在当时物价中的水平,第五部分分析了雇佣"使奴""使婢"可能造成腐败。刘鸣老师还提出两个建议,首先,从图版看来,"作一"和"庸"之间大概还可以容纳7－8个字,但是没有看出字迹,是否因为姚老师看的版本更清晰一些;其次,文章说到这种雇佣"使奴""使婢"的方式可能滋生腐败,以及所获佣金可能与主人分割,这些观点推测成分较多,可以再加入一些材料佐证。

（七）《从"发征"的性质看睡虎地秦简〈秦律十八种〉简115的归属问题探析》

早稻田大学长江流域文化研究所小林文治研究员发表了以《从

"发征"的性质看睡虎地秦简〈秦律十八种〉简115的归属问题探析》为题的演讲,探讨了"发征"的概念和性质,指出《秦律十八种》115简很可能属于兴律。小林文治老师认为,《秦律十八种》简115属于徭律还是兴律虽是老问题,但是可以通过目前的新材料进行新解释。

目前简115仍然被视为徭律的一部分。简头的"御中发征"的解释也是个难题。一般来说,"御中"视为中央,"发征"视为征发徭役,因此"御中发征"意为征发中央徭役。但"御中""发征"两词均为顾名思义而得出,并不是根据用例的探讨。目前,"御中"仍为孤例,但"发征"在岳麓书院藏秦简中有些例子,令人觉得并不意为征发徭役。因此小林文治老师认为阐明"御中发征"之意有助于解决简115的归属问题。

关于"发征"的解读,齐继伟认为《发征律》"核心内容是关于人员及物资的调动管理",京都大学"秦代出土文字史料研究班"认为"发征"意为"征求人员或物资"。小林文治老师认为从律文内容难以决定"发征"的定义,出土文献所见的"发征"有作为律名的用法与动词的用法,其定义务必分割开来,作为动词的"发征"特征有三:诸例中未发现发征包含徭役、兵役的证据;"发征"的客体是人;"发征"一词亦包含嫌疑人不同意召见时的官吏的派遣。因此,《秦律十八种》简115未必归于徭律。

关于"御中"的解读,目前的确难以确定"御中"的词义,除了解释为中央政府之外,亦有具体官职的可能性。结合"其得及诣水雨",将"御中发征"视为中央徭役的话,究竟"得"什么东西,"诣"什么,都说不通;"诣水雨"与睡虎地《日书甲种》《日书乙种》的"诣风雨"同义,释为"遇到'风雨''水雨'之类的恶劣自然环境";"得"可以解释为官方抓获发征的对象者;"及",王文将其改释为"急",但秦汉律中未见其例。因此,"其得及诣水雨"意为"抓获发征的对象者,以及带他去机关的时候"。

小林文治进一步总结道,一方面,《兴律》有"发征"相关规定,与《秦律十八种》简 115 类似的材料比较,①共同之处在于它们规定对推迟行为的阶段性惩罚,但亦有差异,因此不能断言简 115 与这三例有直接的继承关系,可是从"发征"的相关规定均属于《兴律》这一点来看,简 115 归于《兴律》并无矛盾;另一方面,《兴律》有对求盗、戍卒、奔命、为了徭役征发的车牛等"乏""逋"的相关规定。因此,《秦律十八种》简 115 很有可能属于《兴律》。

评议人刘自稳老师认为小林文治老师通过新材料中出现的"发征"的文例,从而去研究 115 简的归属问题,研究的角度是非常好的,并表示赞同小林文治老师得出的结论。刘自稳老师还提出了三个问题:第一,小林文治老师认为发征的对象是诸史有传者,但是从内容上看,是否可能是诸史有传者去发征;第二,小林文治老师多次"征召""征捕"并举,但是这两个概念还可以细化;第三,秦汉时期是否存在《发征律》,如果有《发征律》,为什么《秦律十八种》简 115 写在《兴律》而不在《发征律》。

小林文治老师对刘自稳老师秦汉时期是否存在《发征律》的问题做出了回应,指出秦汉律中是否有《发征律》是个非常重要的问题,里耶秦简和岳麓秦简确实都有"发征"这个律名的,并且"发征"相关的基本都在《兴律》。除此之外,是否有《发征律》的确是个问题,对此暂时没有明确的答案。从当时律名起名字的规则来看,有学者提出

---

① 小林文治列出的与《秦律十八种》简 115 内容相似的例子有三:《秦律令》(壹)第二组 238/0992,239/0792,见陈松长主编:《岳麓书院藏秦简》(肆),上海辞书出版社 2015 年版,第 147 页;《二年律令·行书律》简 269,见彭浩、陈伟、工藤元男主编:《二年律令与奏谳书:张家山二四七号汉墓出土法律文献释读》,上海古籍出版社 2007 年版,第 202 页;胡家草场汉简《兴律》简 1250,1114,见荆州博物馆、武汉大学简帛研究中心编:《荆州胡家草场西汉简牍选粹》,文物出版社 2021 年版,第 44 页。

秦汉时期律名比较随意,尽管这个观点有些极端,但是仍然值得借鉴,比如睡虎地秦简、岳麓秦简都有一些独特的律名。秦律起名的原则和汉不一样,因为秦处在律令时代的萌芽期,秦律的起名原则还需要进一步探讨。

（八）《睡虎地秦简〈法律答问〉盗罪关联之赃诸条重释》

中国政法大学张传玺副教授发表了以《睡虎地秦简〈法律答问〉盗罪关联之赃诸条重释》为题的演讲,对《法律答问》中与盗罪有关的条款进行了深入研究。睡虎地秦简《法律答问》涉及与盗罪关联之赃有简 4、9、14、15、16、117、18、67 等,这些简牍属于老材料,盗罪关联之赃也是老问题。张传玺副教授认为,古法赃罪自成体系,"盗罪共犯"和盗罪关联之赃的条文关系复杂,是理解古法逻辑与立法技艺的重要素材,对于这个问题,学界的典型叙述使用了扩大的"盗"概念,在分析框架上采用了"与盗同法"与共犯结构。张传玺副教授对涉及罪名、赃值有关的存疑条文进行了解读。在解读古代法律文本上,张传玺教授认为,首先,理解、揣摩古代法律智识不宜简单化,理解和利用《法律答问》的问题设置主旨和回答目的,要综合思考不同层次材料的效力,尤其注意律令、奏谳类文书、问答体裁来源;再者,要将法律文本解读"实体化,注意对简册编次与书写特点所暗含信息的发掘,将法律文本的解释置于其实体形态中,即法律文本的'实体化'";最后,应当注意使用现代法学工具的限度,借鉴对象思维,现代法学工具要慎用于分析环节,可以用于比较或描述。

评议人王捷教授认为张传玺副教授的文章根据问题进行学术史梳理,脉络清晰,分析精细,文章对关联简文的解读和叙述逻辑十分严密。首先,从文章的标题和目录可以看出,本文的问题意识清晰,论证绵密;其次,秦汉简牍法律文本研读自有规程,既需要法律本特征,也要重视载体的特点,作者从简册整理释读到文本法理解释的路径是扎实可信的;再次,王捷教授认为文章的表述可以更简易一些,本文还大量引用秦汉律、唐律乃至现代刑法的相关术语,对一般阅读者的知识面要求较高;最后,王捷教授提出疑问:秦汉律的制定者和使用者是否和当代刑罚有同样的理论分析架构,比如,罪名的概念及其体系在秦汉时期是否已经如此成熟?

（九）《〈法律答问〉"律曰'与盗同法'"条再读》

中南财经政法大学管笑雪博士生发表了以《〈法律答问〉"律曰'与盗同法'"条再读》为题的演讲,对"与贼同法"的断读、法律目的等方面进行了论述,并且比较了秦律令与汉律令。关于"与盗同法"已经有很多学者研究,但是没有形成统一意见,考察学术史,共有四种断读意见,延伸出了六种理解。管笑雪认为,《法律答问》简20的断句当为:"律曰'与盗同法',有(又)曰'与同罪',此二物其同居、典、伍当坐之,云与同罪。云'反其罪'者,弗当坐。"意思是在与"盗同法"及"与同罪"这两种情况下,犯罪之人的同居、典、伍应当连坐,律文称"与同罪",律文说"反其罪"的,(同居、典、伍)不应当连坐。

此外,管笑雪还指出,从秦律令中并不能看出存在关于连坐的总则性规定,因为秦律令中关于连坐的规定总是复杂又具体,但是张家山汉简《二年律令》却呈现出不同的面貌。秦律中以大量的篇幅规定舍匿罪人、亡人的犯罪应当如何连坐,连坐范围涉及室人、奴婢、典、田典、伍,但这些规定在《二年律令》中皆不见,考虑到《二年律令》的抄写时代,连坐制度应当还在运作,这些连坐规定的省略就应当不是制度失效的结果,而是有人对律典进行了编修、整理,这些连坐规定或是被简化,或是被省略,使得《二年律令》的律文看起来简练通达。并且,不能排除汉初已经出现关于连坐的总则性规定这一可能性。

《法律答问》这类编纂物的法律经验，可能通过这种方式被后世吸收、继承。

评议人小林文治老师认为管笑雪博士生通过新材料来考证《法律答问》20－21 简，非常难得，日本明治大学的松崎常子老师也有相关研究可以参考。小林文治老师还提出了一个疑惑，对于《岳麓书院藏秦简(伍)》简 20－23 的解读，还可以补充一些解释，使释文更加合理，另外，《法律答问》中的书法习惯可能成为解决本文研究问题的线索。

(十)《秦基层徒隶劳役分配原则考辨》

中国政法大学刘自稳老师的发言题目为《秦基层徒隶劳役分配原则考辨》，刘老师结合里耶秦简、岳麓秦简等中有关徒隶的律令，考辨了徒隶基于何种原则被分配不同劳作项目。刑徒出于何种原则从各个机构中被派遣出的问题，学界的关注度不高，但是有进一步思考的价值。要讨论刑徒进行劳役分配时的原则，首先需要明确其劳役内容是否受到刑罚等级的影响，也就是是否存在刑罚轻重决定劳役强度的原则，劳役强度可以分为劳役项目难易及劳役频率。在确定刑罚轻重和劳役没有必然关系的时候，影响刑徒分配的因素还有刑徒之前从事的工作、年龄、性别等。

评议人邬勖老师认为刘老师的题目非常具有学术价值，首先，文章对我们认识秦代国家徒隶这种常备性人力资源的运用方式有帮助，其次，理解徒隶有关的刑罚，有利于更好认识徒隶的社会地位、属性和功能。邬勖老师提出了两点意见：第一，文章在形式上有一些可以改进的空间，如小标题"问题的提出"可以改为学术史回顾一类的标题；第二，文章说城旦舂、鬼薪白粲不能从事吏仆吏养的工作，这种说法可能不太准确，《岳麓书院藏秦简(肆)》中就有一种特殊的城旦,他就有放马的职责,因此不能一概而论。

（十一）秦简牍所见官有财产借贷关系研究——从"学为伪书案"说起

中国人民大学王牧云博士生的演讲题目为《秦简牍所见官有财产借贷关系研究——从"学为伪书案"说起》,解读了岳麓秦简中"学为伪书案",分析了秦时官有财产借贷律令规范。首先,王牧云在刘太祥的国有财产概念的界定上,结合了睡虎地秦简、岳麓秦简、里耶秦简所载律令规范或实践,进一步扩大了可借贷的国有财务的范围,并说明为何引入"学为伪书案"。其次,王牧云博士生对之前学者提出的"官府接待要求当事人具有一定的身份和地位是学冒充冯毋择之子借贷的直接原因"的观点进行了批驳,认为客观的借贷金额才是充冯毋择之子借贷的直接原因,另外,不同爵级可借贷官府钱两的数目或有所不同。最后,王牧云指出,秦汉两朝的居债之法与免债之诏仍是对统治阶级的维护,官债亦可成为吏民逃亡,乃至农民起义的重要原因。

评议人陈迪老师认为这篇文章切入很好,但是文章的语义有些意犹未尽,似乎可以继续深入,另外,文章最后的结论似乎过于传统,官方的借贷似乎是一种善政,以及官债与农民起义的关系还可以补充一些材料。

（十二）《秦统一进程中新地的法律治理》

湖南大学李婧嵘副教授的演讲以《秦统一进程中新地的法律治理》为题,通过探讨秦灭六国过程中对新地采取的一系列法律策略,分析了新地律令的特殊性和过渡性。李婧嵘副教授指出,在秦国的统一期间,秦国首先考虑的是安抚新黔首的反抗情绪,从里耶古城出土的秦代的户籍简来看,秦实际上尊重并保障六国新黔首为六国故民时原有的社会地位和身份权益,并且从而在此基础上进一步确立和划分新黔首在秦的社会阶层,以有序构建新地的基层管理体系。其次,由于六国故民的反抗情绪激烈,秦国通过部署军事力量、颁布法律来防范和控制新黔首的反乱,最后,秦国通过保障充足的新地吏的供应,实现新地治理的有效运行,为了保障新地吏的供给,秦一方面抽调故地吏为新地吏,另一方面任用本地人为本县官吏。

为了巩固新地的社会秩序与法律措施,秦国将戍罚的旧秦民由原来的故地郡迁移到邻近的新地郡,故黔首可以"居赀赎债"的方式来戍守新地抵偿债务,直至债务清偿后方可归家,这种有秩序的迁徙,避免了全国范围内的常规、长距离、大规模的迁移,也有利于提高秦政府的军事与行政效率。除了组织迁徙活动,秦国还对新地的群盗进行了严厉镇压,并且严格规范和约束新黔首携带兵器的行为。

最后,李婧嵘副教授总结道,秦针对新地情况采取了变通灵活的法律策略,这样的治理方式呈现出易于故地的特殊性,新地法律有严酷性与优待性、压制与让步并存的特点。随着秦在新地的统治秩序逐步稳定,新地与故地之间的差异渐次弥合之后,秦则转变其新地法律治理模式,推进新地的一元化统治。

评议人马力老师认为李老师的文章主旨明确、思路清晰,让我们对秦代新地的法律治理和法律制度有了更加全面和系统的认识,更为重要的是,文章提出了秦代在新地的治理是循序渐进的。此外,马力老师还有一个疑惑:秦在新地推行的法律是否包含新地故国的元素,那些扎根基层的、就有的法律和习俗,是否得到了秦国的重视?

(十三)《〈为狱等状四种〉"芮盗卖公列地案"集释》

《〈为狱等状四种〉"芮盗卖公列地案"集释》是"中国政法大学民事法律史研读小组"的集体研读成果,由中国政法大学的王安宇老师代为宣读,这篇报告对"芮盗卖公列地案"中的断句、"王室"称呼、"盗卖"等问题进行了深入探讨。

第一,关于案情中"王室"的称呼问题,在睡虎地秦简中,"王室""公室"与"县官"三词并见,而颁布于秦王政二十年的睡虎地秦简《语书》已经出现了"县官"这个称呼。"有(又)且课县官",是称呼并存不规范,还是存在如案例时间提前等的其他问题。

第二,文书中存在违反辞者不先辞官长、啬夫的片段:"乃往九月辤(辞)守感。感令亭贺曰:毋(无)争者鼠(予)材。走马喜争,贺即不鼠(予)材"。"守感"指江陵县居守(代理)县啬夫感。大夫材直接就去"辞守感"似乎与《法律答问》关于"辞者不先辞官长、啬夫"不符。"守啬夫"可能不算"啬夫","守"是代职。

第三,关于"盗卖"的问题。秦及汉初的法律文书对盗窃财物并卖出不言"盗卖",如睡虎地秦简《法律答问》23、5简。秦汉时期的其他"盗罪"中,盗窃者无论如何处置被盗财物,包括卖出与否,都已构成本罪,盗窃后的情节并不影响盗窃的定罪量刑。本案例中的"盗卖"定罪量刑的核心条件却是"卖",即将公地非法出卖后获取了非法利益。另外,秦汉时期还有"盗买"这一罪名,如导致周亚夫入狱的"盗买县官器"案件。

评议人舒哲岚老师认为这篇文章非常全面地吸收了国内外《为狱状》的研究成果,做这样的简文基础研究值得敬佩,文章很多案语十分像微型论文,对学术史做了详细梳理,并且提出了许多新的观点。此外,舒哲岚老师提出疑惑:"守"一般认为是代理官吏,是否可以不把"守"理解为代理,是否可以将"守"理解为一种临时设置的官职。

(十四)《敦煌悬泉置〈月令诏条〉的节选原则及编排规律》

西安社会科学院刘鸣老师发表了以《敦煌悬泉置〈月令诏条〉的

节选原则及编排规律》为题的演讲,指出《月令诏条》的具体条款排列分别以每季的主题词为纲,下辖"直接条款""保障条款"和"顺应五行之举"三类。《月令诏条》出土之后,很多专家学者对它的选取原则进行了探讨,刘鸣老师老师认为《月令诏条》是传世《月令》的节本的观点大致是正确的,但节选的标准与编排的原则,诸家之说并不十分确切,值得进一步的探讨。

经过对比,可以发现《月令诏条》中没有关于祭祀、四时迎气、天子居明堂之位、藉田等与天子相关的月令,又简省了有关天文、物候等方面的内容。然而即便如此,也不能说它是用于基层普通百姓的月令。首先,《月令诏条》中的一些条款适用的对象包括各级官吏在内,此外,《月令诏条》的大部分内容与农业有关,但并不限于农业。我们可以认为,《月令诏条》是按季节分为"春""夏""秋""冬"等四个版块,分别以"生""长""收""藏"为主题。按照着四个主题,可以将诏条分为三大类:第一大类与当季的主题直接相关,第二大类是为了当季主题的顺利实现而应该做或应该禁止的事项,第三大类为顺应五行之举。

最后,刘鸣老师总结道,悬泉置出土《月令诏条》,是按照与"春""夏""秋""冬"四季相对应的"生""长""收""藏"四个主题,从传世《月令》文本中拣选而成,绝大部分都可以从传世《月令》中找到对应的条目。《月令诏条》的具体条款排列分别以每季的主题词为纲,下辖"直接条款""保障条款"和"顺应五行之举"三类。

评议人杨博老师非常赞同将《月令诏条》分为四个主题的说法,至于"授时"的问题,还可以补充一些材料。

（十五）《肩水金关汉简〈甘露二年御史书〉补论》

浙江师范大学马力老师的文章《肩水金关汉简〈甘露二年御史

书〉补论》对《甘露二年御史书》文书的命名问题进行了探讨,并深度挖掘了西汉中央逐捕丽戎的原因及政治背景。马力老师认为本文书存在三个问题:第一,73EJT1∶1-3 的释文仍存在一些孚义,例如"御者"的含义等;第二,文书的性质仍有议,体现在文书定名方面,具体分为"丞相御史律令""'(诏有)逐验'简""御史书""丞相御史书"四种意见;第三,文书背后的历史事件有孚议,体现在发布文书的原因方面。关于逐捕丽戎的原因,以往的意见共有五种,分别是通缉鄂邑长公主余党说、通缉广陵厉王余党说、丽戎因亲属牵涉广陵厉王案而被连坐追捕说、汉宣帝平反戾太子狱并寻找抚育昭帝恩人说、广陵厉王胥案发酵与宣帝期待巫蛊之福真相雨因素相结合说,马力认为应当遵从"丽戎因亲属牵涉广陵厉王案而被连坐追捕说"。关于追捕丽戎的政治背景,一方面是汉宣帝继之初政治地位不稳,另一方面是汉宣帝视广陵厉王与废帝刘贺为政治威胁。

评议人姚磊副教授认为马力老师的文章对材料和相关研究进行了很好的梳理,并建议可以将王锦城《肩水金关汉简分类校注》的成果吸纳进来。另外,姚磊老师提出了几个疑问:第一,为什么文书下达到了西北边地的肩水金关、甲渠候官等地,是否怀疑丽戎逃亡在西北地区,西北地区靠近匈奴,是否怀疑丽戎潜逃到了敌对国?第二,考虑到当时的平均寿命,丽戎是否还活着?那么大费周章去寻找一个可能不存在的人只是因为这个人受同产牵连吗?这种情况下吏员是否会尽心查找。第三,"为人中壮,黄色,小头,黑发,隋(椭)面,拘(钩)颐,常戚(蹙)额如频(颦)状,身小长,诈魇少言"。这样的描写出自谁人之口?

(十六)《肩水金关汉简所见"房谊案"考》

西南政法大学雷倩博士生发表了以《肩水金关汉简所见"房谊

案"考》为题的演讲,对肩水金关汉简中 73EJT21：59 简所记"房谊"
及其相关问题做出新释。雷倩在对简文进行了释读和梳理后,认为
房谊可能是被诬告了,其案情经过大致为：房谊在一场激烈的战斗
中败退至欢喜隧,马匹受伤,万年与不识二人,都故意诬告房谊失寇、
乏兴。各县道传递捕击房谊的文书,后万年与不识因更改言辞被认
定为诬告,或因为诬告,或因为有官吏涉嫌隐瞒房谊相关证据,现原
告"诣狱",房谊长女"已",并同意依律将案件移送附近同级太守进
行异地审理,在案件办结后上报太守。雷倩博士生解读了汉代诉讼
中的三个概念：辩告,不论是举告者或者证人,都有"辨告"的程序要
求,区别仅在于司法官员所"辨告"的律令不同,"辩告""辨告",用字
不同,但含义一样;诬告,诬告作为一种主观恶性较大的故意错告,汉
律对此设定较重的刑罚;管辖权,此案管辖权的转移可能因为"太守
绝匿"行为。

评议人管笑雪博士生对雷倩的发言做出了总结：文章第一部分
对简文上模糊不清的字进行了释读和考证,对"兴"字做了补释,对
"诬"字做了再确认;第二部分对案件相关的简文进行了搜集和整理;
第三部分讨论了本案引申出的程序。管笑雪还提出三点建议：第
一,"乃更"之后似乎应该加上句号;第二,"已"应属上读,"已愿"连
读似乎不准确;第三,关于"异地审理"问题,可以参看王安宇老师的
论文《秦汉时期的异地诉讼》。

（十七）《东汉秋冬行刑的实践——以五一简为中心》

华东政法大学的朱群杰博士生将原有题目修改为《貌合神离：
东汉立秋案验的立法变革和司法适用》,分析了两汉秋冬行刑立法上
的区别,以及东汉"秋冬行刑"立法与司法实践的矛盾。秋冬行刑是
法律史研究中的传统命题,五一简保存了秋冬行刑的珍稀诏令,这对

于理解东汉的立法实践大有裨益。

关于"立秋案验","立秋案验"不见于西汉,是东汉秋冬行刑独特的立法,通过比较两汉秋冬行刑的立法过程,两汉秋冬行刑的立法内涵实际上存在巨大差异。西汉的秋冬行刑强调死刑案件在季秋后奏谳、执行,而东汉在基础上继续扩展,认为非殊死案件的案验活动需从立秋日开始,东汉秋冬行刑的发展,是立法对《月令》不断吸收的体现。东汉的秋冬行刑应指在秋冬案验、审判、执行的司法过程。

关于春夏行刑,这是地方司法对立法的偏离。临湘县的劝农掾只存在于春季,夏季并未出现,且会兼职贼捕掾,形成劝农贼捕掾,未兼职劝农掾的贼捕掾也会在春夏两季从事案验活动。在春夏两季,贼捕掾参与的司法活动不仅涉及杀人、斗伤、盗窃等刑事案件,还包括遗产纠纷等民事案件。实际上,杀人、斗伤、劫人、盗窃这些违法犯罪,都具有很高的社会危害性,犯罪行为人往往不从事农业生产,并有再犯可能,若不及对这些犯罪进行制止,会对百姓造成更大的伤害。

最后,朱群杰认为两汉秋冬行刑的立法实践存在本质区别。西汉强调死刑案件在季秋后奏谳、执行;而东汉在此基础上继续扩展,认为非殊死刑案件的案验活动需从立秋开始。两汉秋冬行刑立法的差异性,是东汉立法对《月令》不断吸收的体现。东汉秋冬行刑的大规模立法影响了"制度掾"的设置,而五一简的"制度掾"主要是"贼捕掾",立法限制贼捕掾的案验时间,使官吏规模不断膨胀,但实际上中央立法在地方司法实践中遇到障碍,贼捕掾仍会在春夏案验,不受时间限制,这是由中央和地方之间存在的认识差异造成的。

评议人王牧云博士生认为对于秋冬行刑这个传统问题,本文引入了五一广场简,写作方法具有创新性,此外有四点疑惑:第一,本文在论述西汉秋冬行刑时,引用了张家山汉简《奏谳书》的内容,但是实际上奏谳书本身并没有记载案件的执行时间；第二，朱群杰博士生在发言中指出，两汉中期的疑案、死刑案件在秋冬奏谳后执行，然而从西汉初期以及中期来看，实际情况并没有很大的不同，而本文在西汉初期似乎也缺乏了对死刑案件执行的论述；第三，秋冬行刑是否能把整个奏谳过程包括进去，尚值得考虑。朱群杰对第三个问题做出回应，认为秦汉时期的秋冬行刑是个宽泛的概念，应当包括案验的过程，"麦秋案验"中就提到了这一点。

（十八）《简牍所见官吏犯罪从重处罚原则再识》

大连海事大学舒哲岚老师的论文《简牍所见官吏犯罪从重处罚原则再识》分析了秦汉对犯罪官吏从重处罚的四种方式，并且比对了之间的差异。

对于秦汉简牍中对官吏犯罪的从重处罚的施行方式，舒哲岚老师总结为官吏犯罪以重者论、视同其他重罪、数种处罚并举、法定刑基础上的加罪四种。对以上四种处罚方式，可能会不止适用一种，可能会同时适用，而且这四种方式之间，前两种和后两种是否涉及一种以上的罪名，还可以再进行区分，其中第一种和第二种无论法律拟制或者其他手段，这两种都是在法律框架内适用较重的刑罚，这二者的区别的关键在于一种犯罪行为是否同时构成了多种罪名要件，类似于现在的法条竞合这种情况，而如果仅仅在一罪的范畴内讨论，就不存在这种处罚方式，并且。后两种的加重处罚就是在一罪的情形下加重，不涉及其他罪名了，但是前一个是在已有罪的基础上，加一种其他罪的处罚，后一种是适用等级更高层级更重的加重刑。

对于以往被列举来被视为对官吏犯罪从轻处罚或者优待的相关简文，舒哲岚老师提出了一些不同的解读，指出能够享受特权的并非所有官吏，并且"特权"源于爵位与出身，而并非源于担任政府公职，官吏犯罪从重处罚原则与官吏特权法的并存,或许亦说明了秦汉时期"官"与"吏"之间仍然存在着阶层上的重大区别。

评议人李勤通认为用现代法学角度来解释传统法学问题,是我们认识传统法律的一种重要方式,本文在某些运用现代法学的地方有值得斟酌的地方,如量刑本是司法活动,但是本文基本强调的是立法的问题,以及数罪并罚应该是刑罚的基本原则,不具有官吏问题上的特殊性。另外,李勤通老师认为对官吏犯罪的处罚可以考虑唐朝时期的转变问题。

(十九)《从"津关"合流看秦汉之际的社会控制》

华东政法大学博士生贾高邦的发言以《从"津关"合流看秦汉之际的社会控制》为题,考察了"津""关"的性质及功能,并阐述了"津关"合流的历史过程。贾高邦指出,关于津关的功能和性质,过往的研究已经有很多,而本文重点从法律语言的角度来解读。先秦时期,"津"与"关"在词例上的关联不密切,这可能说明二者在功能上有较大差异,"津"的出现依赖于自然环境,作为利民的设施,其功能以疏导为主,兼顾农业生产;而"关"是人为设置的,具有很强的管理职能,作为防民的设施,其功能以管控为主。"津关"合称可见于《二年律令》、居延汉简、肩水金关汉简、悬泉汉简等汉代简牍。"津关"合流表现为词例上的合称和二者功能上的整合。对于"津关"合流的原因,贾高邦认为,是战国以降,中央集权式国家的建立,使得中央的触手逐渐向基层延伸。国家对社会控制的需求增强,使得"津"的功能逐渐从疏通偏向于管控。另一方面,则是政权的官僚化,使得原本管理松弛的"津"必须组织起来,以确保官僚机器的高速运转。

评议人刘同川指出文章提到了其他学者关注较少的观点,"津"对促进农业生产的作用,这一点上可以加入更多材料论证,此外"津"

在先秦时期的军事功能不容忽视；文章提到了"津"的官僚化转变，但是实际上"津"作为渡口的性质没有变化，只是更注重管理的功能；关于法律用词的变化，可以参考杨建的《西汉初期津关制度研究》第七章。

（二十）《秦汉盗墓罪认定及量刑问题初探》

武汉大学博士生刘同川的演讲以《秦汉盗墓罪认定及量刑问题初探》为题，他基于岳麓秦简盗墓案的判例、《二年律令·盗律》、居延新简涉及盗冢的文书等材料，分析了秦汉对盗墓罪的认定和量刑。

通过分析岳麓秦简"猩、敞知盗分赃案"可以推测，秦时对是否构成盗墓罪有两个判定指标，分别是是否参与谋划盗墓，以及是否参与挖掘并开至棺椁。关于两汉时期对盗墓罪的处罚和量刑，二年律令中处磔刑，汉景帝废除肉刑之后，把原来盗发冢对应的刑罚折改为弃市。

关于盗墓罪的立法精神，盗发冢特殊之处在于它突破了人伦道德底线，不仅扰乱地下世界，对现实世界的人们也造成了极大的感情伤害。盗墓采取剖棺陈尸之手段，是对这种情感的极大反动，故而特立专条，不与凡盗同法。在这样的立法精神下，盗墓罪的量刑围绕着"对棺椁及尸体"这一主体，根据盗墓者对棺椁及尸体造成损害及损害的程度划定不同的量刑等级。

朱群杰博士生对秦汉盗墓罪认定和量刑标准方面存在两个疑惑：首先，如果说"秦汉对盗墓罪的认定，以是否对棺椁和尸体造成损害为标准"，那么对棺椁和尸体造成损害，是构成盗墓罪的充分必要条件，如果仅损害了棺椁，或者说仅损害了尸体，是否构成盗墓罪？其次，如果说"盗墓罪的量刑以损害的程度为标准"，那么不同的损害程度之间会有量刑的差异，但是从《二年律令·盗令》、居延新简"盗发冢公卖衣物于都市"相关简文、长沙五一广场东汉简牍木两行2010CWJ1③：202-1等材料看来,此观点有待商榷。

刘同川对朱群杰的评议做出了回应,首先,挖到了棺椁就已经构成了盗墓罪,如果再把棺椁打开,那么构成可以处绞的加重犯罪,但是猩、敫知盗分赃罪不构成盗墓罪,在秦律看他们先把棺椁挖通再取物不构成盗墓罪,只构成普通的盗窃罪,其次,东汉对盗墓罪打击十分严厉,但是居延新简却作贩卖罪处理,是因为官员无法认定财物是被直接盗取还是从棺椁中获取,因此按照盗取财物处理。

三、先秦出土法制史料研究

(一)《卜辞所见的拘系动词》

南昌大学周博老师发表了以《卜辞所见的拘系动词》为题的演讲,对卜辞中的"鞫""梏""係""奎""執"等拘系动词进行了分析和区分。

第一,关于"鞫""梏"的理解。以往多将"鞫"释作"执",赵平安先生将之改释作鞫,根据已有资料的字形看来,释作"鞫"字是无疑的。"梏"的来源就是"鞫",这两个字在音理上是相同的,在甲骨中,二者用作动词的时候,都有拘系的意思。

第二,关于"係"的理解,关于这个字形学界讨论较多,于省吾指出,甲骨文"係"字象用绳索以缚系人的颈部,姚孝遂认为"象以缯缴缚人全身","人"形变成"奚",可能属于变形音化。在传世文献中,用绳索缚系乃是当时的刑罚措施之一,用以限制人身自由,与甲骨文"係"之字形吻合。

第三,关于"奎""執"的理解,葛亮提出,"奎"表示的应该是抓获一类的客观结果,"執"表示的则是抓捕一类的主动行为。在用法方面，可以在田猎、军事、法制场景使用。

周博老师总结道：首先，卜辞所见的拘系动词有"鞹""梏""係""牵""執"，其所表示的拘系行为大致分属军士、法制、田猎三类，其性质彼此不同，与拘系意义相近的动词还有"獲""擒""俘""取""得"，其所表示的行为及其性质，亦与前者相近。其次，若要区别不同的行为及其性质，则需要结合同版内容、受事主体等仔细甄别，注重吸收古文字考释、甲骨缀合的新成果，而不能先入为主，亦不可强求解释。最后，杨升南《甲骨文法律文献译注》第一部分即"拘系之刑"，辑录的甲骨文材料主要是有"係""牵""執"等拘系动词的卜辞，其中有些卜辞确与法制相关，有些则不然，更有一些难以判断。

评议人黄海老师指出，以往的研究对甲骨文中的法制史材料和其他材料区分不够，周博老师通过详细的整理，把法制史材料与祭祀、军事、田猎的材料区分开来，对我们进一步研究甲骨文中的法制史史料很有帮助。对于周博老师引用的许多逃亡类的材料，黄海老师认为先秦时期逃亡是一项很重要的罪名，它在法制史研究中很有研究和挖掘的价值，我们可以看到，拘系主题很多是和逃亡相重合的，二者的关系值得深入研究。

（二）《简牍典籍和律令的"序次"》

中国社会科学院杨博老师发表以《简牍典籍和律令的"序次"》为题的演讲，对简牍典籍与律令的"序次"进行了比附。杨博老师认为"序次"是典籍编纂的最重要工序，而简牍律令中的"序次"却是目前所见诸类文献中最为丰富的。

出土简牍中"书""诗"类的"序次"情况，清华简的"书"类文献的简册形制统一，由此可以确定的是《尹至》与《尹诰》篇原本编联在一起，通过对简背划线以及竹简位置的观察，《尹至》与《尹诰》以及

《赤鸠之集汤之屋》的次序是按照时间顺序的,先《赤鸠之集汤之屋》,次《尹至》,末《尹诰》,"书"类文献也有以人物为中心的编次原则的存在,即"以类相从",而一般来说,传世的"书"篇是以时代早晚为原则进行编次的,也就是孔颖达《尚书正义》里说的"编《书》以世先后为次"。

海昏简正文以组为单元。每组前有单独的几支简书组名与篇名目录,每篇中每章末注明该章章序与句数,每篇结尾记篇名、章数、每章句数与总句数,如"匪风三章,章四句,凡十二句"。值得注意篇名后有《诗序》性质的注解文字,如《宾之初筵》篇目后简云:"……爵制饰食多是则不敢,传曰:卫武公饮酒而……"《毛喆序》:"《宾之初筵》,卫武公刺时也。幽王荒废,媟近小人,饮酒无度。天下化之,君臣上下沈湎淫液。武公既入,而作是诗也。"《汉书·孔融传》注引《韩诗》(《韩诗序》)曰:"《宾之初筵》,卫武公饮酒悔过也。"由此似可见,海昏简本中不仅有"目",还有小序的存在。可进一步理解的是,简本"目录"结构严谨齐整,其实是为我们呈现出刘向校书之前"六艺"经典目录的书写样式。

若将目光移至秦汉时期的实用医学典籍,西汉初年的胡家草场汉简医书,《杂方》的"目"由 10 枚简组成,每简分栏书写,前 5 枚简自上而下分为五栏,后 5 枚简分为四栏,共记录 45 个方名,每个方名皆有编号。《医方》的"目"由 6 枚简组成,每简自上而下分为五栏,共记录 30 个方名,每个方名前亦皆有编号。与之类似,北大汉简的医方目录也是带有编号的,如"十二·治病心腹坚"等,天回汉墓的《治六十病和齐汤法》与之相类,如"治心暴痛五十八"等。由此可见,西汉早期以降,主题序次的"目"逐渐在医书等类实用书中得到普及,这与传世文献所谓"条其篇目"也是相合的。

对于《汉志》未见律令,杨博老师赞同于振波先生的看法:礼仪与律令,都由"理官"（法官）保存,因此,秘府藏书显然不包括这部分书籍。《汉书·艺文志》没有收录现行律令、典章,所以不见"九章律""傍章"等各种律典,也不见诸如令甲、令乙或"功令""养老令"等各类令典,甚至也没有当时官制、礼仪等典章制度方面的文献,原因正在于此。

评议人张传玺认为,秦汉法律的编撰形态是中国法制史的传统主题,至少从上世纪 50 年代开始,中日学者主要依靠传世文献展开讨论。随着大量秦汉简牍的出土,简牍学的逐步成熟,一些传统议题,比如干支令,秦汉对令的编撰形态的关系等等,都得到了更多的重视,那么跳脱出律令简牍学方法,杨老师的文章对能否和如何整合有代表性的典籍和律令有启发作用。这篇论文不仅关注了典籍,还强调了序词目录的重要性,总结了从清华典籍到胡家草场医书等等各类简牍典籍目录编排的发展,进而指出了出土战国、秦汉简牍典籍与对令的编撰的三点共通之处。这些线性的脉络,能给我们读者带来几点启发,第一,即使是关注法制史主题,我们也可以去注意多类型材料的比较分析,将各类典籍与另类选择纳入比较研究,这样可以拓展利用材料的范围;第二,描述某种制度的历史性发展的时候,不同的材料的规模和代表性很关键,那么我们看到本篇论文就注意到了这样的一个限定;第三,杨老师已经提出了这种不同层次的序次和排列问题,我们可能也比较关注简册内部的简序排列,如律令简排布的研究是比较多的。

（三）《清华简〈子犯子余〉中的"桼"》

长沙文物考古研究所罗小华研究馆员的演讲以《清华简〈子犯子余〉中的"桼"》为题,对"桼"字进行了释读,并论述了睡虎地秦墓竹简《秦律十八种》中的几种刑具。

在清华简《子犯子余》的简 12 里面有"为桼(桎)椊(梏)三百"，这个桼字原来是写作 ，关于这个字的释读，学界意见未能统一，整理者认为，这个桼应该读成桎；王挺斌先生指出，桼、桎古音远隔，恐难以相通，桼字可能是指圈束，"桼"本指牛鼻中环，类似圈束，有拘系作用；马楠先生则认为，桼当读为"拳"，"拳梏"与"梏"义同，与"桎梏"指足械、手械不同；王宁先生认为，从文意上看，"桼"这个字很可能相当于"拳"字，或作"桊"；孟跃龙先生认为，该字实为"桼"之讹字；范常喜先生指出，简文 还是应当释作"桼"，当读为"錧"，錧是装在车毂两端的毂饰，起加固束缚车毂的作用，如果再结合与'錧'同义的'鈛'也可以表示刑具脚械之名推测，'錧'或'輨'应该也存在用作刑具脚械之名的可能。对比这几种意见，罗小华老师更倾向于同意王挺斌先生的意见，将"桼"理解为"牛鼻中棬"，亦称"牛拘"。以物"贯牛鼻"是从古至今用于控制牛的常用方式。"贯"，传世文献或省作"穿""决"，传世文献与出土文献中的"贯鼻""穿鼻"和"决鼻"，对象为牛、马，而清华简《子犯子余》中的"桼"，其对象则是人，对象虽然不同，目的都是一样的，即控制牛、马和人。据此，则《子犯子余》中的"桼"，应该指的是鼻子的刑具，不必破读为"桎"或"錧"。

睡虎地秦墓竹简《秦律十八种·司空》简 134 和简 147 中均记有"枸椟檻杕"。结合《子犯子余》"桼梏"的记载来看，将睡虎地秦简中的"枸"理解为"桼"，也是可行的。这样一来，整理者所说的"枸椟檻杕"，可以改为"椟应为木械，如枷或桎梏之类"。只不过，"椟"到底对应哪一种刑具，尚难确定。

综上所述，清华简《子犯子余》简 12 中的"桼"，当指鼻子和手上的刑具。睡虎地秦墓竹简《秦律十八种·司空》简 134 和简 147 中的"枸椟檻杕"，"枸""檻""杕"应该分别指鼻子、脖子、脚上的刑具，"椟"则对应整理者所说的"木械，如枷或桎梏之类"。

评议人周博老师认为这篇文章研究对象虽小,但是具有深度和价值,对于罗小华老师认为"桊"与控制牛、马类似的观点,周博老师提出,牛跟马上环是为了役使的需要,那么人鼻子上设环是出于何种目的。罗小华老师对此做出回应:对人设鼻环是为限制自由,而不至于到以刀断鼻那一步。

（四）《王静安先生追悼座谈会译文及札记》

台湾大学黄川田修老师的发言题目为《王静安先生追悼座谈会译文及札记》,这篇文章是原载于 1951 年《怀德》第 22 号中的《王静安先生を追想す》一文的翻译和注释。去年年底,黄川田修老师在日本的图书馆发现了一篇很有意思的文献,这个文献发布于 1950 年,记载了在 20 世纪初于京都居住七年的罗振玉老师、他的学生王国维老师以及日方教授们开的座谈会。由于这个杂志知名度不高,而且 1950 年中日尚未建立邦交关系,因此这个文献在日本、中国大陆、中国香港、中国台湾以及海外其他地区也不为人知。

这个座谈会的总负责人是石滨纯太郎教授,神田喜一郎、铃木虎雄、桥川时雄三位老师也参与了筹备工作。通过这个座谈会的内容,我们可以了解到当时中国、日本、韩国为中心的东方三国考古学的发展,以及王国维、罗振玉两位老师的关系。1910 年前后,罗振玉、王国维两位老师在京都呆了很长的时间,离开京都以后,他们长时间与各地学者保持交流,这对日本的考古学发展产生了非常大的影响,他们的交流决定了以后日本考古学一百年的发展方向。

日本最早进行考古学研究的是京都帝国大学的考古学研究室,创办人是滨田耕作,他创办的考古学派一般叫做"考古学京都学派"。京都帝国大学考古学研究室发表了很多考古报告和理论著作,不仅对日本的考古学产生了很大的影响,而且对李济、夏鼐等中国早期考古学者也产生了非常大的影响。到了 19 世纪 20 年代,滨田耕作不仅很积极地翻译了欧洲学者的著作,他的著作中还提到了意大利的文物、中国新疆出土的封泥、中国敦煌出土的简牍等,他的视角扩大到欧亚大陆全域,应该说,滨田耕作陆续发表的著作和他与罗振玉、王国维国际交流有非常紧密的关系。

评议人罗小华老师认为这篇文章存在翻译上的问题,简体和繁体尚未统一,可以找精通日语和中文的学者对这篇文章进行修改。此外,罗小华老师认为追悼会的信息虽然零散,但是有许多有意思的内容,关于本文的结构,或许可以将追悼会内容放在王国维研究的大背景下进行描述。

会议闭幕式由华东政法大学法律古籍整理研究所所长王沛教授主持,闭幕式上,吉林大学法学院副院长刘晓林教授发表了闭幕式致辞,其后邬勖老师汇报了 2023 年会议的筹备计划,暂定下届的会议主题为"出土文献中的法律制度与法律观念"。王沛教授对各位学者表示了衷心的感谢,指出在一天半的会议讨论中,二十七位专家发表了非常精彩的学术报告,希望相关问题可以继续讨论去,期待 2023 年可以在线下顺利举办第十三届"出土文献与法律史研究"学术研讨会。中国法律史是一门兼有历史学和法学双重属性的人文社会科学,承担着再现中国传统法律制度和揭示法的中国历史的双重使命,出土法律资料的整理和研究对于重现古代法制面貌有特别重大的意义。本次交流会上,各位专家学者共聚云端,讨论过程史论交融、热烈深入,充分展现了出土文献与法律史研究的活力与价值。

稿　　约

　　《出土文献与法律史研究》创刊于 2011 年,由华东政法大学法律古籍整理研究所主办,上海古籍出版社出版,每年出版 2 辑,面向海内外学界征集优秀学术稿件。

　　1. 本刊聚焦于出土文献和中国古代法律史的研究,欢迎学界同仁们惠赐以下研究方向的高质量学术作品:(1) 出土法律文献研究;(2) 结合出土文献的制度史、思想史研究;(3) 出土文献所见法律语汇研究;(4) 出土文献所见法律文化、法律现象研究;(5) 以上各研究方向的学术综述或著作评论作品。

　　2. 限于人力,本刊目前仅接受电子邮箱投稿,投稿时请将稿件的 word 版和 pdf 版发送至 hzgujisuo@ 163.com。

　　3. 本刊来稿均依次经编辑初审和专家复审。初审周期不超过两周,复审周期不超过二个月。每辑出版后,即向作者寄送样刊 2 本。

　　4. 投稿时请在邮件标题中注明稿件标题和作者。稿件中须注明作者姓名、单位、职称、学位、联系电话、电子邮箱等信息。来稿请使用简体中文,并在正文前加列 300 字左右的中文摘要和 3－5 个中文关键词,正文使用宋体,独立成段的引文使用楷体,脚注标记加在句末的逗号、分号、引号、句号之后。

5. 文稿引注格式示例：

（1）专著

瞿同祖：《中国法律与中国社会》，中华书局 1981 年版，第 63 -
64 页。

李迎春：《居延新简集释》（三），甘肃文化出版社 2016 年版，第
374 页。

［日］大庭修著，徐世虹等译：《秦汉法制史研究》，中西书局
2009 年版，第 52 页。

（2）析出文献

谷霁光：《唐代"皇帝天可汗"溯源》，收入谷霁光：《谷霁光史学
文集》第 4 卷，江西人民出版社、江西教育出版社 1996 年版，第
171 页。

张全民：《秦律的责任年龄辨析》，收入杨一凡、马小红主编：
《中国法制史考证》甲编第 2 卷《历代法制考·战国秦法制考》，中国
社会科学出版社 2003 年版，第 183 页。

（3）影印古籍

《太平御览》卷 690《服章部七》引《魏台访议》，中华书局 1985 年
影印本，第 3 册，第 3080 页。

（4）点校本古籍

（汉）贾谊撰，阎振益、钟夏校注：《新书校注》，中华书局 2000 年
版，第 120 页。

（5）期刊

陈伟：《秦汉简牍所见的律典体系》，《中国社会科学》2021 年第
1 期。

（6）报纸

郭永秉：《代笔，还是亲笔？——汉代小吏书艺一瞥》，《文汇报》

2018 年 11 月 9 日。

（7）学位论文

李春桃：《传抄古文综合研究》，吉林大学 2012 年博士学位论文，第 165 页。

（8）网站刊文

马怡：《汉代诏书之三品》，简帛网，http://www.bsm.org.cn/show_article.php? id=2040，首发时间 2014 年 6 月 27 日。

6. 本刊刊发作品将提供给中国知网等网络期刊数据库，以便读者检索和利用。为扩大文章影响力，推动学术交流，本刊还将通过"法律古籍所"微信公众号推送作品或其摘编版本。来稿若无特别说明，即视为作者同意本刊以非专有方式向第三方授予其作品的电子出版权及汇编、摘编、复制权利，以及文摘刊物对文章的转载、摘编等权利。

《出土文献与法律史研究》编辑部
2022 年 10 月